박근혜 퇴진
박근혜는 하야하라
이게 나라냐
#새누리도 공범이다
하야하라 #박근혜
비밀정부 국가내란

月刊Hanadaセレクション

C O N T E N T S

戦慄の『警告の書』
百田尚樹
「カエルの楽園」が
地獄と化す日
中国は本気だ！
石平
不気味な予言は、
すでに半分的中した！
百田尚樹
HYAKUTA NAOKI
「カエルの楽園」が
地獄と化す日
石平
SEKI HEI
飛鳥新社
四六判・264ページ・並製／1296円（税別）
ISBN 978-4-86410-522-4
飛鳥新社
〒101-0003 東京都千代田区一ツ橋2-4-3
光文恒産ビル2F
TEL 03-3263-7770／ FAX 03-3239-7759

謝罪をする朴槿恵大統領（写真提供／共同通信社）

これが韓国！

새누리당도 공범이다!
60
LG U+

光化門広場に集まる抗議デモの群衆、約126万人が集まった（写真提供／AA／時事通信フォト）

「朴槿恵退陣」の紙を手に
ソウル中心部で開かれた大規模集会
（写真提供／AFP＝時事）

박근혜 퇴진!
한국노총
단결
노동조합
경인
전국
전북지
우정

光化門広場のデモの様子（写真提供／ AA ／時事通信フォト）

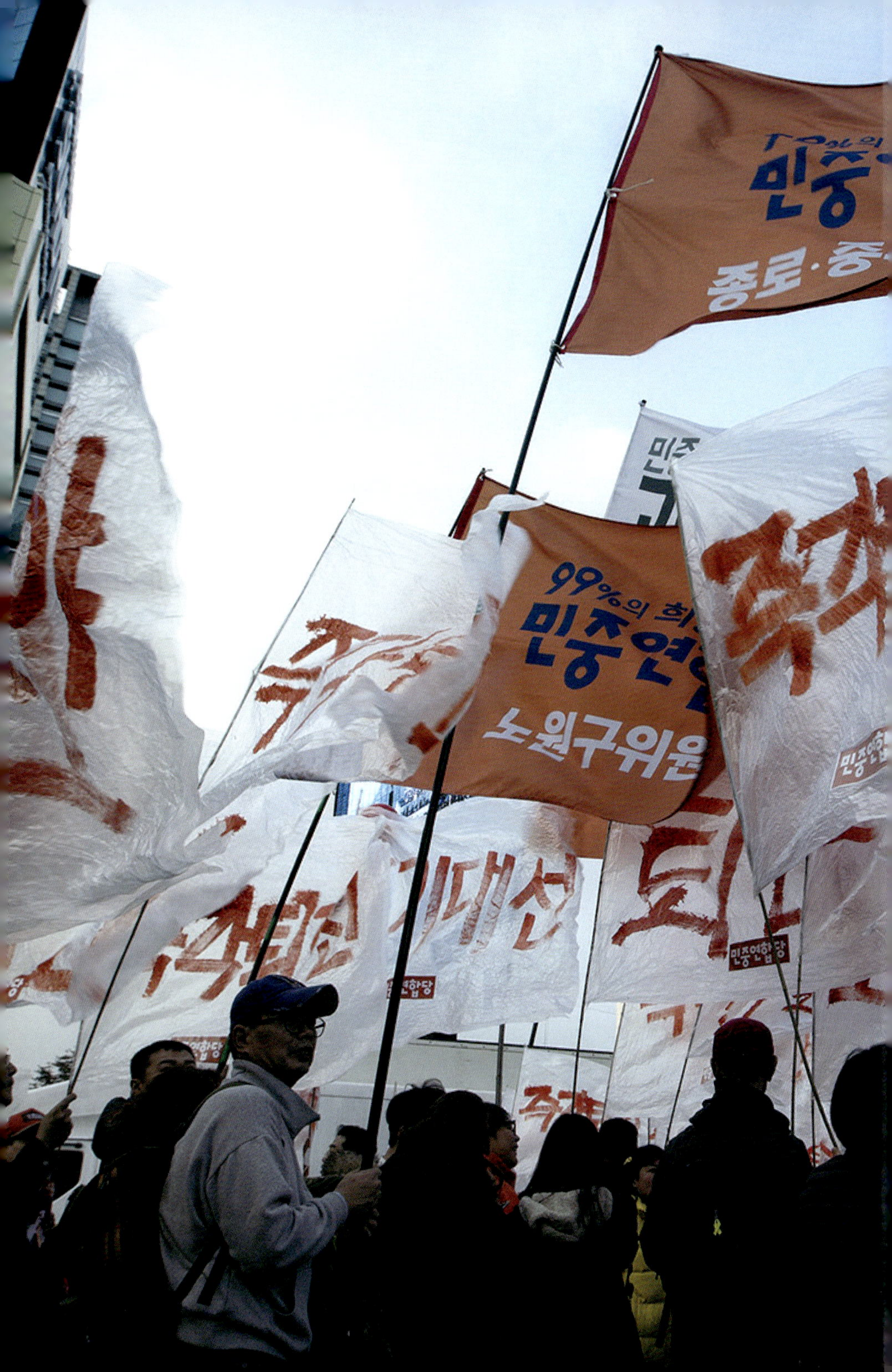
민중연합당

崔順実が検察の特別捜査本部で調査を受けるため、ソウル中央地検に出頭。マスコミのさらし者にされる
（写真提供／ YONHAP NEWS ／アフロ）

최순실 구속
박근혜 하야
MBC NEWS

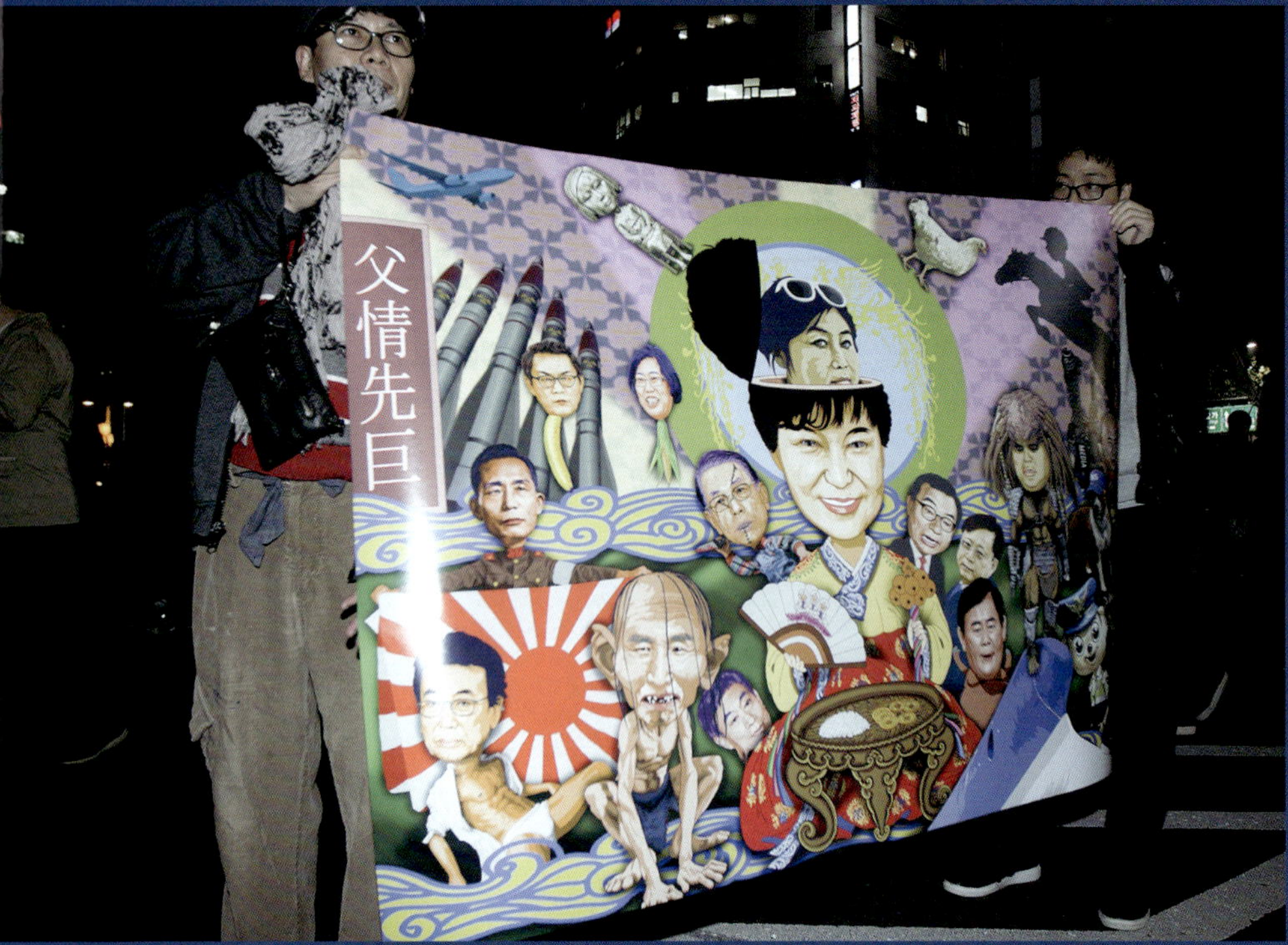

今回の問題を揶揄したイラスト（写真提供／ AA ／時事通信フォト）

「朴槿恵は崔順実の操り人形！」（写真提供／ AFP ＝時事）

仮面をつけてデモ行進（写真提供／ EPA ＝時事）

顔を白黒に塗って朴槿惠退陣を求める（写真提供／ EPA ＝時事）

検察庁舎に到着し、マスコミに囲まれる崔順実（写真提供／ EPA ＝時事）

絶望の韓国、
悲劇の朴槿恵大統領

Hanada セレクション 2016.12

（写真提供／ YONHAP NEWS ／アフロ）

朴正熙・朴槿恵 呪われた父と娘

呉 善花
拓殖大学教授

ある意味で、これほど悲劇的な政治家はいないだろう。両親の暗殺を乗り越えて政治家として身を立て、遊説中に暴漢からカッターで切り付けられる事件にも屈せず、知名度と人気から「ハンナラ党のジャンヌ・ダルク」と呼ばれ、ついには韓国史上初の女性大統領にまで昇りつめた朴槿恵。

だが、二〇一四年四月のセウォル号事件でつまずき、二〇一六年十月末に発覚した「崔順実ゲート事件」によって支持率は史上最低の四％まで急落。弾劾は目の前まで迫っている。

1974年、ソウルにて、若き日の朴槿恵と朴正熙大統領　（写真提供／ EPA=時事）

「お姫さま」を見た

一九七六年夏、たった一度だけ朴《パク》槿惠《クネ》を間近で見る機会がありました。

朴正熙《パクチョンヒ》政権時代で、私は韓国女子陸軍に入隊して間もない頃でした。ソウルの女子軍人訓練所には民間女性団体が時折、訓練を受けに来ることがあったのですが、そこに朴槿惠が総裁のセマウム奉仕団（旧救国女性奉仕団）活動の一環として訪れたのです。

一九七四年に、母であり、朴正熙大統領夫人であった陸英修《ユクヨンス》がテロの犠牲になり、娘の朴槿惠がファーストレディとして大統領に寄り添う役割を果たしていました。当時の国民は朴大統領を「国父」、夫人を「国母」と呼び、大統領一族に親しみを寄せていたのです。

特に、いつも白いチマチョゴリ姿の夫人は韓国で最も尊敬される歴史上の女性の筆頭格でしたから、母そっくりの朴槿惠にも人気が集まっており、「韓国のお姫さま」と呼ばれていました。

二〇一二年の大統領選挙の時にはさらに似てきて、「まるで生まれ変わりだ」と、かつての国母への想いを重ねた高齢層の方は多かったようです。

当日、訓練所で私たちが整列していると、壇上に朴槿惠が上がり、挨拶をしました。いまでも覚えていますが、白いワンピースを着ていて、とにかく美しく見えました。

散会後には、仲間たちと「お姫さまが来た」「天使のようだ」、挙句「この世のものではない方と会った」などと大騒ぎをしたものです。

この時のことは「お姫さまを間近で見たことがある」と私の自慢で、一種の誇りにすらなっていました。

その後も好意を持っていたので、彼女が政治家になってからも、発言や政策、書いているものなど興味を持ってチェックしていたのですが、だんだん「これはおかしいのでは……」という疑問点が生まれてきたのです。

そして、ついには「彼女は大統領になるべき人ではない」とすら思うようになりました。また、仮に大統領になったとしても、いつか躓《つまず》くだろうと予測していたのです。

たとえば、今回問題となった崔太《チエテ》敏《ミン》・崔順実《チエスンシル》との関係はずいぶん前から把握しており、二〇一五年に出した『朴槿惠の真実　哀しき反日プリンセス』（文春新書）でも指摘していました。

この問題は韓国内でも大統領選前に話題になり、対立候補から追及されていました。しかし、その時は朴槿惠の人気は絶大なものでしたから、メディアは取り上げないし、国民も「反対勢力のでっち上げだ」と真剣に受け止めていませんでした。

今回の騒動で国民から「裏切られた」という声が出ていますが、問題は以前から明るみに出ていたわけで、それを見て見ぬふりして朴槿恵を大統領にしたのは、他ならぬ韓国国民なのです。

始まりは「文世光事件」

そもそもの発端は、一九七四年にまで遡《さかのぼ》ります。

朴槿恵は一九五二年に生まれ、キリスト教系の聖心中学・高校から、西江《ソガン》大学電子工学科に進学。英、仏語のほかに中国語も専攻、首席で卒業、フランスのグルノーブル大学に留学をしました。

ここまでは「トップ政治家令嬢の経歴」そのものですが、フランス留学中の一九七四年八月十五日、母である陸英修が暗殺される、いわゆる文世《ムンセ》光《グアン》事件が起きて、彼女の運命が狂い始めました。

在日韓国人の文世光は「土台人《トデイン》」でした。「土台人」とは北朝鮮の諜報員《ちょうほういん》の用語で、スパイ活動に利用できる人材のことです。一九七三年、万景《マンギョン》峰《ボン》号船内で朝鮮労働党対外連絡部の工作指導員から、「赤化統一（南北統一）をするためには朴正煕を殺すしかない」と朴大統領射殺の指令を受け、決行したものです。

光復節記念式典会場で、文世光が朴正煕を狙撃したが、失敗。続けて文世光は、犯人を狙い撃ちするために演壇から走り出た朴鐘圭《パクジョンギュ》警護室長を撃ち、その四発目の流れ弾が陸英修に当たってしまった。陸英修はソウル大学附属病院に搬送されましたが、長時間の手術もむなしく死去、四十八歳でした。朴正煕は式典では気丈に振る舞っていましたが、病院で妻の死を知ると、その場で号泣したと言います。

朴槿恵はフランス留学を中止し、急遽帰国。ファーストレディだった母の代理として、父の政務の補助を務めることになりました。

表向きは気丈に振る舞っていたものの、母の突然の死に動揺し、失意の底にいた朴槿恵のもとにある日、一通の手紙が届いた。宗教家の崔太敏からのものでした。

「あなたのお母さんが夢に出てきました。お母さんは『娘を助けてください』と言いました」

崔太敏はこういった慰めの手紙を三度送ったと言われています。

おそらく彼女のもとには、一般の韓国民も含めたくさんの手紙が来たはずです。なぜそこから崔の手紙が選ばれ、またそれが彼女の琴線《きんせん》に触れたのかはわかりません。ともあれ、朴槿恵は手紙が心に触れ、崔太敏と会ったのです。

翌年、崔太敏は「大韓救国宣教団」を設立し、朴槿恵は救国祈禱《きとう》会というイベントに行き、崔と面会しました。その場で名誉総裁になってくれと頼まれ、承諾をする。以後、二人は急接近したのです。

「愛国」で大統領を取り込む

崔太敏は一九一二年生まれで、肩書をつけるならば「牧師」「呪術師《じゆじゆつし》」「シャーマン」になるでしょうか。一九七〇年代はじめに、仏教・キリスト教・天道教を総合した新宗教「永世教」を開きました。

カルト宗教家ですから言葉は巧みで、女性の扱いにも長《た》けていたのでしょう。六回も結婚している。朴槿恵は母が暗殺されて心が弱っているところに入り込まれてしまったわけです。

崔太敏はいつの間にか、青瓦台《チヨンワデ》にも自由に出入りし、権勢をほしいままにするようになっており、「韓国のラスプーチン」とも呼ばれていました。

朴正熙大統領は反共産主義で、いかに韓国を一つにまとめ、立て直すかに苦心していました。そこで崔は、「いまの宗教は、国のための宗教ではありません。しかしわが団体は国のために活動する、愛国宗教団体なのです」

と朴槿恵に説明をした。名前も「大韓救国宣教団」ですので、説得力はある。まだ若かった朴槿恵は愛国という言葉に簡単にひっかかってしまい、崔を信じてしまうのです。

当時、信者の数は五十万くらいだったようでしたが、朴槿恵というトップレディの名前があれば信者は増えていく。あっという間に信者の数は三百万人になった。

それだけではありません。一九七〇年代、韓国は専制主義的な国家でしたから、「青瓦台に出入りできる」というだけで周りから尊敬されるほどでした。加えて、朴槿恵との関係が篤《あつ》いだけに批判もされにくい。

当時、韓国は発展途上段階で、さまざまな企業が利権を得ようと必死でした。そのため、政府にパイプのある崔太敏に近づく人間も多く、もちろん金も集まってくる。そうやって、崔太敏は朴槿恵の名を使って利権介入や不透明な巨額の金銭徴収などを繰り返していったのです。

最初、父親の朴正熙は、娘と崔の関係を心配していて、崔に関する報告を受けるたびに胸を痛め、ついに

1975年6月21日、ソウルの高校で開かれた韓国救国十字軍創軍式に参加する、朴槿恵と崔太敏
（写真提供／YONHAP NEWS/アフロ）

は韓国中央情報部（ＫＣＩＡ、のちに国家安全企画部と改称）に命じて崔についての調査をさせ、報告させています。

当時の秘書室長、金桂元《キムケウオン》はのちにこう語っています。

「救国女性奉仕団（大韓救国宣教団から改名）が過度な募金を集めていることに、大統領は頭を悩ませていた」

そこで、当時情報部長だった金戴圭《キムジエギユ》が徹底的に調査をし、崔太敏が詐欺横領などを働いていた疑惑の他、多くの女性関係も発覚した。

一九七五年五月、金戴圭が朴正煕に報告をすると、大統領からは「そんなことまで調査するのか」と言われて驚いた、とのちに語っています。

朴正煕がその事実を朴槿恵に知らせると、まず朴槿恵はそもそも調査したことに激怒しました。そして、報告は間違っていると否認したのです。

崔・朴関係が暗殺の理由

朴正煕自身、崔太敏にも会いに行きました。絶大な権力を持つ大統領が相手を青瓦台などに呼ぶならまだしも、わざわざ会いに行くのは本来有り得ないことです。

その時、かなり激しい話し合いがあり、一説では朴正煕が崔を殴ったと言われています。

この結果、崔太敏はしばらく謹慎していました。しかし水面下で奉仕団をコントロールしており、一九七八年二月に奉仕団を社団法人に再編し、朴槿恵は総裁に就任しました。

金戴圭はさらに調査を進めて、「崔

太敏に関する報告書」を作成、朴正熙に提出しています。金戴圭は、朴正熙を暗殺する三日前の一九七九年十月二十三日に、直接手渡したと言っています（報告書の詳細は34ページ）。

しかし、朴正熙は金戴圭の報告書を受け入れなかった。朴正熙にしてみれば、妻が亡くなったあと、常にそばにいて頼れるのは娘だけで、とにかくかわいかった。だから、いくら報告書に崔太敏の行状が書かれていても、娘の言い分を信じてしまったのでしょう。

そして一九七九年十月二十六日、金載圭は朴正熙を暗殺します。その理由を金載圭自身は裁判では「韓国民主化のため」と主張しており、いまでもさまざまな説が飛び交っています。しかし、死刑判決後に金戴圭が提出した控訴理由書のなかでは、朴正熙が朴槿惠と崔太敏との関係を整理しようとしなかったことを暗殺理由の一つにあげています。

諦観と外面的尊厳

父親が暗殺されたことで落胆し、さらに側近が次々と離れていってしまったことで、朴槿惠は大きなショックを受けました。

自伝で次のように書いています。

「青瓦台を出た後、政権の中でも父に対する罵倒《ばとう》が続いていた。……父の最も近くにいた人さえ、冷たく心変わりしていく現実は、私にとっては衝撃だった。……それまで傍にいた人たちは、一人二人と去って行き、世間に顔を背けられた中で、妹、弟、私は、歴史の裏道へ消えていくようだった」

また、朴槿惠は著書のあちこちで「自分の不幸」を嘆いています。

たとえば、「母と自分は似ていると言われているが、人生はまるで違う、母よりも自分はもっと不幸だ」とか、「自分ほど苦痛を味わった人は少ないだろう。父母の死も悲劇だが、その後の自分の苦労も大変だった、小説になるほどの苦労をした」とか。

著書からは彼女の人生訓も見えてきます。

『空しい』という表現以上に人間を表すものはない」

「人生は演劇だ。自分が登場して与えられた役割を演技すれば終わりだ。脚本まで変える権限は人にはない」

「泡のような人生だけれど、タマネギの皮をむくようにして残るのは、どんな真価なのだろうか」

「権力は無だ。手に入れてもいつかは消え去っていくものだ。だから権力者は坦々とその役割を果たす事だけが重要だ」

仏教的な諦観とともに、誰よりも善なる者・正しき者としての徳高い人間が自分に重ねられていることがわかります。

ひたすら崔太敏を擁護

朴槿恵と崔太敏の関係が原因の一つとなって朴正熙が暗殺されましたが、皮肉にもそれによって朴槿恵はますます崔太敏へと傾倒していってしまったのです。

朴槿恵自身は、父が崔太敏を直接調査したが疑惑はなく、証拠も出て来なかったことを理由に、すべて中央情報部の謀略だと主張しています。崔太敏が不正をしていたならば、のちに被害に遭った人が現れて告発するはずだが、誰も出てこない。父を暗殺した金載圭を信用できるわけがない、と述べています。また、新聞などマスコミのインタビューでも、崔太敏疑惑についてはっきり否定をしています。

たとえば、一九九一年の中央日報では「(崔太敏が) 我々社会を心配していると感じ、一緒に働くことになった」。二〇〇二年の朝鮮日報では、「疑似宗教指導者ではなく、正式なキリスト教の牧師で、おかしな人物なら相手にしなかった」「私も調べたことがある」。〇四年、同じ朝鮮日報で「(崔太敏が) 亡くなってから、すでに十年近く経った。…政権が変わるたびに親戚も逮捕しようと証拠を探し、調査したが何も明らかになったことはない」と疑惑を否定し、崔太敏を擁護し続けています。

一九八二年、朴槿恵は父親のあとを引き継ぎ、陸英修が設立した育英財団の理事長となります。財団顧問は崔太敏です。

この件について、九〇年に妹・朴《パク》槿令《クンリョン》と弟・朴志晩《パクチマン》が当時の大統領、盧泰愚《ノテウ》に嘆願書を出しました。

「本当にうちの姉は、崔太敏氏に徹底的に騙されたという罪しかありません。そのように徹底して騙されている姉さんがあまりにも哀れです! 大統領の遺族という身分のために、どこにも訴えるところもなく、またむやみに救援を求めるところもありません」

「(崔太敏は) 遺族が核心となった各種育英事業、奨学財団、文化財団などの追悼事業体に深く関与して会計帳簿を巧妙な手段ででっちあげ、多くの財産を搾取」

「(崔太敏は) 両親の遺徳を賛える記念事業会を形式的に作り、名前だけ〝朴正熙大統領、陸英修女史記念事業会〟であり、実際の内容は崔太敏記念事業会に転落しつつある」

これが一般に知られて大騒動となり、朴槿恵と崔太敏は財団から手を引きました。代わりに妹弟を遠ざけるようになり、ますます崔太敏への依存を強めていったのです。

朴槿恵の性格の特徴

『朴槿恵の真実』にも書きましたが、韓国の新聞記事や政治家・官僚などの発言から朴槿恵の性格の特徴を挙げると、

・頑固。自分の主張を決して譲らない。

・原理・原則主義。あくまで自分の原則を守ろうとする。

・人間不信。側近を作らない。

・決断はいつも一人でやる。人の意見を遮断する。重要な報告でもメールやファックスで受け取り、コミュニケーションがとりにくいので「不通姫」と呼ばれている。

・何事にも事務的な態度で接し、情感に薄い。氷のような性格。

・自分がどう見られているかをとても気にする。

・根っからのメモ魔。「手帳姫」とも呼ばれるほど。

朴正熙政権では国務総理を務め、朴槿恵のいとこの夫でもある金鍾泌《キムジョンピル》はテレビのインタビューに応えて、彼女の性格についてこう言っています。

「私の話を全く聞こうとしない。彼女は死んでも辞任しないだろう。あの我《が》の強さは誰にもどうしようもない」

また金は、今回の大規模なデモについてもこう述べています。

「誰が何を言っても無駄だ。五千万の国民が押し寄せて『お前なんか大統領じゃない、辞めろ！』と言っても、大統領の地位に居座るだろう。一度言い出したら誰も止められない」

こういった性格を鑑《かんが》みれば、崔太敏との関係も、周辺がいくら反対意見を述べたところで聞かなかったのもよくわかります。

崔太敏は一九九四年に死去します。崔と朴槿恵は男女の関係だったという噂があり、金鍾泌は二〇一二年には「朴槿恵は崔太敏の隠し子を産んだ」と韓国メディアで語っています。事の真相はわかりません。

崔の死後、朴槿恵のそばにいたのは、崔の五番目の娘である崔順実と、彼女の夫である鄭允会《チョンユンフェ》です。

崔太敏は順実を特にかわいがっていましたが、その理由は「自分と同じく霊能力があるから」。さらに言えば、朴槿恵が彼女にのめり込んでいくのもそれが理由です。

先ほど述べたように、崔太敏は霊能力を持っており、「夢に陸女史が出

てきて、娘に思いを伝えてほしいと言われた」として朴槿恵に近づきました。同じく霊能力を持っているとされる崔順実も、陸英修の声を聞くことができると言っていたのではないか。つまり、朴槿恵は崔順実と話したり、助言をもらったりしている時は、母親と話をしていた気分になっていたのではないでしょうか。

〝空白の七時間〟の相手

そうやって崔順実が精神面をコントロールする一方、鄭允会が政治方面をコントロールしていたと考えられます。

鄭允会が朴槿恵の秘書になったのは、彼女が国会議員になる前年の九七年。三歳年下で、秘書室長として朴槿恵を支えました。ちなみに、朴槿恵に鄭允会を秘書とするよう勧めたのは、他ならぬ崔順実と言われています。

夫を送り込むことで朴槿恵の信頼を得て、自らの地位をさらに強固なものにしようという魂胆によるものでしょう。

二〇一四年四月十六日に起きたセウォル号事件当日、朴槿恵には所在も動向も分からない〝空白の七時間〟がありました。その時、会っていたのが鄭允会ではないか、という噂が流れ、そのことを書いた朝鮮日報のコラムを引用・紹介した産経新聞加藤達也ソウル支局長が起訴されましたが、無罪が確定しています。加藤さんは、自分が起訴されたのはこの朴・崔関係というタブーに触れたからでは、と『Hanada』二〇一七年一月号で書かれています。

崔順実の夫で「陰の実力者」と言われる鄭允会
（写真提供／EPA＝時事）

実際にどうだったのかはまだわかっていません。また、朴槿恵と鄭允会が男女関係にあったかどうかもわかりません。鄭はその年の五月に崔順実と離婚しています。

離婚理由も明らかになっておりませんが、鄭允会の言い分を聞くと「朴槿恵大統領を補佐する方法がお互いに違っていた」というものでした。また別のインタビューでは、鄭允会は「順実が焼きもちを焼いた」とも語っています。つまりは朴槿恵の寵愛《ちょうあい》強奪合戦をしていた、ということでしょう。

父の否定から始まった

これまで述べてきた話のほとんどを韓国のメディアは知っています。報道されたこともある。李明博《イミョンバク》大統領の時、何か問題が起きて野党に攻撃されると、与党は野党の矛先をかわすため、当時、野党の党首だった朴槿恵への攻撃材料として取り上げたこともありました。

加えて、彼女の書いた本などを読んでみると、はっきり言ってとてもレベルが低く、品がない。考え方も浅く、とても大統領になれるような人物ではないとわかります。これは私だけでなく、ちょっとした知識人であれば確実にそう思うはずです。

しかし、それでも多くのメディアは彼女を褒め称え、国民は支持し、彼女を大統領に選んだのです。

朴槿恵は二〇一二年の大統領選挙に打って出るに当たり、父親の軍政をどう評価するかの決断を迫られました。朴正熙はクーデターを起こした軍事政権ですから、いまの民主主義国家の韓国では否定せざるを得ない存在です。

ずっと「父としてはやむを得ず最善の選択をした」「正しい判断を下した」と言っていましたが、大統領選立候補表明記者会見では、明確に否定をしました。

「五・一六軍事クーデターと維新、人民革命党（中央情報部の言論弾圧で八名が死刑に処された事件）などは、憲法価値が毀損《きそん》され大韓民国の政治発展を遅延させる結果をもたらした」

「これによって傷と被害を受けた方と家族に改めて心から謝罪する。私もやはり家族を失った痛みがどれだけ大きいかをよく知っている」

そして、朴正熙が行った高度経済成長「漢江《ハンガン》の奇跡」だけを評価し、経済が傾いていた李明博政権末期に「第二の漢江の奇跡を！」として、自分を売り出した。言ってしまえば、朴槿恵は父、朴正熙を否定するところから大統領としての活動を始めたのです。

もう一つ、母の陸英修のイメージが大統領選を戦うに当たって武器となりました。

陸はいつも白っぽいチマチョゴリを着て、髪を後ろで束ね、清潔なイメージを持っていました。

さらに、七〇年代の韓国は発展途上で、朴正熙大統領が「一日一食は、麦や粟《あわ》などを加えた雑穀米を食べよう」と提唱していたため、大統領も夫人も質素な人だと思われていたのです。洋服なども安い生地のもので作られていたと言われており、陸の清楚、清潔、質素というのは韓国で神話のように語られてきました。

朴槿恵は母そっくりの顔をしており、そのクリーンなイメージをそのまま受け継いでいるかのように思われていた。それは大統領選挙において大きな武器だったのです。

加えて、朴槿恵は結婚しておらず、夫も子供もいない。妹、弟とも断絶状態。ということは、これまで歴代大統領が家族による収賄《しゅうわい》で問題になっていたけれど、朴槿恵に限ってはそんなことは起こり得ない。結婚していないのだから、不倫などの男女問題もないはず。全く清潔な人であろう……。

韓国の国民はそう思い、これまでの政治家にうんざりしているからこそ、朴槿恵を支持したのです。

大統領になったあとも人気は高く、まるで雲の上の人物として扱われていました。もし何か問題が起きたとしても、「宝石にも埃《ほこり》が付く時がある」と、些細《ささい》な問題として切り捨ててきたのです。

友人同士でお酒を飲みながらでさえも、彼女の批判は出ません。私のように批判をすると、すさまじい抗議がきました。

また、本人もそういうつもりでいたのです。二十代からファーストレディとして丁重に扱われ、全国を講演で回るなど、自分が動けば千人単位の人が動く。自分は女王様になったかのように錯覚していたのでしょう。

側近が問題を起こしても、上から目線で「どうしようもないですね」と他人事《ひとごと》のように言っていました。

そんな朴槿恵の支持率が下がった事件こそ、他ならぬセウォル号事件です。事件の対応にも批判は集まりましたが、それよりも〝空白の七時間〟、つまり男女問題が浮上した時に支持率が急落したのです。

これまで述べてきたように、朴槿恵はクリーンなイメージを持っていて、そういった問題とは無縁だと国民は思っていた。そのため、裏切られたという思いが強かったのです。

そして今回、崔太敏・崔順実との関係が明らかになった。「家族がいなくとも別の形で家族を作り、こういう金銭問題が生まれるのか！」と国民の失望は倍加したのです。

表は反日、裏は親日

朴正熙は日本統治下の貧しい農村家庭に生まれ育ち、日本国籍のまま陸軍士官学校に入校しました。高木正雄という日本名をもち、太平洋戦争終結時には満州国軍中尉でした。

ですから、日本のことをよく知っているし、評価していた。

　朴正熙が政権を握った時、韓国人の精神性の低さを嘆き、「経済がよくなれば成熟する」と考え、まずは経済政策に力を注ぎ、「漢江の奇跡」を成し遂げました。日本からの協力も大きく、朴正熙自身はそれに感謝していましたが、表向きには発表せず、むしろ強烈な反日政策を推し進めていました。

　なぜか。

　反日教育政策は、反共政策とともに挙国一致体制構築のためにとられたもので、「民族の誇り」を軸に国民を一つにまとめるためだったのです。私の子供の頃の教科書は、反日だらけで酷いものだったことを憶えています。現在でも、国民情緒形成の核をなすものと言ってよいでしょう。

　朴正熙は「表は反日、裏は親日」でした。そのことを示すよい例が、新日本製鉄の有賀敏彦さんに聞いた話です。

　有賀さんは韓国の経済発展に力を貸し、ソウルの地下鉄や高速道路建設などに多大な貢献をしました。そのことに韓国政府が感謝し、勲章を授与することになった。

　有賀さんが青瓦台を訪れると個室に通されて、なんと朴正熙と二人だけで授与式が行われたというのです。つまり、「日本の力を借りたことには感謝をしているが、それを韓国民に知られるわけにはいかない」というわけです。

　有賀さんだけでなく、日本からの膨大な経済および技術援助によって「漢江の奇跡」は成し遂げられたのですが、しかしそのことを知っている韓国民はいません。

　では朴槿恵の日本人観はどうでしょう。

　反日教育を受けた六十五歳以下の世代はみな反日と言ってよく、朴槿恵も例外ではありません。幼い頃、父親と日本について話をし、彼女が反日的なことを言っても父親は否定も反論もしなかったそうで、反日感情を持ったまま成長してしまった。

　彼女の日本人観は、一九九三年に書かれた田麗玉《チョンヨオク》の『日本はない』(邦題『悲しい日本人』)という本に拠《よ》っています。

娘は「表も裏も反日」

　この本は田麗玉がKBS東京特派員時代に書いたもので、従軍慰安婦、戦後補償、在日韓国・朝鮮人差別などの話題に触れて、日本はいつまでたっても国際化できない、未熟な国だと批判しています。あとがきには「日本のように非人間的で歴史的に不潔で道徳麻痺《まひ》現象の国には住みたくない」とまで書いています。

悲劇が起こる前の朴正熙一家。朴の左が陸英修、右が槿恵。前列にいるのは槿恵と絶縁した妹と弟
（写真提供／EPA＝時事）

韓国で大ベストセラーとなったのですが、朴槿恵もこの本を読んだらしく、ここに書かれていることが日本であり、日本人なのだと思い込んでいます。この田麗玉を一時期、側近の一人としていたことからも、いかに彼女の著書の内容を信じていたかがわかります。

つまり、朴槿恵が知っている日本は、トンデモ本レベルでしかないということです。

朴正熙の娘ということもあり、彼女が大統領になった時には「親日の政治家が生まれた」と思った保守の論客がいましたが、残念ながら逆です。

朴正熙は「表は反日、裏は親日」でしたが、娘は「表も裏も反日」でしかありません。私は方々でその説明をしましたが、その時はなかなか聞き入れてもらえませんでした。いまとなっては皆さん、よくわかるでしょう。

もっとも、朴槿恵が反日であるから、日本は韓国に深入りせずに済んだとも言えるかもしれませんが。

若者が親北になる理由

では、なぜそれほど反日の朴槿恵が二〇一五年十二月に日韓合意を成し遂げたのか。一番の理由は経済界からの圧力でした。

二〇一三年に日韓通貨スワップ協定が終了した時、韓国の経済界からは「この際、日本と縁を切るべきだ」という意見が出るほど強気な態度をとっていました。

ところがその後二年間、アベノミ

クスによる円安の影響もあり、韓国の企業は大変な苦しみを味わうことになる。そこで気が付いたのでしょう、日韓通貨スワップの重要性に。そして経済人は掌《てのひら》を返し、「日本との関係を改善しろ」と韓国政府に迫ったのです。

もう一つの要因として、中国があげられます。これまで朴政権は「反日・親中」路線で動いてきましたが、頼りにしていたはずの中国は全く自分たちのために動いてくれない。そのため、「中国に裏切られた」と感じ始めたのです。

最後の頼みの綱、アメリカでは、オバマ大統領から中国に接近する韓国に苦言を呈され、日本との関係も改善するよう怒られた。

朴槿恵は嫌で嫌で仕方がなかったでしょうが、仕方なく、日本と話し合い、関係改善のために日韓合意を行ったのです。

しかし、この日韓合意以前の時点でセウォル号事件が起きており、彼女の力はもう弱まっていたのです。

韓国では政治だけでなく一般の文化でも、廃《すた》れたものは後ろから石を投げられます。これは徹底した現世主義の儒教精神によるもので、現世ですでに廃れた者（力を失った者）は「穢《けが》れ」であり、不潔なものと考えられているからです。

そのため、どんなに近くにいた人間も力を失った瞬間からそばを離れていき、時につばを吐きかけたり、石を投げつけたりする。縁起が悪いものだから、自分から遠く離しておきたいのです。

死者も廃れた存在で穢れていると考えられているので、日本ではよくある形見分けということもなく、死者が持っていたものは全て不潔なものだからと焼かれてしまいます。ですから、歴史的な資料や文化なども、焼き払われて残らないことが多いのです。

政権も同じで、常に前政権を否定し、「世直しをする」といって新政権は始まります。そういう形でしか、前に進むことができない文化の伝統があるのです。

一方で主体《チュチェ》思想である北朝鮮は、金日成《キムイルソン》も金正日《キムジョンイル》も、亡くなってもなお体制も権力も続いている。続いていく強さがあり、そこに韓国の若者は憧れを抱きつつあります。

朴槿恵の次の大統領は文在寅《ムンジェイン》が有力と言われています。彼は盧武鉉《ノムヒョン》の秘書室長で親北朝鮮です。若者の傾向も踏まえると、今後の韓国は親北路線がかなり強くなっていくのは目に見えています。

中国はもちろんそれを巧みに利用

する。それによって朝鮮半島は混乱していく。朴槿恵は李氏朝鮮時代末期の皇后だった閔妃《ミンビ》のように、韓国を滅ぼす女性になってしまったのです。

存在そのものが国の痛手

朴槿恵が辞任するのか、任期いっぱいまで粘るのかはわかりません。しかしもはや彼女に力はないので、政治的に何もできない。むしろ朴槿恵への批判や国民のデモが相次ぎ、大混乱が続くだけです。彼女の存在そのものが、韓国にとって大きな痛手になってしまいます。

国家、国民の声を聞くならば、すぐに辞めて、いかに親北になろうと次の大統領に政治を任せるのが筋でしょう。ただ、彼女の頑固な性格を考えると、粘る可能性のほうが高い。

一方で、朴槿恵の気持ちもわかります。今後、捜査がどういう展開になるかはわかりませんが、弾劾《だんがい》され、最悪の場合、逮捕される。彼女が犯したとされるどの行為も、罪としてはそれほど重くないものでしょうが、法治国家ではなく情治国家である韓国では、国民の批判が強ければ、それだけ検察・裁判所までもがムードに流されて重い罪にしてしまう。

何とかムードを変えて再生したいと考えているでしょう。任期が三年くらい残っていればそれも可能かもしれませんが、あと一年ちょっとでは難しいでしょう。

朴槿恵としては進むも地獄、退くも地獄、といった状況なのです。

母・陸英修が、そして父・朴正熙が暗殺された。そのことを朴槿恵自身は悲劇、ある意味で朴一族の呪いだと言ったことがあります。

そこから抜け出したかったけれど逆に囚《とら》われてしまい、崔太敏・順実を心の支えにして何とか立ってきたけれど、しかしその崔との関係によって彼女の政治生命は終わろうとしている。

父・朴正熙の政治を否定し、母・陸英修のクリーンなイメージを使って大統領になったのに、そのクリーンなイメージがあるからこそ、今回の問題に対しての国民の反発が大きくなってこれほどの騒ぎになってしまった。

本当に皮肉で、悲劇的な一家だと思います。

オソンファ
一九五六年、韓国生まれ。拓殖大学国際学部教授。大東文化大学卒業後、東京外国語大学地域研究科修士課程修了。韓国時代に四年間の軍隊経験あり。外語大大学院時代に発表した『スカートの風』が大ベストセラーに。また『攘夷の韓国　開国の日本』で第五回山本七平賞受賞。

朴正煕大統領が命じた
金載圭情報部長の
「崔太敏調査報告書」

この報告書を朴大統領は黙殺した。
そして、そのことが金載圭が朴大統領を暗殺した
ひとつの原因となった。

金載圭情報部長

朴正熙《パクチョンヒ》元大統領を射殺し、逮捕され、裁判にかけられた金載圭《キムジェギュ》は、殺害理由の一つに、朴槿恵《パククネ》と崔太敏《チェテミン》の関係をあげている。

その控訴理由書には次のように書かれている。

「自分が決行した10・26革命の動機の内、重要なことの一つは崔太敏が総裁、朴槿恵嬢が名誉総裁になっている救国女性団体の問題である。

自分は崔牧師の不正行為を詳細に調査し、朴大統領に報告した。しかし、朴大統領は、朴槿恵嬢をその団体から手を引かせるどころか、朴槿恵嬢を総裁に、崔太敏牧師を名誉総裁に据えた」(「メディアオヌル」電子版2014年12月2日より)

1979年10月23日　金載圭が朴正熙大統領に直接出した報告書の内容

1・身元事項

崔太敏《チェテミン》　1912年5月5日生まれ。

●人的事項

原籍：黄海道《ファンヘド》（現北朝鮮）

27年3月　黄海道ジェリョン普通学校卒業

42年～45年8月　黄海道警巡視

45年9月　越南

47年3月　大田《テジョン》警察署刑事

～中略～

54年初め　6番目の妻　金済福と結婚

55年4月　下釜、賢妻　林先伊（5番目の妻）と再婚

慶南　ヤンサン郡　ケイウン中学校校長

58年2月　ソウルへ転居

59年6月　全国仏教青年会副会長

～中略～

65年2月15日　ソウル地検にて有価証券偽造容疑で立件されると逃亡（約4年）

69年初　カトリック教会　チュンニン聖堂で洗礼

71年10月　ソウル　永登浦《ヨンドゥンポ》区バンファ洞592—7

保国寺で仏教を信仰していたが、仏教、プロテスタント教（キリスト）、カトリックを複合・創業した霊世界の教理である霊魂合一法を主張、似而非《えせ》宗教行脚《あんぎゃ》

～中略～

75年4月29日　大韓救国宣教団総裁就任

77年10月5日　総裁職　辞任

2・非理　事実

●崔太敏は霊魂合一法（一種の催眠術）など、似而非宗教行脚していた72年2月末頃、「陸《ユク》女史が現れ、槿恵嬢を助けて欲しい」という幻夢があったという内容の手紙を発送。3月6日に朴槿恵との接見に成功。

75年3月6日　朴槿恵と接見、当時の宗教界の乱脈を嘆きながら救国宣教を力説。

75年4月25日　朴槿恵の後援で、自分の腹心及び似而非宗教人を中心に、大韓救国宣教団（76年12月10日救国奉仕団、79年5月1日新心奉仕団に改称）を設立して、総裁（朴槿恵は名誉総裁）に就任。

救国宣教を憑籍（かこつけること）、常に朴槿恵の名を使って、利権加入を勧め、不透明な巨額金品を徴収、利権団体に至富（財を集めて金持ちになること）する。

複雑な女性関係と反対派に対する容赦ない報復などに怨嗟《えんさ》の声が高まると、しばらくは慎むかのようにしながら朴槿恵の動静を観望、腹心達に自分でなければ福祉団を運営することが出来ないと思わせ、奉仕団を管掌した。

78年2月22日　奉仕団を社団法人に改編・発足、朴槿恵が総裁として就任以来、形式上すべての業務は朴槿恵が管掌していたが、実質的には非公式顧問である崔太敏が全権の委任を受けて、行政部、政界、経済界、言論界など各分野に影響力を行使。

78年7月14日　運営費調達目的で、大韓通運㈱会長、崔元碩《チェウォンソク》など10人の実業人を運営員として委嘱《いしょく》、運営委員会を発足。

79年10月　国内財閥級企業人を殆《ほとん》ど網羅した60名のラインに肉薄、一人当たり入団賛助費2，000万～5，000万ウォン。毎月200万ウォンずつの運営資金を調達。

これとは別に奨学基金、「新時代」（団体名）の土地の運営基金及びその他の行事支援費などの名目で、数千万ウォンずつ個別に拠出。（上記の運営メンバーではない企業に対しても、朴槿恵の名を使い、同一名目で数千万ウォンずつ拠出させる）。

上記運営委員などから拠出させた、莫大な資金と行政機関の支援を基盤に、業務機能が似ている政府育成団体の婦人会、主婦クラブ、母の会などを組織するなど、組織拡大。
事業推進により、各種の摩擦と副作用を起こしながら、各市、道、里、洞に及ぶまで組織を拡大、３００万団員を確保。

この機関、組織を軸に、大学、高校、中学校、小学校、幼稚園及び薬剤師会、医師会など10の参加団体と各職場の奉仕団などを網羅。「新しい心」（団体名）の人口２００万人を大言しながら、忠、孝、礼、道を唱導し民度の向上と社会奉仕事業を標榜、各種事業を推進する。

朴正熙暗殺後、連行される金載圭
（写真提供／Fujifotos／アフロ）

●無理な行事準備で、予算の浪費と負担過剰。
●機能と役割に相応した事業費を自己調達するのではなく、各企業体及び行政支援など対外依存したために、民、官の弊害が甚大。
●崔太敏は、福祉団幹部の各種不条理事業及び越権行為等で参与人物や官民などから、支持されないだけでなく、むしろ国民の顰蹙《ひんしゅく》をかった。
●崔太敏はその間、ロッテ、新羅、トウキュウホテル及びクギン大韓飯店などを舞台に毎日のように政、官、財、言論界など各界重鎮と接触、ハデに振る舞いながら、朴槿恵の名を使って利権介入、金品授受など、至富及び艶色（漁色）行脚で物議を醸《かも》していた。隠棲中にも朴槿恵とは隠密に連絡を維持し、後見人に役を継続自行。

３・具体的な非理内容

A、横領：14件　221，356，000ウォン
76年8月16日　救国奉仕団敷地及び建物購入時、住宅再建。４６５万ウォン相当を買収。自家隠匿。
76年1月29日　奉仕団の公金から妻の住宅購入資金として１，０００万ウォンを支出。

76年6月14日～77年8月29日　奉仕団公金から、子女の学費など合計238万ウォンを支出。

76年8月14日～77年4月15日　奉仕団公金から金○○（秘書及び政府）に3回に及び、生活費などで220万ウォン支出。

76年7月～77年6月25日　奉仕団公金から金○○（副団長及び政府）に2回に及び生活費などで460万ウォン、家屋購入費などで支出。

76年9月7日～77年1月初　朱○○（経理担当）に5回に及び奉仕団公金から無償供与。奉仕団帳簿上、3,000万ウォン支出も記帳なし。老人病院の帳簿には、全額を入金されたように虚偽記載。

77年4月28日～8月27日　老人病院の経理課長である次女、崔○○と共謀、4回にわたり病院資金434万ウォンを引出す。

77年2月17日～77年6月7日　国民銀行クァンアク支店に3回に及び奉仕団公金6,000万ウォンを、妻、任○○名義の三口座に定期預金して隠匿。

76年11月～77年8月25日　ソウル農業ブルガン支所に奉仕団公金合計155,176,000ウォンを2～3回に回転分散した後、仮名李ソンジャ、林富全、金キオク名義の26口座に定期預金、通知預金、定期貯金するなどして、隠匿。

75年　奉仕団前総裁　妻○○に、住宅買収代金100万ウォン支出

76年3月2日　奉仕団守衛、林○○に、生活補助費として200万ウォン支出。

76年11月　妻朴○○に2回に及び減資（カムジャ）事業資金として、1,000万ウォン支出。

77年3月14日　長女崔○○に個人アパート分譲資金として、200万ウォン支出。

77年5月　妻朴○○名義でブリサ乗用車1台購入、代金300万ウォンを支出。

B、詐欺：1件　200万ウォン

75年5月中旬　総裁秘書室長　林○○に、払い下げる約束をした長水珪石が、63年、金○○に払い下げられた事実を後で知り、林○○に払い下げる名目で奉仕団が寄贈されたように偽装して、金○○から下級珪石2万トラック分取得。

C、弁護士法違反：11件　94,200,000ウォン、土地14

1，330坪など。

75年5月中旬　総裁秘書室長　林○○に、国政庁長に請託して全北ジャンス郡所在ジャンス鉱山旧跡を払い下げる名目で、300万ウォン受けることを約束、そのうち170万ウォンを収受。

75年9月15日　前二軍監察参謀　李○○大領）の妻、金○○に国防部長官に請託して、李○○を准将（ワンスター）に進級させる対価として200万ウォンを収受。

76年6月中旬　聖○教会元○○牧師に、ソウル市長に請託してソウル城北区石串（ソククァン）洞の私有地50坪を同教会布地に払い下げしてもらい、その対価として同布地の時価1割相当額を受けることで約束、払い下げ失敗。

76年6月4日　ハンシンコンヨン社長金○○にソウル市長に請託してソウル市非常油流貯蔵タンク工事請負委託する対価として5000万ウォン収受。

76年11月5日　李○○に、原告李○○、被告現代建設の間、江南《カンナム》区アプクジョン洞所在の砂採取による損害賠償訴訟に関する現代建設と5～6億ウォンで和解させる対価として、同和解金として土地買収代2億ウォン、生活費300万ウォン、訴訟経費などを除いた残額を受け取る約束。

76年7月21日　上の李○○に、江南区庁長に請託して登記簿上だけに同人名義になっており、地籍のない江南区アプクジョン洞雑種地268，661坪の地籍を探してあげる対価として、同雑種地の半分を寄贈されることを約束。

76年10月初旬　韓国消防機器工業協同組合理事長　李○○に、内務部次官に請託して消防器具新規製造許可を抑制して同機器検定権を同組合に与えるようにする条件で200万ウォン収受。

76年10月22日頃　中央干魚物㈱代表鄭○○に、ソウル市長に請託して、同社に農水産物卸売市場開設許可を出し、許可後には新規許可抑制と類似売買行為を取り締まるようにする対価として76年12月22日～77年4月22日5回に及び1，700万ウォン収受。

76年8月中旬　前中情江原支部長の金○○の妻朴○○に夫を復職させる対価として、金○○から2回に及び150万ウォン収受。

76年10月初旬　崔○○に、蔚山《ウルサン》市長に請託して、蔚山市洞川江ピョンヨン橋下の河川土砂採取許可を奉仕団釜山支団名義で取得し、許可されれば2，000万ウォン受ける約束。

77年2月21日　金○○に、京畿道《キョンギド》からアニャン種畜場（土地70，788坪、建物36棟）を奉仕団獣医名義で契約、買収する対価として、同土地7，000坪と同地上建物36棟を受ける約束。

D・非理：13件

75年9月27日　ハンシンコンヨン社長　金○○に、大韓火災保険協会理事長、呉○○に請託して、同協会庁舎新築工事を請け負わせる対価として、7，000万ウォンを収受。※1，000万ウォンは収受した証拠なし。

76年1月17日　李○○の妻、李○○から、1948年以降、李○○と弁護士、金○○の間で所有権トラブルのある西大門区ヨンヒ丘2番地林野15万坪に対する寄贈書を受けて、奉仕団が同林野の所有権を取得すれば同人に1億5，000万ウォンを支給する約束。

76年2月8日　安○産業代表の安○○に同工場を奉仕団十字軍軍服（180万着分）納入工場に指定する対価として、2，000万ウォンを収受。

76年4月16日　トン○コンヨン㈱代表の白○○に、同人が釜山―済州《チェジュ》の間を運行するための日本三井造船で建造した（ハーバークレプトゥ）の高速旅客船を導入する際、乗客誘致関係で大韓航空に反対されたら対処する対価として十字軍軍服2万着分の代金1億ウォンの偽造書を受ける。

76年9月初旬　ソ○観光㈱の代表陳○○にテドク、ヨンギ地域区の次期共和党国会議員の新候補者の公選を受けさせる対価として76年9月17日～12月10日の間に5回に及んで500万ウォンを収受。

77年3月24日　フンアタイヤ㈱の社長　カン○○に、救国奉仕団釜山師団長に任命する対価として200万ウォン収受。

77年5月8日　東大門市場の商人、方○○の他、8名に朴槿恵名誉総裁、テグの「新しい心を持つ」発団式に参加する際（5月11日）、飛行機に同乗させるという条件でチョンセ費負担名目で100万ウォン収受。

78年2月6日　トンウォン○○開発㈱常務　李○○から、老人漢方病院の運営費を憑藉、1，000万ウォン収受。

78年2月8日　㈱味元　社長　韓○○から、林○○を通じて3，000万ウォン収受。

78年4月　当時、奉仕団諮問委員の韓○○（パリ製菓店主）に資金調達を強要。

同女が企業から、客出した200万ウォン収受。

78年4月　奉仕団運営費を憑藉、クロ工団理事長　崔○○を通して平安繊維㈱から500万ウォン、ヒョプチンヤンヘウンから300万ウォン、計800万ウォン収受。

78年5月6日　奉仕団運営費を憑藉、ヨーオプ開発㈱から500万ウォン、国際ボセイ㈱から500万ウォン、テイヒョプから500万ウォン、計1，500万ウォン収受。

78年7月　大韓通運㈱会長　崔元碩を奉仕団運営委員に抜擢《ばってき》する条件で金品を収受し、任命後随時100万ウォンずつ収受。

E・利権介入

78年2月30日　釜山市が実行するソミョン地下商店街建設工事（工事費58億ウォン）業者指名に介入、工事能力のないテヒョン実業㈱（成社長）に指定するために朴槿惠の秘書官、金○○を通して、朴槿惠の意図であることを憑藉、釜山市企画管理局及び、建設局長に圧力をかけ、同社を仮許可社として選定。

79年1月21日　晋州《チンジュ》市長に晋州市都市計画に抵触されたシンフンゴム工場に対して区画再調整、解除を要求する書信発送。

F・融資斡旋

78年3月　トンサンユウジ㈱に対して銀行融資斡旋など後援条件で、同社名誉会長に就任、同年10月ソウル信託銀行などを作用、10億ウォン余りの融資の斡旋をし、巨額収受。

79年1月31日　金○○を通して、金○○財務部長官にハンソン企業（代表呉○○）など二つの企業にそれぞれ5億ウォンずつ銀行融資を請託して、第一銀行から融資することに内諾。

78年1月初旬　不良金融実業人措置対象者　李○○が経営する㈱アジア重石に銀行融資斡旋《あっせん》及び海外旅行制限措置解除、周旋を条件に同社会長職就任を内諾して78年12月18日、朴槿惠秘書官　金○○を通して財務部など、関連官庁に請託、李○○の西ドイツのヘルテル社との重石加工合弁会社設立の推進のため、同人の出国を周旋。

G・女性関係

⑴○○○（27歳、前総裁秘書）

72年12月下旬~76年4月　永登浦《ヨンドゥンポ》オクホブルサン旅館、セゴムジョンのオクスジョン、新村のシンソン旅館及び大田市内のエデン旅館などで、10回前後、情交。

76年1月初旬~4月初旬　総裁室で3回ほど抱擁、キスなどの愛撫行為

(2)○○○（45歳、前副総裁）

75年月から75年12月10日　総裁室で随時キス、抱擁及び愛撫し同女の手で陰茎を触らせるなど、淫乱行為。

(3)○○○（31歳、前副団長）

76年4月~77年5月中旬　セゴムドンのオクスジャン、新村のシンソン旅館などで、3回にわたり性交しようとしたのだが、不勃起のため失敗。

同期間中、総裁室で随時キス、抱擁など、愛撫及び淫乱行為。

(4)○○○（41歳、前女軍局長）

76年3月26日　永登浦のクムソンホテルの302号室で情交しようとしたが、不勃起のため陰茎をなめさせるなど淫乱行為。

(5)○○○（40歳　前○○病院看護課長）

76年8月6日~76年9月中旬　総裁室で4回に及ぶキス、抱擁し陰茎をなめさせるなど、淫乱行為。

(6)○○○（24歳、前○○病院経理担当）

76年8月初旬~77年6月下旬　総裁室で4回に及ぶキス、抱擁、胸や陰部を触りながら、ジュ○○に強制的に陰茎をなめさせるなどの淫乱行為。

(7)○○○（42歳、前事務総長、未亡人）

崔太敏から検察に告訴された自分の詐欺事件を善処する条件などで迫られ、これを拒絶した場合、下院などの報復を恐れ、自ら体の要求を受け入れる。

78年5月14日　サジク公園の横、オクホミーサンホテルで、崔太敏の不勃起で、局部と胸をなめながら指を局部に挿入、淫乱行為。

(8)○○○（35歳、事務総長、有夫女）

奉仕団管理室長及び建物管理室長室で、重要業務会議を仮装、鍵をかけて淫乱行為。または、ホテルで情交。

※彼女は貞操提供で崔太敏の相愛を受けることになり、倒産に直面した夫の金○○の経営（○○交易）を崔太敏の支援で回復。

(9)○○○（51歳、組織局長、未亡人）

組織局長室、または、ホテルなどで情交説。

(10)○○○（25歳、前秘書、辞職後結婚）

総裁室、またはホテルなどで、情

交説。

⑾○○○（42歳、第二代ソウル地区市団長）

夫、申○○（国会議員）公選問題で接近。総裁室、またはホテルなどで情交説。

⑿○○○（43歳、前事務総長）

維政会の国会議員の公選の際、朴槿恵総裁に懇請。（事務総長は国会議員になった方がいいと誇示するため）夫○○が○○大学の運営者であることをきっかけに接近。相当な額のお金を崔太敏に献金した。総裁室あるいは、地方出張の際、ホテルなどで情交説。

●この報告書はアメリカ駐韓人新聞サンデージャーナルUSAなどに掲載されたものです。

1975年、ソウルの高校の行事に参加する崔太敏と朴槿恵
（写真提供／共同通信社）

朴正熙元大統領が韓国人を自己批判

『WiLL』（花田紀凱責任編集）二〇一二年十二月号より転載

編集部編

韓国の第五～九代大統領を務めた朴《パク》正熙《チョンヒ》（在任一九六三～七九年）は、日本統治下の貧しい農村家庭に生まれ育ち、日本国籍のまま満州国軍軍官学校に入校、優秀な成績で卒業し、日本の陸軍士官学校に留学した。高木正雄という日本名をもち、太平洋戦争終結時には満州国軍中尉だった。

一九六一年、陸軍少将だった朴は「軍事革命委員会」を結成し、軍事クーデターを起こす。金融凍結、港湾・空港を閉鎖、議会を解散し、政治活動を禁止して前政権の閣僚を逮捕。政権を奪取し、「軍事革命委員会」を「国家再建最高会議」と改称して自ら議長に就任。

一九六三年、第五代韓国大統領となった。一九六五年には日本との国交を回復し、日韓基本条約を締結した。日本の援助によって、「漢江《ハンガン》の奇跡」と呼ばれる韓国の奇跡的な経済発展を実現させた。

一九六八年、北朝鮮のゲリラ部隊に大統領官邸を襲撃され（青瓦台《チョンワデ》襲撃未遂事件）、一九七四年には光復節の祝賀行儀に参加したところ、在日韓国人・文世光《ムンセグァン》の銃撃を受け、朴正熙自身は無事だったものの、夫人の陸英《ユクヨン》修《ス》が頭部を撃たれて死亡。

一九七九年、側近のKCIAの金載《キムジェ》圭《ギュ》部長によって射殺された。享年六十一。一九九九年には、『TIME』で「今世紀もっとも影響力のあったアジアの20人」に韓国人から唯一、選ばれている。

以下は、一九七〇年に日本で刊行された『朴正熙選集』（鹿島平和研究所出版会　全三巻）からの引用・抜粋である。

親日家でもあった朴正煕　（写真提供／共同通信社）

昨今の韓国人の国内外における振る舞いを見ると、これら四十年以上前に朴正煕が指摘、批判している韓国および韓国人の欠点は、いまなお続いていることがわかる。

韓国人は、改めて朴正煕の文章を読み直し、自らの歴史と行動を反省すべきだろう。

退嬰と粗雑と沈滞の連鎖史

高麗《こうらい》時代から李朝五百年に至るわが五千年の歴史は、一言でいって退《たい》嬰《えい》と粗雑と沈滞の連鎖史であった。（中略）

いつも強大国に押され、盲目的に外来文化に同化したり、原始的な産業のわくからただの一寸も出られなかったし、せいぜい同胞相争のためやすらかな日がなかっただけで、姑《こ》息《そく》、怠惰《たいだ》、安逸、日和見《ひよりみ》主義に示される小児病的な封建社会の一つの縮図にすぎなかった。（中略）

第一に、われわれの歴史は、まえにも述べたが初めから終わりまで他人に押され、それに寄りかかって生きてきた歴史である。（中略）

嘆かわしいことは、このながい受難の歴程のなかでただの一度も形勢を逆転させ、外へ進み出て国家の実力を示したことがないということである。

そして、いつもこのような侵略は半島という地域的な運命とか、われわれの力不足のため起きたのではなく、ほとんどはわれわれが招き入れたようなものとなっている。

また、外圧に対してわれわれが一致して抵抗したことがなかったわけではないが、多くの場合、敵と内通したり浮動したりする連中が見受けられたのであった。

自らを弱者とみなし、他を強大視する卑きょうで事大的な思想、この宿弊《しゅくへい》、この悪い遺産を拒否し抜本せずには自主や発展は期待することはできないであろう。

第二に、われわれの党争にかんすることである。

これは世界でもまれなほど小児病

的で醜いものである。
こういう点では、中世紀までわれわれの祖先は比較的かっぱつで男性的な気質があったけれども、李朝に入ってからしだいにこういう気象は姿を消すことになった。
仏教から儒教へと文物の制度が変わってくるにつれ、それは急激に民族自主的な気概をむしばむことになった。党派争いが実にささいなことから始まったことは歴史でわれわれが知りつくしているところである。(中略)
第三に、われわれは自主、主体意識が不足していた。
われわれの波乱多き歴史の陰になって固定されることのなかった文化、政治、社会はついに「われわれのもの」を失い、代わりに「よそのもの」を仰ぎ見るようになり、それに迎合する民族性に陥《おちい》らせてしまった。(中略)
第四に、経済の向上に少しも創意的な意欲がなかったということである。
国民のみなさんがご存知のとおり、われわれが眠っているあいだに世界各国はいち早く自国の経済向上のため目覚ましい活動を展開していた。
しかし、われわれは海外進出は念頭におかず、せいぜい坐ってなわを編んでいるだけではなかったか。
高麗磁器などがやっと民族文化財として残っているのみである。(中略)
わが民族史を考察してみると情けないというほかない。(中略)
われわれが真に一大民族の中興を期するなら、まずどんなことがあっても、この歴史を全体的に改新しなければならない。
このあらゆる悪の倉庫のようなわが歴史は、むしろ燃やして然るべきである。(『朴正熙選集② 国家・民族・私』234P)

繁栄を阻むエリート意識

過ぐる十余年間、わが民族を今日のごとき危機に追い込んだ原因を「民族意識の欠乏」にも見出すことができるであろう。「共に生き、共に死ぬ」との、運命共同体としての民族的自意識が、余りにも欠けていたのではないかと思われる。

民族意識が欠けていたために、民族愛に欠け、民族的利益に対して無頓着だったのではないか。民族意識が欠けていたために、共産主義者たちは資本家だ、労働者だと騒ぎながら民族分裂を策したし、国内の政治家と国民たちは自派と私的利益の追求にのみ汲々《きゅうきゅう》としたあげく、民族全

体は常に放置されてきたのではなかったか。

一切の政治的派閥争いが自派の利益追求から出発していない事例をわれわれはまだ見ていない。個人間の謀略、中傷が個人の私利私慾の追求からでていないという事例も、まだわれわれは聞いていない。派閥争いと私慾には血眼《ちまなこ》になって騒ぎながら、民族の共同利益に対してはどうしてこんなにも冷淡なのか、理解できぬところである。（中略）

生きている執権者の銅像は莫大な金額で建てられ、過去の志士や義士の墓前には、石碑一つ見るべきものがなかった。このような歪《ゆが》んだ民族性、民族愛の枯渇の中から、どうして健全な良識を備えた民族性の成長と、同胞愛を期待することができようか。この際、われわれは国民各自が胸に手を置き、過去を深く反省して、真に正しい民族の一員に再生しなければならぬと思う。（『朴正熙選集① 韓民族の進むべき道』16P）

わが民族の共同利益と繁栄、民族団結を阻害する重要な要素に、「特権、特殊意識」（エリート意識）を挙げることができよう。俺はお前より金があるとか、優れているとか、良い学校を出たとかいった学閥意識、うちの祖先は大臣だったし、兄は現在某局長、某長官だといった、いわゆる門閥意識、お前はわが党、グループ、教派でないからわれわれの敵だといった各種派閥意識等々、実にこうしたエリート意識はわが民族の意識全部を独占しているといってもいいほど蔓延《まんえん》している。（前掲書 18P）

価値が顛倒した社会

今日、わが社会において何が正しく何が誤りであり、いずれが正当であり、いずれが不当であるか判ずべき一つの基準がたっていないことは事実である。

何が健全で何が不健全であるかを区別する客観的尺度もない。客観的基準または尺度がないから、自然に自分と自派利益に合致するものが正しく、合法的であり、自分と自派に不利であれば、それは誤っており、不法だと判断するのが現在の実情である。政治、経済、道徳その他文化全般においてそうである。いうなれば社会正義がアナーキズム的状態にあるといっても過言ではない。

すべての物事を自分を標準とし、自派中心に解釈するから、ここに意見の衝突、利害背反という極端な対立を招来することはあまりにも当然である。こうして個人と個人の不和、団体と団体の反目、ひいては謀略と中傷が横行し、ついにはあらゆる物事が暴力に発展する。（中略）

自己中心自派中心の思考方式が社会秩序を乱す心理的原因といえる。このような思考方式が政党に反映されれば自党の政綱政策は国利民福《こくりみんぷく》に沿うけれども他党のそれは反国家的で反民族的であるとの見解を抱くようになる。これが極端になると自分はどんな行動をとってもいいが他人はいけないとか自分にはそういう自由があるが他人には何らの自由もないというような思考方式も出てくる。

これが発展して他人はどうなろうと、民族と国家が亡びようとそれはどうでもいいことになり、自分自身だけいい暮しができて、自分の家族だけぜいたくができて、自派のみが有利であれば他はどうなろうと構わないということになり、それがいつのまにか普遍化して、またそれが当然の事のようになってしまうのである。（中略）

法よりも腕力の強いものが勝つ世の中、バックがあり、金のある者のみが生きられる世の中、弱く金もバックもない者は生きて行けない不平等の社会ができあがったのである。すべてが逆理で通り、不法と不正のみが順応できたのが、過去のわが民族社会であった。すべてが逆さまの社会、価値が顚倒《てんとう》した社会であった。

しかし、いつまでもこうした状態を放置するわけにはいかない。（前掲書　25P）

他人を見下げ、貶める傾向

「人の上に人を作らず、人の下に人を作らず」との言葉があるが、いまだにわが社会に厳然と存在している

ろいろな差別と不平等は前近代的、封建的要素であることはいうまでもない。（中略）

とくにわが民族には他人を見下げ、賤《いや》しめる傾向がある。いわば一種の差別意識、特殊意識からでた差別と不平等の現象であるが、これが道徳的な面でも著しく現れる。「坂道は見下しても、人は見下すな」という諺《ことわざ》もあるが人間が人間を蔑視《べっし》し、同胞が同胞を見下げるということは民主々義平等社会では到底許されないものである。（前掲書　28P）

今日、わが民族は余りにも自己利益にのみ目がくらみ、あらゆる詐欺、欺瞞《ぎまん》、不法、不正などの手段に魅惑されている。偽造商品、模造品などの生産や氾濫《はんらん》も、ひっきょう奉仕意識の欠如からきているといわねばならない。（前掲書　43P）

健全にして自主的な外交は、国内に健全で自主的な国民精神を育てる。もともと李太祖が政治的理由で設定した事大意識が儒教の慕華思想を知識人の中に深く食い込ませ、すべての社会制度、生活様式までそのまま真似る「模倣文化」が形成された。したがって価値判断の基準が自己の判断力とか自民族の文化にあるのではなく、「中国でどうしているか？」に照応してみて受動的に決定してしまい、自民族の現実や伝統の中で自ら探究しようとしない「事大依存的習性」をつくりあげたのである。

それゆえに民族自立性、民族的主体性が形成されず、外来文化や思想の「既製服」のみを着ようとする傾向に流れ、これが独立後、いわば「救護物資」的民主々義の輸入となったといえよう。（前掲書　81P）

外国人たちは、韓国人はすべて悲しみ、哀傷、悲劇を好むという。わが国の民謡をみても殆《ほとん》どが哀調を帯びており、その悲しみは強い反攻として爆発するのでなく、「なるようになれ」「仕方がないじゃないか」といった消極的な諦念に堕《だ》している。（中略）わが国の悲しみ、哀愁は実は悲劇ではなく、憐れであり、諦めの反《はん》芻《すう》である。それは「忍従《にんじゅう》」よりも劣る奴隷的な「屈従《くつじゅう》」の固まりとでもいおうか。

したがって逞《たくま》しく立ち向っていこうとする西欧的悲劇意識が韓国にはなく、軟弱な涙と安っぽい同情があるだけである。こうした弱々しい同情をもってしては民族性の中に力強

い人生の勇気や逞しい開拓精神を生み出すことはできない。（中略）

　こうした諦念は対決意識がなく、後退するか屈服する人生態度であるから、運命に易々と屈服することになる。したがって、運命を開拓するとか新しい道を模索するとかができない。とくに民間の信仰の中に占い、観相、四柱《しちゅう》、択日《たくじつ》といった運命感が深くくいこみ、不可能を可能に転換させようとする勇気が不足した。したがって貧困がつきまとい、生活を再建しようとする意欲が盛り上がらなかったのである。（前掲書　84P）

　わが民族は団結心が少く派閥争いが多いといわれる。（中略）

　こうした宗法制度に由来する家閥、門閥の狭い宗派観念と、階級的特権意識、家父長的専制観念、絶対屈服の弊習《へいしゅう》は健全な民族主義の形成を阻害し、利己を越えた功利性をめざす道を塞いだ。他人が豊かになってこそ自分も豊かになるという社会意識が成長し、他人の幸福と同時に自分も幸福をうるという、社会的功利主義へと発展しなければならないのである。（前掲書　87P）

　西洋でいう「名誉をかけて」という言葉を、われわれは「決死的に」といい「滅死的」を「必死に」という。自分が死ねば名誉も何もなく責任を負わない。結局、たやすく自分の命を断ち責任を免れるということで、名誉をかけ責任を完《まっと》うするために死ぬのではない。嘘を言い、他人を偽り、人の金を搾取するのはすべて名誉感の欠如と関係が深い。したがって法律上の「名誉毀損《きそん》罪」というのは、西欧人の生活意識の産物であって、われわれには実感が出ないのである。

　わが民衆には名誉意識が薄弱であり、したがって責任観念が稀薄である。それは確固たる自我意識が形成されず、ただ「漠然とした種族意識」「家閥意識」があるだけだからである。（前掲書　89P）

「歴史を見る目」がない

　批判は現実を克服しようとする積極的姿勢から生れるもので、李朝社会のような強権的専制下では、諦めや逃避のみが生れる。

　とくに東洋精神の中には真の批判がなく、伝受と継承のみをもってよしとした。（中略）

　李朝人たちは比較的詩文には長《た》けていたが、論証を通じた理性的思考が欠如していた。感受性や感覚には敏感で言語にも感覚的な形容詞は発達させたが、論理的思考からくる理性には鈍感で、中国文献をそのまま写し置くに止どまった。討論とか意見の発表もまた「両班《ヤンバン》」の威信と関連し、独断的であり絶対的であった。少なくとも相手方の意見を考慮するとか、論争で理論的に納得させようとするのではなく、問答無用で抑圧した。

李朝社会の文化はちょうどギリシヤのソフィスト時代にたとえることができる。問題は出世であり、知識は出世して権勢を握るための道具であった。したがって権勢をもつ虚偽がかえって権勢のない真理を抑えるのが当たり前となった。こうした、悪貨が良貨を駆逐する傾向が李朝社会内に健全な指導勢力の育成を不可能ならしめたのである。（前掲書　90P）

わが国の最近世史は亡国の歴史であり、失敗の記録でもあった。この血の滲《にじ》んだ歴史が綴られて行くに当って、歴史創造の主人公であるわが民族の自律性が欠如し、事大意識と外来支配に左右された他律性をみることができる。日本人学者は「韓国史の他律性」を指摘したが、わが民族の過去を深く反省してみるとき、それを全面的に否認することはできない。

韓国史の主人公は眠っていた。（中略）これまでの国史は王朝中心観、事大史観によって綴られ、真の民衆史観の形成をみることができなかった。（中略）

国史は民族の鏡であり、灯火《ともしび》である。過去われわれは「歴史を見る目」をもてなかったし、したがって民族の進むべき道を展望することもできなかった。暗中模索《あんちゅうもさく》で「道」をさがしながら倒れ、徨《さまよ》いつつ斃《たお》れる辛い道程であった。いまやわれわれには「韓国史観」を形成すべき時期がきたのである。韓国民族の主体性を把握し、韓国史の精神的支柱を回復して外来文化輸入のための批判的受入れ態勢を確立すべきである。（前掲書　12 1P）

歴史は人間の歴史である。歴史は人間の主体的な努力と意欲によって克服される歴史である。国を守ったにしても失ったにしても、民族文化を向上させたにしても後退させたにしても、ともかく韓国歴史という地球の一角に築かれた事実に対して責任を負わねばならないものはほかならぬわが民族であり韓国の国民である。（前掲書　142P）

『WiLL』（花田紀凱責任編集）二〇一五年五月号より転載

韓国にはもうウンザリです

渡部昇一
上智大学名誉教授

韓国の生意気な発言

ドイツのメルケル首相が二〇一五年三月九日に来日、記者からの「戦後、ドイツは周辺国とどう和解したのか」との質問に答えてこう述べました。

〈当時の大きなプロセスの一つとして、独仏の和解があります。和解は、いまでは独仏の友情に発展していきます。そのためには、ドイツ人と同様にフランス人も貢献しました。かつては、独仏は不倶戴天《ふぐたいてん》の敵といわれました。恐ろしい言葉です。世代を超えて受け継がれる敵対関係ということです。

幸いなことに、そこを乗り越えてお互いに一歩、歩み寄ろうとする偉大な政治家たちがいたのです。しかし、それは双方にとって決して当たり前のことではなかった。隣国フランスの寛容な振る舞いがなかったら、可能ではなかったでしょう。そして、ドイツにもありのままを見ようという用意があったのです〉

これに対し、韓国外務省の魯光鎰《ノグアンイル》報道官が「日本は歴史を正視する勇気を持ち、周辺国の信頼を得るべきだ」「最初に歴史を反省する姿勢があって、初めて寛容性を発揮できる」と述べ、あたかも「韓国の不寛容は日本に責任がある」かの姿勢を見せました。しかし、これは端的に言えば実に「生意気」な発言です。

ドイツとフランス、そしてイタリアはナポレオン戦争以来、領土の奪い合いをしてきた間柄です。平等に、全力で戦ったからこそ、戦争終結後

「千年被害者」の国はいつまでたっても変わらない　（写真提供／EPA＝時事）

に手を打つことができたのです。

それを示すようなフランス側の発言もありました。フランスのファビウス外相が三月十四日、先の韓国外務省当局者の発言に対して、「フランスとドイツの関係とアジアでは、取り巻く状況も地理的条件も異なることを忘れてはいけない」「フランスとドイツは互いを侵略したが、第二次世界大戦終結を機に和解した。いまでは世界で最も仲の良い国だ」と強調したと言います。

大戦中はお互いに全力を出し切って戦ったため、戦後にドイツがフランスに対してテロを起こすようなことはしない。それは同じ土俵で戦ったからこそなのです。

一方、韓国は日本とは戦っていない。同じ土俵に上がることさえなく、むしろ庇護《ひご》される立場にありました。そのことが鬱屈《うっくつ》として溜まっているが、かと言って日本を相手に戦争を起こすこともできない。だからその鬱屈を、大使館に対する投石やテロによって晴らそうとするのです。

先に起きた駐韓米国大使襲撃事件も同様です。犯人は北朝鮮シンパだそうですが、北朝鮮がいかにアメリカに敵対心を持っていたとしても、戦争を仕掛けることはできない。だからテロに走る。恨みの憂さ晴らしを、こういう儚《はかな》い形で晴らそうとする悲しい国なのです。

不都合な歴史の真実

韓国では、テロリストの安重根《アンジュングン》が「国家の英雄」になってしまうのも同じ理由です。韓国で現在では「悪」とされている韓国併合に反対したから英雄だ、というのですが、テロの標

的とされた伊藤博文《ひろぶみ》は併合に反対していました。明治天皇も気が進まなかったそうですが、そもそも日本は神話によればイザナミとイザナギが作った国土で十分であり、領土的野心など抱いてはいませんでした。

結果的には当時の国際情勢上、必要に迫られて併合しましたが、日本は韓国をできるだけ平等に扱いました。朝鮮王朝の王が末代まで王家を名乗ることや、日本の皇室で言えば皇太子に当たる世子の地位も継続して認めました。さらには、両班《ヤンバン》で功績のあった人のうち六人を侯爵、七人を伯爵、二十二人を子爵、四十五人を男爵にしたのです。

さらに重要なのは、皇族である梨本宮家《なしもとのみや》から方子《まさこ》女王が朝鮮王朝世子である李垠《イウン》に嫁いだという事実です。婚礼の際には十二単《じゅうにひとえ》だけでなく朝鮮服も用意されるなど、朝鮮王朝を皇室と同格と見做《みな》す扱いをしたのです。

結婚というのは現代でも家柄が取り沙汰されるように、同等、平等という意識がなければ成り立ちません。大名は大名同士で婚姻を結ぶもので、家臣から正室を迎えることはあり得なかったのです。

植民地時代の欧米では、その区別はより厳密でした。アメリカがハワイを併合した際には、婚姻どころかハワイ女王は幽閉され、王朝は跡形もなく滅亡しました。

イギリスはビルマ王朝の男子は流刑や処刑とし、女性たちはインド兵に与えました。当然のことながら、ヴィクトリア女王が植民地の酋長《しゅうちょう》に自分の娘を嫁がせたことなど一度もありません。イギリス王室で、周辺国の王家の出ではない女性を妃として迎えたのは、ダイアナ妃が史上初だったのです。

シナの王朝に対しても、朝鮮が妓生《キーセン》という貢物として女性を大勢送ってはいましたが、シナ王朝から朝鮮に嫁が来たという話は聞いたことがありません。シナは朝鮮を同等に見たことは一度もないのです。

ところが、日本は違いました。皇室としては葛藤《かっとう》もあったのではないかと思いますが、これが日韓のためになると考えられたうえでの立派なお志だったのです。

欧米とは違って日本が朝鮮をどのように扱ったか、非常によく分かる歴史的事実でありながら、なぜかほとんど語られてきませんでした。もちろん、韓国でもいまはほとんど知られていないでしょう。日本を悪者にしておきたい勢力にとっては「不都合な歴史的事実」なのです。

北岡伸一氏の歴史観

日本を悪者にしておきたいのは一体誰か。言うまでもなく、アメリカ、中国、韓国と、それに呼応する日本国内の反日勢力、自虐史観勢力です。

この夏にも安倍総理による「戦後七十年談話」が発表されるのを前に、あの悪名高き村山談話の文言《もんごん》を踏襲するか否か、話題になっています。

村山首相は社会党の党首でした。社会党は日本独立に反対し、サンフランシスコ講和条約に反対した党です。当時、社会党に属していた人たち、あるいは支援者たちは、占領下のほうが有利だと考えていました。その最大勢力の一つが在日朝鮮人で、彼らが警察権の及ばない闇で稼いだ資金を重要な金脈としていたのが社会党だったのです。

日本が「植民地支配と侵略」を行った国であり続けること、つまり東京裁判史観を持続させることが彼らの利益に繋がっていたのです。そのような背景から出された談話を、有り難く踏襲する必要は全くない。

そもそも十年ごとに談話を出さなければならない理由が分かりませんが、談話発表を前に有識者懇談会が開かれているという。その第二回会合で、座長代理の北岡伸一氏が「先の大戦での日本の行為は歴史学的に侵略だ」と述べ、談話の文言に「侵略であった」と入れたい旨を表明しています。

さらには別のシンポジウムの場でも、「日本全体としては侵略して、悪い戦争をして、たくさんの中国人を殺して、まことに申し訳ないということは、日本の歴史研究者に聞けば九九％、そう言うと思う」「日本は侵略戦争をした。とても酷いことをした。明らかです」と述べています。

しかし、北岡氏のこの主張は「不勉強」と断じるほかない。北岡氏の歴史観は「日本は軍国主義で侵略戦争を行い、残虐行為に及んだ」というものですが、これは「東京裁判史観」そのものです。

日本が侵略戦争を行った、と国際的に定義したのは東京裁判以外にありません。連合国がニュルンベルク裁判に相当する裁きを日本に与えたいとして、連合国軍最高司令官であるマッカーサー元帥に全権委任し、国際法によらないマッカーサー条例で日本を裁いたのが東京裁判です。

しかし、この東京裁判には当時の

国際社会や、各国から召集された判事らからも国際法上の疑問が指摘されていました。

それはアメリカも例外ではなかった。当時、「日本人は悪魔同然だ」というプロパガンダを真に受けていたアメリカ人弁護士たちが日本人の弁護の任命を次々と拒否したため、最終的に嫌々ながら引き受けた人たちが弁護に当たりました。ところが調べてみると、「これでは日本を裁けないのではないか」「日本は悪くない」という声が盛り上がってきたのです。

日本側の弁護人を務めた清瀬一郎弁護士がウェッブ裁判長に、「この裁判の管轄権はどこにあるのか」と問い詰めたところ、「あとで答える」と言ってお茶を濁した。それをさらに追及してクビになったのも、アメリカの弁護士でした。人道問題に関して、「ならば原爆を作り、運ばせ、投下することを命じたものを裁かないのか」と申し立てたのも、アメリカのブレイクニー弁護士でした。

これに限らず、多数の問題点が指摘されながら、裁判としての格好をつけるため、弁護人や各判事の異論を押し切って七人の死刑囚を出したのは、ひとえにマッカーサーの意思そのものだったのです。

マッカーサーこそ歴史修正

その後もマッカーサーは日本に留まり、間もなく朝鮮戦争が勃発《ぼっぱつ》。日本の景気が回復して「神風が吹いた」と言われましたが、実は本当の神風は全く別のところで吹いていたのです。

朝鮮戦争中、トルーマン大統領にマッカーサーは「東京裁判などやるべきではなかった」と述べたことが証拠として残っています。そして「朝鮮戦争を終わらせるためには原爆を使うよりほかない」とマッカーサーが述べたことに対し、トルーマンは激怒して彼を更迭《こうてつ》しました。

その後、マッカーサーは米国上院軍事外交合同委員会で証言を求められ、次のように述べています。

〈Their〔Japanese people's〕purpose, therefore, in going to war was largely dictated by security.（したがって、彼らが戦争に突入した目的は、主として安全保障のため、余儀なくされたものであった）〉（一九五一年五月三日）

日本には、蚕《かいこ》を除いては国内の資源がほとんどないことを知っていながら、米国は日本を封鎖すべく、日本に石油や鉄を売らないと決めた。

日本の戦争はこれに対する抵抗であり自衛だった、とマッカーサー自身が公の場で述べたのです。これで東京裁判が茶番であったことははっきりした。これこそ、最高にして最大の〝レビジョニスト〟(歴史修正主義者）の発言だったのです。

北岡氏はこのマッカーサー証言を知らないのでしょう。だから今日でもなお東京裁判史観そのものの歴史観で、「日本は侵略国家であり、周辺国に謝罪すべきだ」と言って憚《はばか》らないのです。

日本を蝕む東京裁判史観

北岡氏は何を以《もっ》て、「日本は侵略戦争をした」と言っているのでしょうか。日本が戦場にしたところは、シナ大陸以外はみな植民地にされていたところです。日本が戦わなければ、いまも植民地だったでしょう。たしかに現地で被害は出ましたが、実質的には彼らの独立戦争を代わりにやったようなものです。昭和十八年秋の大東亜会議を思い出してもらいたい。

シナ事変に関しても、東京裁判ですら日本に開戦責任を問うことはできませんでした。日本には「行くべきでない所へ出て行って余計な戦争をした」という記憶と罪悪感が残っていますが、日本に領土的野心などありませんでした。「日本は侵略戦争を起こして迷惑をかけた」などと簡単には言えない状況があったことを、北岡氏は全く知らないらしい。

北岡氏はいわゆる「左翼」ではありませんが、歴史観は一貫して東京裁判史観に染まっています。日中共同歴史研究でも座長を務めた北岡氏は、「南京大虐殺」を事実であるかのように扱いました。彼が日本政府の審議会や外務省関係の役職で「お墨付き」がつくのは、彼が極論を言わず、なおかつ東京裁判史観の持ち主だから使いやすい、ということなのでしょう。

しかし、北岡氏の無知に日本人が振り回される必要はありません。

北岡氏のような歴史観の持ち主からすれば、このような指摘も「レビジョニスト」になるのかもしれません。いまやレビジョニストという言葉はヒトラー擁護、ナチ擁護、戦後の国際社会の枠組みをひっくり返すウルトラナショナリスト同然に使われています。

安倍総理が第一次安倍政権の頃に掲げていた「戦後レジームからの脱却」を第二次安倍政権では口にしな

くなったのは、米紙などに「レビジョニスト」と書かれ、いささか萎縮しているからではないか。

　勝った側の論理を継続したいアメリカが、東京裁判史観の否定を嫌うのは当然です。中国も当然、その論理に乗っていたい。韓国はそもそも参戦国ではないのに、戦後あたかも「戦勝国」であるかのように振る舞おうとした卑怯《ひきょう》な国ですが、日本が敗戦国として打ちひしがれ、韓国に謝罪や賠償を行って平身低頭していれば気分がいいのでしょう。

歴史回復は反米に非ず

　しかし、東京裁判を体現すると言っていいマッカーサー自身の発言は、東京裁判史観そのものを覆《くつがえ》すインパクトがあります。日本国民はもとより、アメリカにも中国にも韓国にも知らしめる必要があるのです。

　嬉しいことに、アメリカでも〝レビジョニスト〟的歴史観が目立つようになってきました。

　日米開戦から七十年に当たる二〇一一年には、ルーズベルトの前の大統領であったフーバーの回想録（『Freedom Betrayed: Herbert Hoover's Secret History of the Second World War and Its Aftermath』）が出版されています。そこにはこんなことが書いてある。

「日本との戦争の全てが、戦争に入りたいという狂人（ルーズベルト）の欲望だったと述べると、マッカーサーも同意した。また、一九四一年七月の金融制裁は、挑発的であったばかりではなく、その制裁が解除されなければ、自殺行為になったとしても戦争をせざるを得ない状態に日本を追い込んだ」

　また、近年、日本でもチャールズ・A・ビーアドの『ルーズベルトの責任―日米戦争はなぜ始まったか』（藤原書店）が出版されました。ビーアドは、ルーズベルトがいかに日本に先に一発撃たせるか画策していた事実を明らかにしています。

　日本が東京裁判史観から抜け出せずにいる間に、国際社会で歴史は〝見直し〟（revise）されているのです。人類の進歩は見直しの連続です。日本もこの動きを封印するのではなく、「真っ当な見直しをしていこうではないか」と言わねばならない。

　その際、重要なのは「だからといって反米には転じない」ことを強調することでしょう。日本の戦争が自衛だったとしても、反米意識には繋がらない。原爆に対しても慰霊はしますが、アメリカを恨んで「いつか報復を」とは考えないことをアピールすべきです。

二〇一五年の三月十日、安倍総理は日本の首相として初めて東京大空襲の被害者を弔う「春季慰霊大法要」に参列しました。これは実に大きな変化と言えます。

アメリカは空襲によって、ひと晩にして十万人もの民間人を殺した。ナチスですらやらなかった殺戮《さつりく》の悲劇は忘れない。しかし反米運動には繋がらない――。安倍総理は身を以てこのことを表明しているのではないでしょうか。

神の御心より反日

一方で、このような世界情勢の変化のなか、いまだに過去にこだわり続ける韓国の姿勢は各国からも理解されないでしょう。安全保障上、こちらの陣営に韓国を繋ぎ止めておきたいと考えるアメリカも、慰安婦問題にこだわり、日米韓の連携を乱す韓国の振る舞いには正直、ウンザリしているのではないでしょうか。

もちろん、韓国にも事情をよく分かっている人たちが大勢いた時期がありました。その頃は、時に反日の機運が高まってもほどほどのところで収まっていたのですが、戦後しか知らない人たちが大勢になり、当時を知る人が亡くなるにつれ、事態は悪化しています。

六十年前に私がドイツに留学した際、隣りの部屋にはコリア人の教授がおり、他にもソウル大学のコリア人教授とも知り合いでしたが、彼らとは実に話が合い、お互いに楽しくやっていました。

彼らにとって、日本時代は非常に楽しいものだったようです。六十年前の韓国はまだ貧しかったのですが、彼らが留学した日本では面白い経験をたくさんしたという。神田で酒を飲んだ話や、旧制高校の生徒たちが履いていた高い歯の足駄《あしだ》を郷里で履くと大威張りできた、という思い出話をしてくれたものでした。

ところが、その下の世代になると様子が変わってきました。ある若いカトリックの韓国人神父は、どこへ行っても日本の悪口しか言わない。それでも「同じカトリック教徒だから」と大目に見ていましたが、エスカレートする一方なのです。

ある大きな集まりの際にも、その神父が立ち上がって日本の悪口を演説し、「日本は真似ばかりだ」と言ったので、私もついに堪忍袋の緒が切れて、立ち上がって発言しました。

「十九世紀後半に、欧米の自然科学や工業を真似できると考えた有色人種はいなかった。しかし日本はできると考え、取り入れた。日本の場合は、『真似』は『独創』的と言ってもらいたい。その日本の真似をして成功しようとしている国こそ、単なる真似の国ではないのか」

するとと会場の空気が張り詰めたものになったため、司会者が気を揉《も》んで「私たちは神の名においては兄弟ですから」ととりなそうとしたところ、その韓国人神父は「神の名においても日本人とは兄弟ではない」と言い放ったのです。

それを聞いて、「神父が神の教えをも否定する。これが李承晩《イスンマン》の反日教育の影響か」と唖然としたものです。

このような世代が中心となって反日教育を続けていけば、反日が過激化し続けるのも当然でしょう。国際社会に向けて日本の名誉を貶《おとし》める「ジャパン・ディスカウント運動」を国を挙げて行っている韓国は、最早、敵性国家であると言っても過言ではありません。

恩を仇で返す韓国企業

私は、個人的には韓国にもいい人がいることは認めます。しかし、国家としては付き合いかねる。これが正直なところです。

日本は韓国に対し、戦後も物心両面の支援を行ってきました。韓国の側も、日本を真似て経済発展に努めてきた。しかし、日本にとっては多くが「ロクなことがなかった」と振り返る結果に終わっています。

たとえば鉄鋼業。一九六〇年代に新日鉄が君津工場を建設した際、講演に行きました。新日鉄が韓国に技術提供を行い、それを受けて韓国に鉄鋼企業ができたことを「宋襄《そうじょう》の仁《じん》」でしたね」と言うと、新日鉄の関係者は「まさにそうです」と言いました。つまり韓国を思いやり、情けをかけたのです。

ところが、その企業はのちに恩を仇で返した。第一、完成した時も日本の協力者を招かなかった。また、後身企業であるポスコは日本からの援助を受けて工場を拡張し、企業規模を拡大してきたにもかかわらず、新日鉄が大変な苦労と資金をかけて育《はぐく》んできた技術を盗み出し、自身の研究努力なしにシェアを奪ったのです。彼らの「成功」は、とても歓迎できるものではありません。

このような韓国の性質は、おそら

く何年経っても変わるものではないでしょう。日本は安全保障上の留意だけしておけば、経済も外交も、取り立てて関係を深める必要はない。

このような韓国とのかかわりは水の如く、淡々としていればいい。荘子の教えに倣《なら》うべきでしょう。

〈君子ノ交《まじわ》リハ淡《あわ》クシテ水ノ如ク
小人ノ交リハ甘クシテ醴《レイ》ノ如ク
君子ハ淡クシテ以テ親シミ
小人ハ甘クシテ以テ絶ツ
（荘子外篇・山本第二十）〉

醴は甘酒のことで、つまり儲けを考えて接近しようとするから、却《かえ》って軋轢《あつれき》が生まれるのです。韓国人とは君子の付き合い、つまり水の如く淡々としていればいいのではないでしょうか。経済関係はなるべくなくすようにすべきです。あえて近づかなければ、喧嘩することもない。何より、相手に何を言われても癇《かん》に障《さわ》らなくなる。放っておけばいいのです。

日本は粛々と自分の道を

ここへきて、外務省が珍しく評価されるべき、画期的な姿勢を見せています。韓国との関係について、外務省のサイトから「我が国と、自由と民主主義、市場経済等の基本的価値を共有する」との文言が削除され、「我が国にとって最も重要な隣国」という記述に改められたのです。

韓国メディアは「幼稚で稚拙《ちせつ》な振る舞い」と批判しているようですが、気にすることはありません。日本は粛々と自分の道を行けばいい。

さらには日韓スワップ協定も満了となり、延長しませんでした。今後、韓国は再び苦境に立たされることになるでしょうが、助ける必要はない。デフォルトするのも見ているだけでいいのです。

戦後七十年、日本が世界に向けて正しい歴史観と未来志向の姿勢を見せなければならない時に、韓国になどかかずりあってはいられないのです。

わたなべ しょういち
上智大学名誉教授。英語学者。文明批評家。一九三〇年、山形県鶴岡市生まれ。上智大学大学院修士課程修了後、独ミュンスター大学、英オクスフォード大学に留学。Dr. phil.,Dr.phil.h.c.（英語学）。第二十四回エッセイストクラブ賞、第一回正論大賞受賞。著書に『英文法史』などの専門書のほか、『知的生活の方法』『知的生活の方法・音楽篇』（渡部玄一・共著）などの話題作やベストセラー多数。

『WiLL』（花田紀凱責任編集）二〇一三年十二月号より転載

愚かな国の愚かな大統領

西村眞悟
元衆議院議員

これから韓国（朝鮮）とわが国のことを書くが、具体的な、あの韓国人やこの朝鮮人のことを書くのではない。韓国人や朝鮮人によって構成される国家や民族の総体としての姿や傾向を書く。

一人ひとりの韓国・朝鮮人については、一人ひとりの日本人と同じく、良い人もいるし悪い人もいる。気の合う人もいるし気が合わない人もいる。しかし、それらの人々が総体として作り出してくる生活の雰囲気や意識や生活の仕方、そして政治的動向というものがあることもたしかだ。それを民族の文化、文明また国民の民度というのであろう。そして、この単位で存在する朝鮮半島の動向は、海を隔《へだ》てた東方に存在するわが国にとって、昔から無関心ではすまし得ない。

そこで昨今、いわゆる従軍慰安婦問題に関して、韓国が国を挙げて反日キャンペーンを繰り返し、こともあろうに、韓国自身の存立にも重大な影響を及ぼす日米関係の分断を図るかのように、アメリカ国内においてわが国が二十万人の若い朝鮮人女子を強制連行して日本軍兵士の「性奴隷」にしたというおぞましい虚偽をなりふり構わず定着させようとしている。

この韓国の従軍慰安婦を道具とした日本非難は、二十世紀の韓国朝鮮の蒙《こうむ》った損害と総ての悲劇が、二十世紀前半に悪逆非道の日本による植民地支配によりもたらされたという歴史認識を世界に定着させるために行われている。つまり、「善良で幸せな生活を続けていた李氏朝鮮の民を、二十世紀に強欲で野蛮で残虐な軍国主義の日本が植民地支配で滅茶苦茶にした」と、韓国は時と場所を弁《わきま》えずに朝から晩まで言っている。

たとえば、韓国大統領、韓国人の国連事務総長、またアメリカ国内の韓国人反日活動家の面々だ。そして、この非難を事実として定着させる絶好のキャンペーンの道具が「従軍慰安婦強制連行」というわけだ。したがって、わが国の歴代内閣のように、単に「従軍慰安婦と称する老婆」に金を払って対処するだけで済むはずもない。

反日のために国益も捨てる

特に、二〇一三年新しく韓国大統領に就任した朴槿惠《パククネ》氏は、異様である。彼女は整形したのかどうか知らないが、チャーミングな笑顔をみせる。しかし、その笑顔の一皮奥は、韓国自身の国益も眼中にない正真正銘の反日である。彼女は、反日のためなら韓国の国益もかなぐり捨てている。反日のためなら喜んで支那の属国になると思っているかの如くだ。

北朝鮮が弾道ミサイルを発射させると韓国を恫喝《どうかつ》している二〇一三年五月に、大統領就任後、初めてアメリカを訪問した彼女は、「日本が歴史認識によって東アジアの不安定要因を作り出している」とオバマ大統領に対して訴えたのである。

驚くべき認識ではないか。韓国大統領が、現に核弾頭ミサイルで自国を恫喝している北朝鮮よりも、日本の歴史認識が危険だと初めて会ったアメリカ大統領に言っている。異常な大統領と云わざるを得ない。

さらに彼女は翌六月、中国共産党の習近平主席に、わが国の維新の元勲であり、初代韓国統監《とうかん》を務めた伊藤博文《ひろぶみ》を殺害した安重根《アンジュングン》の記念碑を、殺害現場のハルビン駅に建設するよう要請して対日敵視姿勢への中共の賛同を求めている。その理由を彼女は、「安重根は韓中両国民が尊敬する人物」であるからと述べた。

つまり彼女は、安重根のテロが大韓帝国消滅の切っ掛けであったという事実は棚に上げ、ひたすら日本の元勲を殺した者は「偉人」であり、支那も尊敬する人物であるはずだと思っている。これに対して、習近平主席も「関係機関に検討するよう指示する」と応じた。習主席は、韓国が自分から反日をバネにわが懐に入ってきた、とほくそ笑んだはずだ。

自国の人民を大量に殺戮《さつりく》し、さらに粛正して支那の政権を握った中国共産党の正当性は、日本軍国主義の侵略から支那人民を解放したという神話だ。したがって、中国共産党の人民教育の柱は「反日教育」である。彼らは、この「反日教育」がなければ、中国共産党は人民の敵意の的となり、崩壊すると恐れている。このような中国共産党の国家主席に、韓国大統領・朴槿恵は、反日を共通項にして擦り寄ったのである。

同じことを繰り返す国家

また、朴槿恵という人物は、韓国の歴代大統領と比べても異様である。韓国歴代大統領には彼女の前任者の李明博《イミョンバク》に至るまで、たしかにうんざりするような日本非難を繰り返した者たちがいる。しかし、彼らの動機は、政権末期の人気低迷に対処するために国民の喝采を浴びることを目的にして反日言動に至るというものであった。これは、政治家としての人品卑《いや》しく、わが国にとって愉快ではないが、ある意味では他愛のない動機であるともいえる。

たとえば、元大統領の金泳三《キムヨンサム》氏は、任期末期には竹島に関して日本を口汚く罵《のの》ったが、退任後には自宅で屈託なく日本人の客を相手にして上機嫌で流暢《りゅうちょう》な日本語を話し、日本のある私立大学の教壇に立つことを無邪気に喜び、自慢していた。

しかし、韓国歴代大統領のなかで朴槿恵大統領だけが、政権末期ではなく就任早々から、ところ構わず反日言動を繰り返している。これは「本物」だ。骨の髄からの反日だ。いままでのパターンではない。したがって彼女は、これまでの韓国朝鮮の歴史のなかで、朝鮮民族の屈辱の転機となったような行動をとる為政者（大統領）の一人になるかもしれない。その朝鮮民族の屈辱の転機となった行動とは、言わずと知れた祖国への裏切りと支那への隷属だ。

十九世紀後半、朝鮮半島でわが国は何処と戦ったのか。それは支那、つまり「清《しん》」である。続く二十世紀初頭、わが国はそこで「ロシア」と戦った。その時、仁川《インチョン》港にはロシアの艦隊がいた。さらに二十世紀半ば過ぎ、アメリカはそこで「中国人民解放軍」と戦った。近現代においても、朝鮮半島には常に自らが招き入れた外国の軍隊がいたのだ。

渡部昇一氏が、世界史を眺めれば同じことが繰り返し起こる地域があると書いておられたが、朝鮮半島がまさにそうで、二十世紀においても、朝鮮半島では外国勢と外国勢が戦った。その結果として韓国は現在まで維持され、朝鮮半島における自由と民主主義が維持されてきた。それは同時に、韓国が東アジアにおける海洋勢力の一員として、日本やアメリカと同じ価値観のもとに運営される国家であることを意味していた。

真の日韓間の問題は「歴史」

だが、二十一世紀に入り、韓国はこの異様な大統領のもとで、状況次第では十九世紀以前の中華世界の元《もと》の木阿弥《もくあみ》に戻るかもしれない。そうなれば、わが国やアメリカの、朝鮮半島で血を流した努力も水泡に帰し、半島は、明治のわが維新の元勲たちが最も回避しなければならないと念じていた事態に陥《おちい》っていく。

即ち、朝鮮半島の自主的統治能力の喪失と支那への属国化である。これは、過去に繰り返されたように、朝鮮半島の民衆が塗炭《とたん》の苦しみを味わう道である。

このように、韓国と朝鮮半島は反日に急傾斜していく。その流れは、日本が、いわゆる従軍慰安婦問題に関して要求されるとおりに対処すれば変わるというような代物《しろもの》ではない。そもそも韓国がいう従軍慰安婦問題は単なる反日の一つの道具であり、道具がなくなれば反日がなくなるわけではない。

韓国にとっては、わが国の教科書の記述でも在日韓国人の指紋押捺《おうなつ》でも福島原発の放射能でも、何でも日本非難の有効な反日の道具になりえる。これに対してわが国はいままで、韓国が持ち出す「道具」への対処に翻《ほん》弄《ろう》されてきただけである。それも、相手の言い分を受け入れて一時の沈静化を図るという稚拙《ちせつ》なやり方だ。つまりわが国は、問題の本質から目を逸《そ》らしてきたのだ。

それでは、真の日韓間の問題は何か。それは、韓国人自身が指摘しているように「歴史」である。大統領の朴槿惠は、「日本の歴史認識が東アジアの緊張をもたらしている」とオバマ大統領に訴えた。その後、サッカーの日韓戦のスタジアムには「歴史を忘れた民族に未来はない」という横断幕が掲げられた。

このサッカーと全く関係のない横断幕をサッカー会場に掲げるのが韓国人だ。場所柄など眼中にない。しかも彼らは、この標語がブーメランのように自分に返ってくるとは全く思ってもいない。

したがって、第一に思い知るべきことは、我々日本人は、自己を見直す習慣の全く欠如した人間を相手にしているということである。このようなとき、わが方に何が必要か。それは言うまでもなく、自己の歴史に対する信念と確信である。しかし、まことに無念であるが、戦後日本人は、この「信念と確信」を持たないように育てられてきた。

韓国のサッカースタジアムに掲げられた標語。「歴史を忘れた民族に未来はない」。これは正しい、そのとおりである。

韓国の歴史はファンタジー

では、未来がないのは日本民族か、それとも朝鮮民族か。それは朝鮮民族である。朝鮮民族は歴史を捏《ねっ》造《ぞう》して日本を非難しているからだ。即ち、本当の歴史を誤魔化している。しかし、我々日本民族は、彼らを非難する資格がない。なぜなら、我々も本当の歴史に目をつぶり、蓋をしているからである。

それはともかく、韓国人は、未来がないのは日本民族だと確信してスタジアムにこの標語を掲げた。そして、自分たちは「歴史を忘れていない」と思っている。つまり、韓国人は「歴史を忘れているのは日本人だ」と思い、日本人は「歴史を忘れているのは韓国人だ」と思っている。これでは日韓の会話は成り立つはずがない。

一体、この食い違いは何処から生まれるのか。それは、日本と韓国の「歴史」に対する決定的な認識の違いから生まれる。

以前、スタンフォードの研究グループが、大変示唆《しさ》に富む指摘をしていた。それは、日本人にとって歴史は「ヒストリー」であるが、韓国人にとって歴史は「ファンタジー」で、支那人にとっては「プロパガンダ」だという指摘である。

即ち、日本人にとって歴史は「ヒストリー」だ。しかし、韓国人にとって歴史は「ファンタジー」なのだ。したがって、韓国人は自分たちのファンタジーに同調しない日本人は歴史を忘れていてけしからん、したがってそのような日本人に未来はない、と思っている。

そもそも韓国人にとって歴史がファンタジーでなければ、さすがの韓国人でも、わが国のテレビで放映されているような豪華絢爛《ごうかけんらん》たる李氏朝鮮時代の時代絵巻など、恥ずかしくて見られないだろう。あのようなドラマは歯が浮くような作り話すぎて、日本人には到底つくれない。

しかし、その日本人がなぜ、このような韓国のファンタジーを平気で毎日テレビで眺めることができるのか。その理由は、日本人がヒストリーとしての「歴史」を知らないからである。すでに述べたように、この意味で韓国の標語は正しい。

そこで、せっかく韓国の新大統領が本物の反日で支那に擦り寄り、さらにサッカー場にも正しい標語が掲げられたのだから、これを機会に、我々日本人が文明の名において断固としてするべきことが明確になった、と気持ちを切り替えるべきだ。それはつまり、日本の「ヒストリーとしての歴史」の回復である。

いまだ続く言論の検閲

「日本を取り戻す」、また「戦後レジーム（体制）からの脱却」が必要だとよく言われる。それは、わが国を取り巻く内外の厳しい情勢のなかでわが国が存続していくためである。存続とは、日本が日本であり続けることである。歴史（ヒストリー）を忘れて日本が日本であり続けることなどできない。日本を取り戻す、また戦後から脱却するとは、歴史を取り戻すことでなければならない。このことが死活的に重要なことである。

なぜなら、「過去は過ぎ去った日付けのところにあるのではなく、いまに生きる我々のところにある。我々は過去である」からだ（オルテガ・イ・ガセット）。したがって、我々の祖国とともに日本人である我々自身を取り戻すために、過去（歴史）を取り戻さねばならない。

そして、歴史を取り戻すことと戦後からの脱却は不可分である。なぜなら、わが国の戦後体制とは被占領体制のことであり、この体制は戦後の言論の検閲《けんえつ》と日本国憲法によってつくられているからだ。しかも、日本国憲法とともに検閲官なき検閲も未だ続いている。

敗戦直後の学校では、子供たちに戦前からの教科書の記述の大部分を墨で黒く塗りつぶすよう指示された。これが言論の検閲、すなわち歴史の剝奪《はくだつ》である。

わが国を占領統治したGHQ（連合軍総司令部）の作成した「検閲指針」には、戦前の日本の言論を総て抹殺し、戦前と戦後を断絶させる占領方針が明確に示されている。さらに検閲は、連合軍に対する批判を完全に封殺しているが、加えて「朝鮮人に対する批判」と「支那に対する批判」も禁じている。この朝鮮人や支那に対する批判を禁じる検閲は現在においても生きていて、わが国の言論を束縛している。私もそれを体験した。

さらに日本国憲法であるが、その前文では、戦前の日本を「人類普遍の原理」に反する国としたうえで、「われらは、この原理に反する一切の憲法、法令および詔勅《しょうちょく》を排除する」と宣言し、わが国の戦前と戦後を断絶させている。それゆえ、敗戦にともなって日本国憲法が施行されることにより、新しい国が誕生したかのように錯覚した人も多かった。しかし、そうではない。占領により、歴史を奪われたのである。したがって、歴史を取り戻すことが日本を取り戻すことである。さらに、歴史を取り戻すとは、戦前と戦後の連続性を回復し、一貫した民族の物語と誇りを取り戻すことである。

支那と日本の文明の違い

　そこでまず、戦後の検閲で最も強く封印されたわが国の神秘の世界（神話）に淵源《えんげん》する不変性を再確認したい。それは、万世一系の天皇である。これこそ日本の誇りと強さの源泉であり、存続の要《かなめ》である。

　世界には、デンマークやイギリスなど、古い王国がある。しかし、わが国はそれらと比べても途轍もなく古い。そのわが国の古さをヨーロッパ世界に置き換えて説明するならば、ギリシャ神話のデウスの直系の子孫や、古代ローマを建国した狼の乳で育った兄弟であるラムルスとロムルスの直系の子孫が、そのまま二千数百年後の二十一世紀の現在のギリシャやイタリアのエンペラーであるというほどの古さである。

　しかもわが国は、太古から次々と変遷《へんせん》した支那の王朝との接触のなかで、明確に自らの変わらぬ独自性を自覚し、支那は易姓革命《えきせいかくめい》の国であるのに対して、わが国は万世一系の天皇を戴《いただ》く国であると強く意識していた。

　わが国と支那との交流史を、わが国が支那の文明を学び、影響を受けた歴史であると見がちであるが、決してそうではない。日支交流史は、支那の得体の知れない惨《むご》たらしさに接したわが国が、支那とは異なる自らのすばらしい独自性を自覚する歴史である。

　わが国は、支那から学ぶべきものは学んだ。しかしわが国は、支那のおぞましい宦官《かんがん》や纏足《てんそく》や科挙《かきょ》制度や食人の風習は、断固として遮断している。また、四書五経《ししょごきょう》等の漢籍の理解の仕方も天と地の違いだ。支那では四書五経を習った者が科挙試験に合格して王朝の高官となるや、直ちに収賄《しゅうわい》と公金横領で一族全員が繁栄するのが当たり前である。つまり支那では、漢籍は、公金横領の資格試験である科挙の教材なのだ。

　わが国で漢籍を学んだ者が高官となってそのようなことをすれば切腹である。わが国の漢学者はたいがい清貧で、廉恥《れんち》を重んじ質実剛健《しつじつごうけん》を旨とする。支那とわが国は、同じ地球上にいるとは思えないほど全く違う。

　わが国の独自性の意識が文書に明確に示されたものとして、次に掲げる七世紀初頭の聖徳太子の隋《ずい》への国書、八世紀末の宇佐八幡の神託、そして十四世紀の神皇正統記《じんのうしょうとうき》がある。これらの言葉を噛みしめるべきである。わが国は、国の始まりから現在まで一貫して天皇を戴く国家であり続けている。この間、支那の各王朝では、臣下や異民族が皇帝およびその一族を殺戮《さつりく》することにより新しい王朝の皇帝になるという、ジェノサイドを伴う血腥い《ちなまぐさ》易姓革命を繰り返し、いまもそれが続いている。

聖徳太子の隋への国書「日出ずるところの天子、書を日没するところの天子に致す……」。

宇佐八幡の神託「我が国開闢《かいびゃく》以来、君臣の分定まれり……天津日嗣《あまつひつぎ》は必ず皇胤《こういん》を立つ。無道の者は速やかに掃蕩《そうとう》すべし」。

神皇正統記「大日本は神国なり。天祖始めて基を開き、日神《ひのかみ》長く統を伝へ給ふ。我が国のみ此のことあり。異朝には其の類なし。よって神国と云ふなり」。

朝鮮の歴史は惨めな物語

次に、このわが国の独自性を踏まえたうえで、わが国がいかに韓国に対処すべきかを明確にするために、朝鮮半島の歴史（ヒストリー）を概観する。このことは同時に、朝鮮半島の背後にある支那に対する方策をも明確にすることになる。

まず、なぜ韓国では歴史が「ファンタジー」になるのか。その理由は、韓国（朝鮮）の歴史（ヒストリー）にある。朝鮮の歴史、それはそれは惨めな物語である。この惨めさから「ファンタジー」と「恨《ハン》の民族」が生まれた。

古事記と日本書紀の記述に、神功《じんぐう》皇后が朝鮮半島に出兵したとある。神功皇后は第十四代の仲哀《ちゅうあい》天皇の后《きさき》であるから、三世紀初頭のことであろうか。朝鮮内に建てられていた広《こう》開土王碑《かいどおうひ》には、日本が朝鮮へ出兵したことが刻まれていて記紀の記述と符合するので、神功皇后の朝鮮出兵は事実であると思われる。そして、この出兵をわが国では「三韓征伐」と呼んでいた。つまりこの時、朝鮮には新羅《しらぎ》（辰韓《しんかん》）、百済《くだら》（馬韓《ばかん》）そして加羅《から》（弁韓《べんかん》）という三つの国があり、神功皇后は新羅を攻めたのである。

次に西暦六六三年（天智《てんじ》二年）、わが国は朝鮮半島で「唐《とう》」と戦う。その六百年後、一二七四年と一二八一年に朝鮮半島からわが国に攻め寄せたのは蒙古（元《げん》）の軍勢であった。そして、一五九二年から九八年にかけて豊臣秀吉の巨大な軍勢が朝鮮半島に攻め入るが、そこで秀吉は「明《みん》」と戦ったのである。

さらにすでに述べたように、明治

二十七年（一八九四年）の日清戦争ではわが国は「清《しん》」と戦い、昭和二十五年（一九五〇年）六月二十五日に勃《ぼっ》発《ぱつ》した朝鮮戦争では、アメリカは「中華人民共和国」およびソビエトと戦い、半島の三十八度線以北に共産勢力を押し返し、韓国が確保された。

このように、遥か昔の神功皇后を除いて、わが国や二十世紀のアメリカが朝鮮半島を巡って戦った主な相手は朝鮮ではなく、常に朝鮮にいた唐、元、明、清そして中共、つまり支那の王朝であった。

なぜ、朝鮮半島にはいつも支那がいるのか。それは、朝鮮人自らが支那の属国になったからである。もともと朝鮮は、「三韓征伐」という言葉がわが国にあるように、馬韓、弁韓、辰韓もしくは百済、新羅、高句麗《こうくり》という三国に分かれて抗争していて、自力で統一されたことは一度もなかった。それゆえ、朝鮮半島の統一は、常に外部の力を半島内に導き入れて達成されたのである。

つまり、民族を裏切って外部の大きな勢力を半島に導き入れた者が朝鮮の権力を握る。この裏切りが繰り返された。

まず七世紀、新羅は支那大陸で隋《ずい》を滅ぼして王朝を造った唐の配下に入ることによって唐の力を借りる。そして、唐の武力で百済を滅ぼし、百済救援に入った日本を白村江《はくすきのえ》で撃破し、最後に高句麗を滅ぼして唐の属国としての朝鮮半島を統一する。

以後、朝鮮半島にはおぞましい支那の悪習と腐敗、そして強いものについて生き延びようとする事大主義が蔓延《はびこ》る。

次に、朝鮮半島はモンゴルの元に侵略されて高麗が元の属国になるが、その元を倒して明が支那の王朝を建設する。すると、朝鮮の高麗《こうらい》の武将であった李成桂《りせいけい》が高麗を裏切って明の傘下に入り、李朝を建設した。これが李氏朝鮮である。もちろん、李朝は誕生したときから朝鮮の国号も明から与えられた、明の属国である。

そして李朝は、明が清に滅ぼされたあとも清の属国として存続し、一八九五年の日清戦争終結を決めた下関条約で清から独立したあとは大韓帝国と名を変えて、一九一〇年の日韓併合まで五百年続いた。この時、朝鮮の独立を掲げて清と戦ったのは朝鮮ではなく、わが国だった。

宿痾としての中華意識

この支那の隷属国である李氏朝鮮の、民衆にとって極めて悲惨な五百年間が「恨の民族」としての朝鮮を形成したといえる。李氏朝鮮に支配された民衆はただ搾取の対象であり、生活は極めて悲惨だった。支配者に民衆を教育するという発想はなく、女性には何の権利も与えられずに奴隷同然だった。さらに、戸籍も名前もない奴婢《ノビ》や白丁《ペクチョン》という売り買いの対象になる奴隷が、人口の半数を占めていたのである。

朝鮮の支配階級である両班《ヤンバン》は民衆を人間扱いしていなかったし、税を徴収する役人は民衆の戸籍を隠蔽《いんぺい》することにより徴収した税を着服して私腹を肥やし続けていた。したがって人口調査は行われず、李氏朝鮮時代の人口は五百万とも七百万とも推測されるだけである。日韓併合後に日本によって初めて人口調査が行われ、朝鮮の総人口は一千三百三十一万三千十七人との調査結果が出ている。

日韓併合後十数年が経過した時に朝鮮を調査研究したイギリス人行政学者アレン・アイルランド（一八七一～一九五一年）は、こう書いた。

「朝鮮民衆の生活が悲惨なのは、過去五百年にわたってほぼ絶え間なく朝鮮王朝を特徴づけてきた愚かさと腐敗によるものであり、その間に存在した王朝の残虐な行為と汚職にまみれた体制が朝鮮全域で蔓延《まんえん》していたせいであった。

一般大衆は誰もが、努力してもその結果を享受することを許されなかった。そのため、産業や倹約、社会進歩などに対する意欲は悉く《ことごと》破壊された。こうした悪政によって朝鮮人は何世代にもわたって苦しみ続けたのである」

そして彼は、日韓併合から十数年間にわたる日本統治を次のように結論づけている。

「今日の朝鮮は李王朝時代とは比べものにならないくらいよく統治されており、また多くの独立国と比較してもその統治は優れている。

すなわち、これまで私が尋ね歩いたイギリス、アメリカ、フランス、オランダ、ポルトガル領のいずれの植民地もよく統治されていたが、その多くの植民地よりも、日本の朝鮮統治は政府の行政手腕のみならず、民衆の文化的経済的発展においても優れているのである」（『THE NEW KOREA《コリア》―朝鮮が劇的に豊かになった時代《とき》』桜の花出版）

五百年にわたる李氏朝鮮の治世のもとで、朝鮮人の意識と生活環境は荒廃を続けた。明治十一年（一八七八）に日本を訪れ、各地を旅して『日本奥地紀行』を書いたイギリス人女性イザベラ・バードは、それから朝鮮各地を旅してその汚なさに辟易《へきえき》している。

以上、支配者の裏切りにより支那の歴代王朝の隷属国となった朝鮮の悲惨さを述べたが、仮にわが国が朝鮮と同じように、支配者の裏切りによって支那の権力を国内に迎え入れて支那に隷属しておれば、いかなる国になり、いかなる国民になったのであろうか。想像するだけで身の毛がよだつ。死んでもいやだ。しかし朝鮮は、まさに自らこの道を歩まざるをえなかったのだ。

しこうして、悪いことは総て他者のせいにして他者を恨み、自らのことはファンタジーのように美化する心理状態は、このような悲惨な状況下で五百年間生きたことによって生まれてきたと思わざるを得ない。

彼らが、この悲惨な祖国の状況のなかにおいて辛《かろ》うじて優越感を味わえるのは、支那を世界の中心とする華夷秩序《かいちつじょ》のなかで、東の日本を東《とう》夷《い》、西を西戎《せいじゅう》、北の満州を北狄《ほくてき》、そして南を南蛮《なんばん》と、人間以下に蔑《さげす》むことができるという自己満足だけだった。

特に、明が滅びて北狄の満州族が支那の王朝である清をつくったあとには、李氏朝鮮は清の冊封《さくほう》を受けて属国になりながらも北狄は自分たちよりも劣るので真の中華、すなわち世界の中心は朝鮮であるという小中華意識による優越感にしがみついた。

そして、この小中華的優越感がいまも伏流水のように流れていて、大日本帝国陸軍将校であった朴正熙《パクチョンヒ》大統領の娘である朴槿恵を骨の髄から反日の大統領に育て、ファンタジーを信じ込み、恩を仇《あだ》で返し、日本を非難しながら援助は感謝もせずに平気で受け取る韓国人を育てた。まさにこれは、宿痾《しゅくあ》としての中華意識、支那への隷属五百年の李氏朝鮮の呪いではないか。

このように朝鮮の歴史を眺めれば、改めて万世一系の天皇を戴いた日本に生まれた幸せを思う。

日本の歴史を天下に示せ

さて、いままで朝鮮の歴史を概観してきた理由。それは改めて、韓国朝鮮の対日非難に対して謝罪したり金を払ったり、相手のファンタジーに合わせて官房長官談話に従軍慰安婦の強制連行を認めるようなことを書いたり、さらに首相が靖國神社に参拝しなければ収まる、と思っても無駄だということを、腹の底から確認するためである。

彼ら、韓国朝鮮と中共が歴史を道具として日本を非難するのは、日本を彼らのプロパガンダとファンタジーのなかに閉じこめて、わが国を東夷という華夷秩序のなかの劣位、即ち従属国の地位に置くためである。

したがって、断じて彼らのファンタジーとプロパガンダの「歴史」に屈してはならない。わが国は、「ヒストリー」としての歴史を正々堂々と貫かねばならない。

彼らは特殊な支那朝鮮という狭い地域における自己中心的中華意識のなかにおるが、彼ら以外のアジアと世界は、嘘をつくことは悪いことだと子供に教える地域であり、歴史をヒストリーとする世界である。

彼らの中華意識に対処する方策はただ一つだ。それは、我々日本が太古からそうであったように、彼らに同調せず、日本が日本を取り戻すことである。彼らを被害者で日本を加害者とする戦後の東京裁判によってつくられた歴史観の強制から脱却することである。

すでに述べたように、わが国を占領統治したGHQが実施したわが国言論の検閲指針には、「支那に対する批判」と「朝鮮人に対する批判」を禁止すると明記してある

しかしいまこそ、この検閲指針の下で戦後封印されてきたわが国の主張、わが国の歴史（ヒストリー）を堂々と世界の天下に示す時が来た。

アメリカを含むわが国以外の国が、この歴史の回復をするはずもない。これを実施するのは唯、わが国だけ。もちろん、内外からの抵抗がある。矢は後ろからも前からも飛んでくる。しかし、西郷さんの言ったとおり、政府はいま、やらねばならない。「国の陵辱《りょうじょく》せらるるに当たりては、たとひ国を以て斃《たお》るるとも、正道を踏み、義を尽くすは政府の本務なり」と（『西郷南洲遺訓』）。

そして、我らの誇りある祖父母やご先祖の歩みに感謝して歴史を振り返り、日本人としての我々自身と実力を取り戻して歩み始めれば、中韓以外の全てのアジアが諸手《もろて》を挙げて我らの主張に賛同すると確信する。

もちろん我々は、韓国朝鮮が民衆の幸せのために宿痾の独善的華夷秩序から脱却しようとすることを歓迎する。

日本人は、明治天皇の次の御製《ぎょせい》に従ってきた民族である。

国のため　あだなす仇は
くだくとも
いつくしむべき　ことなわすれそ

にしむら しんご
一九四八年、大阪府生まれ。京都大学法学部卒。弁護士を経て九三年、衆議院初当選。以後五期当選し、その間拉致被害者救出に取り組み、また尖閣諸島に上陸視察する。現在は前議員として政治活動中。著書に『闘いはまだ続いている』『国家の再興』（展転社）、『眞悟の憂国』（高木書房）など。

韓国人はなぜ日本人を憎むのか

『WiLL』（花田紀凱責任編集）二〇一二年十一月号より転載

井沢元彦
作家

韓国人はなぜ日本人を憎むのか、この理由を一言で語ることはできない。長い歴史的経緯があるからだ。もちろん、韓国人は「日本人がわれわれの民族と文化を抹殺しようとしたからだ」と主張するだろう。これはまったくのデタラメではない。いやむしろ、多くの真実を含むと言ったほうがいいかもしれない。

しかし、だからといって「竹島は韓国の固有の領土だ」というのはまったくのデタラメである。このことについてはすでに多くの論証がなされているので、ここで詳しく述べることは控える。ただ、なぜそんなデタラメに固執するのか、若い世代はなぜそれを頭から信じ込んでいるのか、ということには説明が必要だろう。

だが真にこの問題を理解するには、ちょっと遠回りに見えるかもしれないが、韓国人の心を長きにわたって支配し、いまも支配し続けている儒教という極めて厄介な宗教についての理解が必要だ。

日本人は明治以来、富国強兵つまり近代化こそ第一と考え、宗教や思想の問題をないがしろにしてきた。そのくせ相互理解ほど大切なことはないという。愚かな話だ。相互理解とはまず相手の基本的な考え方を知り、自分たちの考え方との違いを知ることであろう。民族の基本的な考え方というのは宗教に基づくのだから、宗教への理解なくして相互理解、ひいては友好などあり得ない。

日本人は「人類はみな同じ」という

儒教式の成人式の一幕。ここが問題の根源　（写真提供／ロイター／アフロ）

日本人特有の一方的な信念を、それは実は日本人の宗教と言ってもいいものだが、固く信じて相手に押しつけることが友好だと考え行動して来た。日本人にとって善意の行為とされるものが、他民族にとっては大きな迷惑であることもあり得るのに日本人はそういうことをまるで考えなかった。たしかに、こうした面での最大の被害者は韓民族であるかもしれない。

最も大切なものが「孝」

前置きはこれぐらいにして本論に入ろう。

儒教を信じる者にとって最も大切なことは何かといえば「孝」である。単純に言えば「孝」とは日本でいう親孝行と同じものなのだが、実際はかなり違う。近代以前の中国や韓国、つまり儒教社会では、たとえば国家の軍人が皇帝の命令で戦争しているときに、親が重病に陥《おちい》ったら軍務を放棄して実家に帰っていいのである。いや、いいのではなく帰らなければいけないのだ。

なぜならば、皇帝に対する義務は「忠」であり、儒教では親に対する「孝」のほうが優先されるからだ。

また自分の母親の食べ物がない場合、孫を殺して口べらしをしてでも母親に食を与えるのが「孝子」である。誇張で言っているのではない。歌舞伎の「本朝二十四孝《ほんちょうにじゅうしこう》」は「日本の二十四の孝行物語」という意味だが、原典の中国の「二十四孝」には「孫殺し」の話が出てくる。念のためだが、これは正しいこととして賞揚《しょうよう》されているのである。「姨捨山《うばすてやま》」という話がある日本と、まったく違うということはおわかりだろう。

儒教社会ではファミリーつまり一族というものが絶対で、国家や会社は二の次、三の次ということだ。

しかし、これでは近代国家はできない。そこで明治の日本人は「忠孝一致」という本来の儒教にはない考え方を生み出した。天皇に対する「忠」は親に対する「孝」と同じ価値を持つという、いわば儒教の改変である。

親が重病だからといって、軍人が公務を放棄して家に帰ることを認めたら、欧米諸国には勝てない、だから天皇は全ての日本人の親、逆に言えば日本人は天皇の「赤子」であるがゆえに、公務を放棄できないという形を作り上げたのである。

しかし中国人や韓国人にとって、それは親の親たち、つまり先祖が決めた儒教のルールに対する冒瀆《ぼうとく》である。だから彼等はそういう改変を認めなかった。先祖が決めたことを変えないというのも重大な「孝」の一つなのである。だから伝統的な服装を捨てて洋服に変えたり、武器を西洋製のものにすることは「孝」に反する。つまり、近代化については大きく日本に遅れをとることになった。

いまでも儒教社会である韓国は国家より一族が重んじられる国である。ファミリーが国や軍や公的組織や会社を私物化しているということだ。韓国の歴代大統領を思い浮かべていただきたい。在任中、必ずといっていいほど大統領の一族が汚職事件を起こしているではないか。お忘れかもしれないが、李明博《イミョンバク》大統領の前任者、盧武鉉《ノムヒヨン》前大統領も逮捕寸前に自殺している。

自分たちは日本人の兄

こうした私の論に「韓国は現在キリスト教徒が多い。だから儒教の影響というのはない」と反論してくる人がいるといけないので念のために言っておくが、キリスト教では自殺を最大の悪として禁じているはずである。しかし、盧武鉉前大統領は公式にはキリスト教徒であった。

李明博大統領もキリスト教徒のはずだが儒教の呪縛《じゅばく》から逃れられなかったのか、すでにファミリー企業の関係者が続々逮捕されている。歴代大統領ですらためらっていた現職大統領の竹島上陸という行動に踏み切ったのも、ファミリー企業の汚職問題から目をそらすためという見方がある。

大統領が代わると、新しい大統領が前の大統領を監獄にぶち込もうとするという悪しき習慣が長年続いているのも、儒教社会ではファミリーの要求を拒絶することができないからなのである。

つまり、真の「公」というものが成立しない社会である。百年以上も前、アメリカ育ちのキリスト教徒で、こうした儒教社会を変えようとした中国革命の父、孫文が「天下為《てんかい》公《こう》」をスローガンとしたのは必然だったのである。

さて、日本のように総理がコロコロ代わるのもやりきれないが、あなたがもし韓国国民であったとしたらどうだろう？　なぜわが国から汚職を根絶することはできないのだろうと、深い絶望感に襲われるだろう。そこで、ふと隣国の日本を見ると、そうした汚職社会とはまったく違う。

もちろん、日本にも汚職もあるしファミリー企業もある。しかし、たとえば野田総理が誕生したからといって、政府の関連企業がすべて野田一族で占められるなどということはあり得ない。日本においては「公」という概念が成立しているのである。

ならば率直にうらやましいと言えばいいものを、それは彼等のプライドが許さない。むしろ自分たちより優れていることに対する妬《ねた》みが生じる。李大統領もそれを知っているからこそ、竹島上陸という形でそこを刺激してきたのである。

儒教は歴史学の最大の敵

では、そのプライドとはいったい何処から生じるかというと、これも儒教なのだ。

明治の偉人に福岡孝悌《たかちか》という人がいる。「南総里見八犬伝」の中にも「悌」の玉が出てくる。「孝」は親に対する忠節を意味するのに対し、「悌」は兄に対する忠節を意味する。

いまでも年輩の韓国人は、弟が兄の前でたばこを吸ったりはしない。それは「悌」に反するからだ。ところが、韓国人は伝統的に自分たちは日本人の兄だと思っているのである。

これも冗談に聞こえるかもしれないが本当の話だ。

そしてこのことに関しては、「竹島は韓国固有の領土だ」などというデタラメではない。それどころか、きちんとした根拠のある話なのである。

李退渓《りたいけい》（李滉《りこう》）という儒学者をご存知だろうか？　「１０００ウォン札」の肖像にもなっているから、韓国人なら知らない人はいないと言っても過言ではない。

李氏朝鮮時代の朱子学の学者だがきわめて優秀な人物で、朱子学が生まれたのは中国だが、それを完成させたのは朝鮮の李退渓であるという評価すらある。朝鮮半島の国家は、新羅《しらぎ》も高麗《こうらい》も朝鮮も儒教をきわめて重んじ、研究に努めたからこういう人物が生まれたのだが、日本は儒教（朱子学）の導入という点でいえば、朝鮮半島の国家に比べてはるかに後進国であった。

そんな日本が本格的に儒教を導入しようと決意した江戸時代の頃、日本の儒学者たちが学んだ朱子学というのは、実質的に李退渓学であった。つまり、この時代の日本人は明らかに朝鮮の学者の弟子であるという感覚を持っていたのである。

儒教というのは生まれた順番にこだわる。親も兄も、子や弟より早く生まれたから偉いのであって、その長幼の序は永久不変である。未来永《えい》劫《ごう》、変わらないと言っていい。

つまり韓国から見て日本というのは、弟のくせに兄貴に逆らうとんでもない存在なのである。弟が決して兄の前ではたばこを吸わないように礼を守るべきなのに、弟の分際で兄の国を植民地化しようとした、だから絶対に許されないという考え方になる。「韓国は兄、日本は弟」というのは、いわば儒教という愚かな宗教がもたらす偏見なのだが、儒教国家であるがゆえにそれを変えることができない。

親日派＝売国奴

一方、日本は朝鮮半島の国家ほど優秀な儒教国家ではなかった。だからこそ、逆に早く近代化できたのである。だから本当は、韓国はいまからでも遅くないから儒教を清算すべきなのに、骨がらみとなった民族的発想はなかなか変えられない。

儒教にはさらに問題点がある。儒教というのは、実は歴史学の最大の敵なのである。

理由は二つある。第一に歴史を捏《ねつ》造《ぞう》するというとんでもない機能があるのだ。儒教の創始者である孔子の主張は「かつて聖王が支配した素晴らしい世の中があった。それに戻るべきだ」というものである。しかし本当に聖王がいたのか、という検証はまるでなされていない。つまり、聖人の孔子様がおっしゃったから「真実」ということだ。

しかし歴史学とはそういう検証を行うことだから、聖人のお言葉を疑う悪行ということになってしまう。

第二に先祖とは孝を尽くす対象であるから批判することは一切許されないとなり、歴史上の人物に対する評価が不可能になってしまう。

韓国の作家・金完燮《キムワンソプ》氏はかつて猛烈な反日派であった。多くの死者が出た阪神大震災ですら日本に対する天罰だと思っていたという。いまの韓国の教育はそういう人間を育てているのだ。ということは、この間の東日本大震災についても、そのように思っている韓国の若者は大勢いるということだろう。

ところが、オーストラリアに留学し、公平な目で歴史を見た時に金氏の見方は一八〇度変わった。祖国韓国がいかに歴史をねじ曲げて若者に教えているかを知った金氏は、祖国に帰って『親日派のための弁明』(草思社)を書いた。ちなみに、韓国で親日派と呼ばれることは売国奴と同じことを意味する。

　その勇気ある行為に対して、韓国当局はこの著作を青少年に対する有害図書に指定して読めないようにした。また、その行為を批判された歴史上の人物の子孫からは名誉毀損《きそん》で訴えられた。そして韓国の裁判所はその訴えを認め、金氏に莫大な賠償金を課したのである。儒教国家韓国は、子孫が先祖の名誉を守るのを法律で認めているのである。

　おわかりだろうか、日本で「伊藤博文《ひろぶみ》の行為は愚かだった」と書いても、アメリカで「アブラハム・リンカーンは本当は差別主義者だった」と書いても反論はされるだろうが、子孫から訴えられ、しかも裁判所がその訴えを認めるなどというバカなことはない。それが認められるのが韓国なのである。こんな国にまともな歴史研究ができるかと言えば、その結論は書くまでもないことだろう。

歴史捏造という伝統

　韓国では子供に「韓半島の国家はずっと独立国家であった」と教えている。歴史捏造つまり大嘘である。半島の国家は新羅以来、ずっと中国の属国であった。その証拠に国王を名乗っている。国王とは中国皇帝の臣下であるという意味だ。

　明治維新で近代化した日本は、当時の朝鮮と手を携《たずさ》えて行きたいがために、当時の中国つまり清《しん》と戦争(日清戦争)をして勝ち、中国に朝鮮国の独立を認めさせた。喜んだ朝鮮人はソウルに独立門を立てた。言うまでもなく、清国からの独立の意味である。一八九六年のことだ。

　ところが、多くの韓国人はこの独立を日本からの独立だと思っている。日本からの独立なら一九四五年建立《こんりゅう》でなければおかしいのに、そんな矛盾にすら一般の韓国人は気がついていない。洗脳教育の恐ろしさがそこにある。

　もっとも、日本のしたことがすべて良かったなどと言うつもりはない。ただし善意ではあった。

　日本人はイギリス人やフランス人の植民地支配のやり方を見て、あれは現地人を動物扱いしていると憤慨した。そこで韓国を支配下に置くにあたって対等な合併という形をとり、あわせて韓国人を国軍などあらゆる分野に登用した。膨大なインフラ投資もした。韓国人を日本人と同化することによって一体化し、差別をなくそうと思ったのである。

日本人が韓国人を本気で差別するつもりならば、同化政策などは絶対に行わない。差別というのは、韓国人が韓国人であることがはっきりわからなければいけない。名前も服装もすべて「日本人」にしてしまえば差別の仕様がない。

問題は日本人がそれを親切だと思ったことである。やられるほうにしてみれば自分の民族文化が圧殺されるということだ。冒頭に言った「善意の押し付け」とはこのことである。

不公平な部分もあった。対等な合併というならば、天皇と大韓帝国皇帝は同格であり、公用語も日本語と韓国語を同格にして用いなければならない。そういう配慮は日本人にはまったくなかった。儒教のしがらみにとらわれて近代化が遅れた韓国人を下に見ていたからである。

とにかく日本と韓国は合併した。これを夫婦の結婚にたとえてみると、その後のことがよくわかるだろう。一九四五年の日本の敗戦によって韓国は独立した。いや、独立せざるを得なかった。

これもいまの韓国の教育の中では決定的に消されている部分だが、このままの状態で良いと思っていた韓国人も少なからずいたのである。

しかし、日本が敗戦したのでは仕方がない。独立した以上はそれを正しいことだとして子供たちに教えていかなければならない。

合併を結婚、独立を離婚だとしよう。離婚した親は子供から「なんで離婚したの」と聞かれたらなんと答えるか。「あの人はいい人だった」とはいえない。それなら離婚する必要はなかったということになってしまうからだ。

では、どうすればいいか。別れた相手は極悪人だったということにすればいい。そうなれば子供も納得する。独立を正しい唯一の道だったと認める。「幸いにも」韓国には儒教にもとづく歴史捏造という伝統がある。韓国は子供たちに日本に対する憎悪を募らせる教育を行い、その憎悪によって国民を団結させるという道を選んだのである。

韓国人は余計なお世話というかもしれないが、捏造した憎悪で国民をまとめるというやり方は間違っている。必ず将来、破綻《はたん》をきたすだろうということだけは、歴史を研究するものとして指摘しておきたい。

いざわ もとひこ
一九五四年、愛知県生まれ。早稲田大学法学部卒業後TBSに入社、報道局に勤務。八〇年、『猿丸幻視行』で江戸川乱歩賞受賞。退社後は、日本史と日本人についての評論活動を精力的に展開。代表作『逆説の日本史』は現在も連載中。

初代～第3代　李承晩

1948年、大韓民国の初代大統領に就任。
1960年に下野を表明し、ハワイへ亡命
（四月革命）　　　　（写真提供／時事）

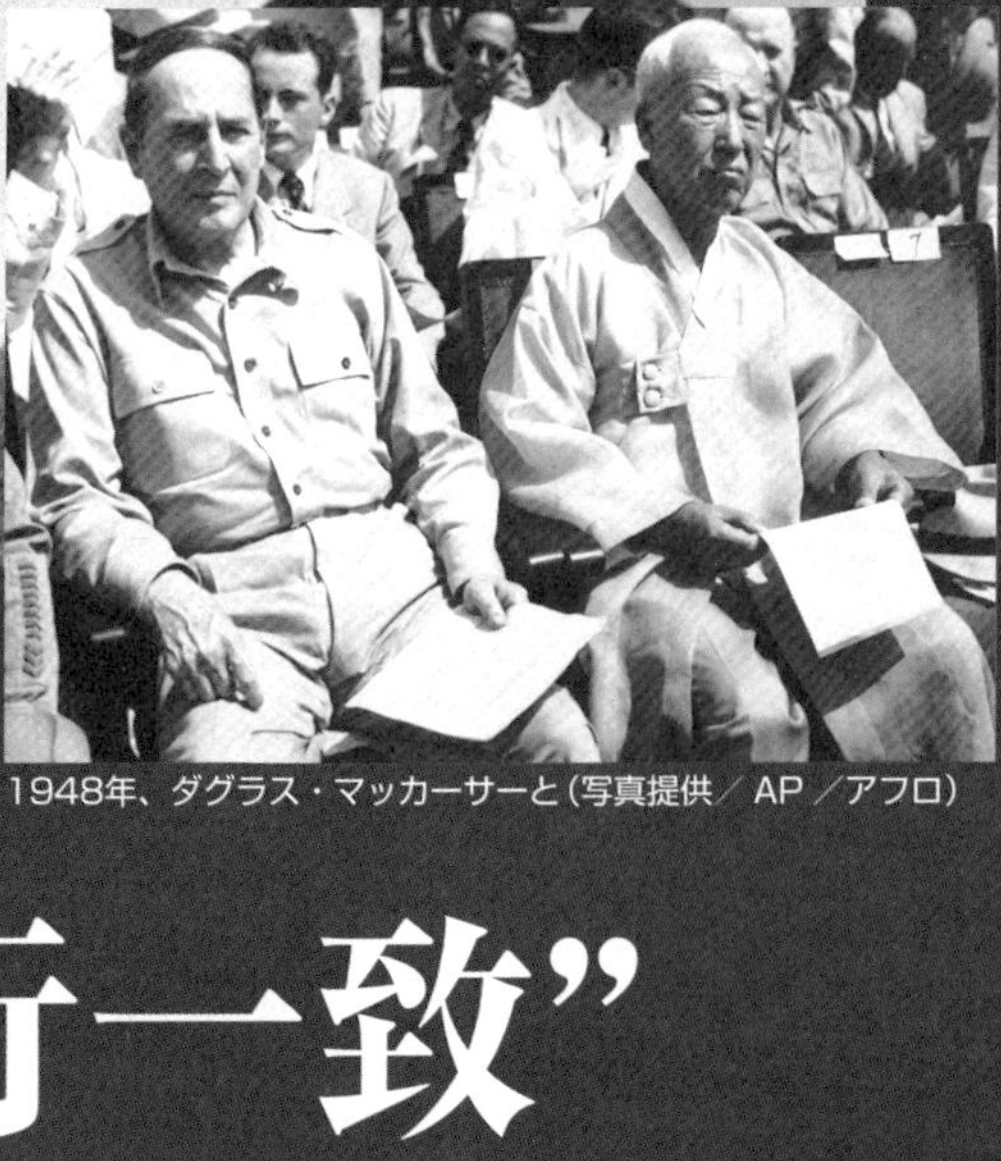

1948年、ダグラス・マッカーサーと（写真提供／AP／アフロ）

“顔行一致”
韓国歴代大統領

第4代　尹潽善

1960年、民主党旧派の代表格として大統領に選出され、就任。その後、民主党を離党して新民党を結成し、5・16軍事クーデターの遠因を作った
（写真提供／時事）

1962年、辞任発表後、大統領官邸を出る尹（写真提供／共同通信社）

第5代～第9代 朴正熙

1961年、5・16軍事クーデターを起こし、国家再建最高会議議長に就任。1963年、大統領就任（写真提供／Photoshot／時事通信フォト）

1961年、サッカー場でパフォーマンス（写真提供／Fujifotos／アフロ）

陸軍士官学校の士官候補生による5.16支持デモを眺める（左から）朴鐘圭、朴正熙、車智澈
（写真提供／YONHAP NEWS／アフロ）

1962年、国立墓地を参拝した朴正熙一家（写真提供／ YONHAP NEWS ／アフロ）

1961年、朴正熙一家の写真。朴の右隣が槿恵（写真提供／ YONHAP NEWS ／アフロ）

大統領就任後の1964年、朴正熙と陸英修（写真提供／ullstein bild ／時事通信フォト）

青瓦台内で犬と戯れる朴夫婦
（写真提供／ YONHAP NEWS ／アフロ）

1974年8月15日に起きた「文世光事件」の様子。防弾装置付き演壇の後ろに身を隠す朴正熙（頭が見える）と陸英修をかばうように拳銃を抜いて飛び出す朴鍾圭警護室長
（写真提供／時事通信フォト）

陸英修が狙撃された瞬間（写真提供／ YONHAP NEWS ／アフロ）

狙撃され、連れ出される陸英修
（写真提供／ YONHAP NEWS ／アフロ）

第10代　崔圭夏

1979年、朴正熙が暗殺されると大統領権限代行となり、金鍾泌に次期大統領を依頼したが本人に固辞されたため、大統領に就任。約八カ月間で、韓国の歴代大統領のなかで在任期間は最も短い（写真提供／時事）

1996年、全斗煥裁判の証人として拘引され、ソウル市内の自宅から裁判所に向かう（写真提供／共同通信社）

第11代〜第12代　全斗煥

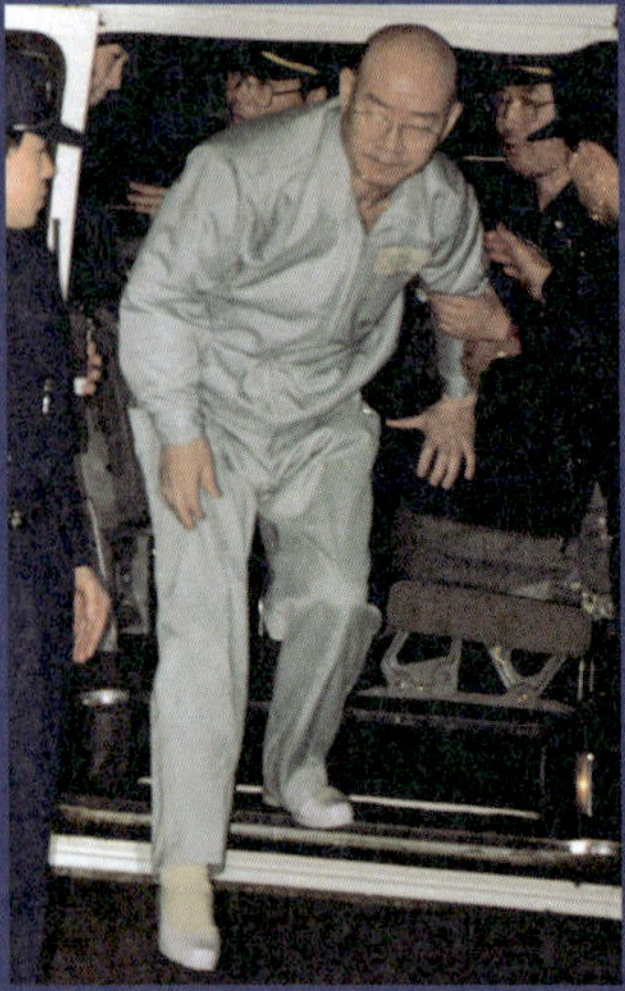

ソウル地裁に到着した時の模様
（写真提供／共同通信社）

朴正煕暗殺事件が起きると、暗殺を実行した金載圭を逮捕・処刑するなど暗殺事件の捜査を指揮した。1980年、5・17非常戒厳令拡大措置を実施。9月に大統領就任（写真提供／ AFP ＝時事）

1996年、ソウル地裁で開かれた秘密政治資金事件の初公判で法廷に立つ全斗煥
（写真提供／共同通信社）

第13代 盧泰愚

1987年、民主的選挙で民主正義党から大統領選に立候補し、当選
（写真提供／時事）

1995年、政治資金隠匿が発覚。地裁で開かれた初公判で両手を袖で隠しながら入廷
（写真提供／ AFP ＝時事）

第14代 金泳三

1992年、大統領に当選。朴正熙政権以来32年間続いていた軍事政権が消滅し、金泳三政権は文民政権と呼ばれることになった（写真提供／ AFP ＝時事）

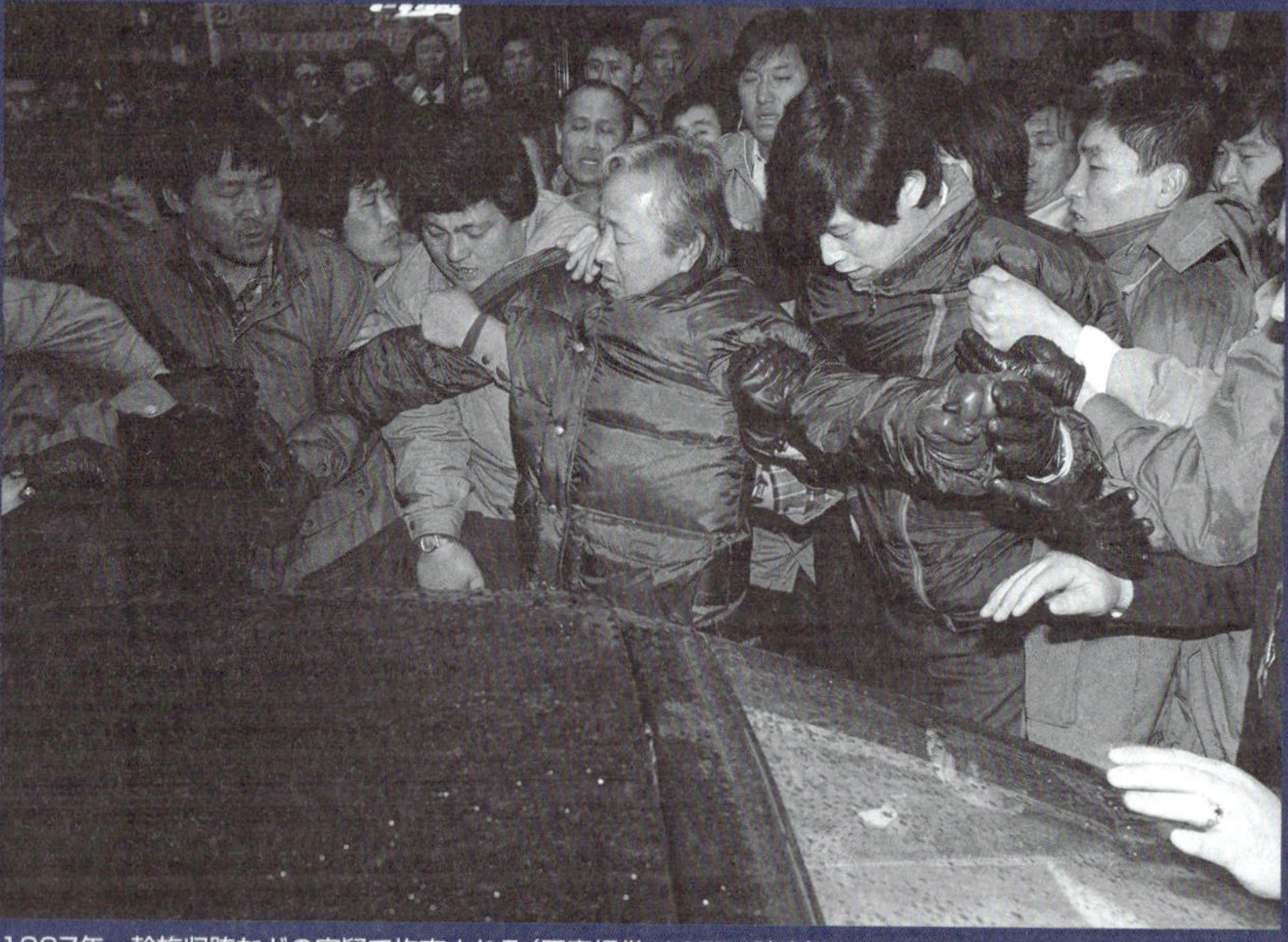

1997年、斡旋収賄などの容疑で拘束される（写真提供／ AFP=時事）

第15代 金大中

1997年、大統領に当選。任期末の2002年に3人の息子による不正蓄財が発覚して謝罪をした（写真提供／ CNP ／時事通信フォト）

2000年、南北朝鮮首脳会談を実現し、手を取り合って笑顔を見せる韓国の金大中大統領（左）と北朝鮮の金正日労働党総書記（写真提供／ AFP ＝時事）

第16代 盧武鉉

2002年、大統領就任。04年、野党が大統領の弾劾訴追を発議し可決され、一時的に大統領職務を停止された。08年、側近の一人が贈賄容疑で逮捕され、自身にも疑惑が向くなか、09年に飛び降り自殺
（写真提供／ AFP=時事）

02年、大統領当選の知らせを受けた時
（写真提供／ AFP ＝時事）

2007年、北朝鮮の4・25文化会館前広場での歓迎式で握手する盧武鉉大統領（右）と金正日労働党総書記。両首脳は初の顔合わせ（写真提供／ AFP ＝時事）

第17代 李明博

2012年、歴代大統領として初めて竹島（韓国名：独島）に上陸。直後の韓国教員大学校での講演では天皇の謝罪を要求した（写真提供／ AFP ＝時事）

2008年、大統領に就任。2012年、実兄で国会議員だった李相得とその側近が、違法資金を受け取ったとして、斡旋収賄などの疑いで韓国最高検察庁により逮捕された。同年、李明博自身も私邸として購入した土地の購入資金を政府が不正に肩代わりしたとの疑惑が浮上している（写真提供／ EPA ＝時事）

日韓関係詳細年表

反日政策はこうして始まった

年	月	できごと	補足
1868	10月23日	明治改元	
1875	9月20日	江華島事件①	①演習中の日本軍が朝鮮軍によって砲撃される
1876	2月26日	日朝修好条規締結②	②清国からの朝鮮の独立を明記
1882	7月23日	朝鮮で壬午事変勃発③	③朝鮮国内で清国との冊封体制を守るか脱するか、で両派が激しく対立
	8月	清朝商民水陸貿易章程締結④	④清と李氏朝鮮間で締結。朝鮮は清の属国であると明記
1885	4月15日	巨文島事件⑤	⑤英東洋艦隊が朝鮮の巨文島を占領

年	月日	出来事
1894	2月	東学党の乱⑥
	8月1日	**日清戦争**
1895	4月17日	日本が清国に勝利、下関条約調印⑦
	4月23日	三国干渉⑧
1897	10月	大韓帝国樹立
1904	2月10日	日露戦争⑨
	8月22日	第一次日韓協約⑩
1905	1月28日	日本政府がかねてより利用していた竹島の領土編入を閣議決定
	9月5日	日本がロシアに勝利、日露講和条約締結⑪
	11月17日	第二次日韓協約⑫
	12月	韓国統監府設立
1907	**6月**	**ハーグ密使事件**⑬

⑥日清も朝鮮に出兵、対峙することになる→日清戦争へ

⑦朝鮮が独立国であることを確認

⑧仏独露三国が日本に遼東半島の返還を勧告

⑨朝鮮半島も戦場に。大韓帝国側も日本側、ロシア側に分かれていた

⑩大韓帝国「保護国化」第一歩

⑪大韓帝国に対する排他的指導権を獲得

⑫大韓帝国は事実上、日本の保護国となり外交権を失う

⑬大韓帝国が外交権回復を訴えるため万国平

	7月	第三次日韓協約⑭
1909	10月26日	朝鮮総監・伊藤博文が安重根に暗殺される⑮
1910	**8月22日**	**日韓併合⑯**
1911	8月	朝鮮教育令公布⑰
1918		日本で大正デモクラシーが起きる
1919	3月1日	三・一運動⑱
1924		京城帝国大学創立
1931	9月	満州事変
1936	8月	日章旗抹消事件⑲
1937	7月7日	盧溝橋事件

和会議に密使を送るも列強から参加を拒絶される

⑭韓国総監の権限強化

⑮伊藤は「日韓併合慎重派」、暗殺により併合加速

⑯日本は朝鮮総督府を設置。朝鮮の皇族をはじめ多数が華族として叙爵

⑰ハングルが必須科目に。当時は朝鮮人の七割が読み書きできず

⑱特権を奪われた両班の一部が暴動

⑲ベルリン五輪マラソンで優勝した朝鮮人・孫基禎の胸の日の丸を東亜日報が黒塗りして掲載

◉日韓関係詳細年表

1940	2月	創氏改名政策施行⑳
1945	**8月15日**	**玉音放送、終戦**㉑
	9月2日	降伏文書に調印
1948		大韓民国・李承晩政権樹立
		北朝鮮・金日成総書記就任
1949	1月7日	李承晩大統領、対馬領有を宣言し、日本に対馬返還を要求㉒
1950	6月25日	朝鮮戦争勃発
1951	7月19日	李承晩大統領、サンフランシスコ講和条約の内容に「要望書」提出㉓
	8月10日	ラスク書簡㉔
	9月8日	サンフランシスコ講和条約調印㉕
1952	1月18日	**李承晩大統領が一方的に「李承晩ライン」を宣言**㉖

⑳改名は任意、申請制だが朝鮮人の80％が改名を申告

㉑14日に日本政府がポツダム宣言受諾を連合国各国に通告

㉒米英に即座に拒否される

㉓「竹島を韓国領としたい」と要望

㉔「竹島が朝鮮領であったことは一度もない」と韓国の要望を却下

㉕竹島の日本保持が確定

㉖竹島を韓国側に取り込む線引き

1953	1月27日	「李承晩宣言韓国政府声明」を発表㉗	㉗李承晩ラインが国際法において確立されたとさらに宣言
	7月12日	竹島の韓国人が日本の巡視船に発砲	
	7月27日	朝鮮戦争休戦	
	9月7日	韓国政府が「李ライン」内からの日本漁船の退去を命じ、拿捕の強行を開始	
1954		韓国政府が竹島に武装要員を派遣し、不法占拠を開始㉘	㉘日本側巡視船に発砲、周辺海域の日本漁船を拿捕
	10月13日	李承晩、「日本帝国主義の侵略性を生徒に教えよ」と反日教育を指示	
1961	**5月16日**	**軍人だった朴正煕が軍事クーデター**	
1963	**12月17日**	**朴正煕が大統領に就任**	
1965		朴正煕大統領が「竹島問題解決のため、島を爆破したい」と発言㉙	㉙ラスク米国務長官との会談で
	6月22日	**日韓基本条約締結㉚**	㉚日韓間の賠償、歴史問題はすべて解決済みとする内容。日韓併合時の保護条約が無効

			になったことを明記
	同	日韓漁業協定が調印され、李承晩ラインが廃止される㉛	㉛李ライン宣言以降の13年間で、漁船233隻、漁船員2791名が拿捕・抑留された
1972	7月4日	南北共同声明を発表(朴正熙・金日成、直接会談はしていない)	
1973	**8月8日**	**金大中拉致事件**、九段下のホテルグランドパレスから拉致される	
1974	**8月15日**	朴正熙大統領夫人、**陸英修が射殺される**	
1979	**10月26日**	**朴正熙大統領暗殺**	
1980	**5月21日**	**光州事件**㉜	㉜全斗煥クーデターに抗議する学生、戒厳軍に対抗する民衆が蜂起し、光州市を占拠
1981		韓国、竹島にヘリポート施設を建設㉝	㉝以降、断続的に施設の設置を続ける
	8月15日	全斗煥大統領、「(日本統治は)日本を責めるより韓国が自らの責任を考えるべき」と発言	

年	月日	出来事
1983	**1月11日**	**中曽根康弘首相、現職首相として初訪韓**
1984	**9月6日**	**全斗煥大統領、現職元首として初来日**
	同	昭和天皇が全斗煥大統領を招いての晩餐会で「両国の間に不幸な過去」と発言
1987	6月29日	盧泰愚大統領「民主化」宣言
	11月29日	**大韓航空機爆破事件**
1988	**9月17日**	**ソウル五輪開催**
1990	5月15日	盧泰愚大統領、「加害者が被害者に謝るのは当然」と発言
	5月24日	盧泰愚大統領が来日、「韓国国民はいつまでも過去に束縛されない」と発言
	9月4日	初の南北首相会談
1991	**8月14日**	**金学順が慰安婦として初めて**

㉞本人会見の三日前に朝日新聞・植村記者の

訪韓した中曽根総理と全斗煥大統領

		名乗り出る㉞	記事
	9月17日	韓国が国連に加盟㉟	㉟北朝鮮も同時に加盟
1992	1月13日	加藤紘一官房長官が従軍慰安婦問題で公式に謝罪	
	1月16日	**宮澤喜一首相、訪韓して慰安婦問題について8回謝罪㊱**	㊱年明け直後から朝日の「軍関与」報道が行われていた
	7月6日	**加藤紘一官房長官が談話を発表**	
1993	3月13日	金泳三大統領が「慰安婦問題に関し日本に物質的補償は求めない」と発言	
	8月4日	**河野洋平官房長官が談話を発表**	
1994	3月25日	金泳三大統領が来日し、衆院本会議で「葛藤の歴史に終止符を」と演説㊲	㊲日本メディアの取材等に関しては日本語で応対していたという
1995	7月19日	**元慰安婦に償い金を渡すためのアジア女性基金が発足**	
	8月15日	**村山富市首相が談話を発表**	
	10月5日	村山富市首相が「日韓併合条約は法的に有効に締結された」と答弁	

	10月11日	江藤隆美総務庁長官が「日韓併合はいいこともあった」と発言㊳	㊳「併合条約が無効だと言い出したら、国際協定は成り立たない」とも発言
	10月16日	韓国国会が、日韓併合は「強制によるもので無効だった」との決議を採択	
	11月	江藤隆美長官が辞職	
	11月13日	金泳三大統領、江沢民主席との会談で日本を非難㊴	㊴「日本の妄言が続いている」「今度こそ日本のふざけた性根を正してみせる」
1997	7月	韓国金融危機、IMFに支援要請	
1998	**10月8日**	**日韓共同宣言（小渕恵三、金大中）㊵**	㊵金大中は「過去の問題を持ち出さないようにしたい」と明言。日本文化開放を推進
		金大中大統領、「日王」表記をやめ「天皇」を使用すると公式に宣言	
2000	6月13日	南北首脳会談（金大中、金正日）㊶	㊶15日に南北共同宣言署名
	10月	南北首脳会談が評価され、金大中大統領のノーベル平和賞受賞が発表される	
	12月8日	東京で「女性国際戦犯法廷」が	

		開かれる	
2002	**5月31日**	**W杯日韓共同開催**	
	9月17日	小泉純一郎首相が訪朝、日朝平壌宣言㊷	㊷金正日が日本人の拉致を認め、謝罪
	10月15日	北朝鮮による拉致被害者5名が帰国	
2003	2月25日	盧武鉉大統領就任。日本統治時代を経験していない初の韓国大統領㊸	㊸当初は「日韓はいつまでも過去の足かせに囚われていてはいけない」と言っていた
2004	**1月27日**	**いわゆる「親日派糾弾特別法」施行**	
	7月21日	日韓シャトル外交開始（小泉純一郎、盧武鉉）	
2005	3月1日	盧武鉉大統領が三・一独立運動式典で日本に対し謝罪要求㊹	㊹「植民地支配の謝罪と反省、賠償」を要求
	3月16日	**島根県が「竹島の日を定める条例」を可決**	
	3月17日	盧武鉉大統領が「対日外交戦争」方針を宣言㊺	㊺①人類の普遍的価値と常識に基づいた韓日関係の構築②独島（日本名「竹島」）及び過去史問題に対する断固とした対応③我々

			の大義と正当性を明らかにするための国際社会での積極的な努力④政治、外交、経済、社会、文化、人的交流の持続
	8月18日	「親日反民族行為者財産調査委員会」が発足㊻	㊻同年末にいわゆる「親日派財産没収特別法」も施行
	10月	盧武鉉大統領、米国に「日本を仮想敵国にしたい」と持ちかけ㊼	㊼この事実は日韓では２０１２年になって明らかになった
	11月18日	盧武鉉大統領が靖國参拝に対し、「韓国への挑戦」と批判	
２００６	7月5日	盧武鉉大統領、日本による竹島周辺の海洋調査に対し、「武力行使もあり得る」と発言㊽	㊽島根県内の防衛庁（当時）施設への軍事攻撃を検討
	9月13日	米下院国際関係委員会が慰安婦問題で日本を非難する決議	
２００７	3月31日	アジア女性基金が解散	
	10月2日	南北首脳会談（盧武鉉・金正日）㊾	㊾この時、盧武鉉大統領が北朝鮮寄りの発言を連発し、拉致問題で日本を批判していた

2008	1月17日	李明博大統領「日本に謝罪と反省は求めない」と明言㊿
2008	8月30日	自民党から民主党に政権交代
2009	5月23日	盧武鉉前大統領、投身自殺
2010	8月10日	菅直人首相が談話を発表(51)
2011	3月11日	東日本大震災発生
	8月30日	**韓国憲法裁判所が慰安婦に対する不作為を「違憲」と判断**
	10月	野田佳彦首相に対し、李明博大統領が通貨交換協定（スワップ）の拡大を要請
	12月14日	**在ソウル大使館前に「慰安婦少女像」が設置される**
2012	6月29日	日韓軍事情報包括保護協定が調印

ことが13年6月に韓国国家情報院が公開した議事録で判明

㊿盧武鉉の反日政策に疲れていた日本人はほっとしたが、それもつかの間だった

(51)『朝鮮王朝儀軌』など文化財を韓国に返還すると宣言

竹島に上陸した李明博大統領

(52)韓国側の都合により調印一時間前に急遽延

		直前で延期要請、先送りに㊾	期に
	8月10日	**李明博大統領が竹島に上陸**	
	8月14日	**李明博大統領が天皇陛下に「ひざまずいての謝罪」を要求**㊿	㊿日本人の反韓感情に火が付いた
	8月23日	野田首相からの親書を韓国側が送り返す	
	12月16日	自民党が政権を奪還	
	12月19日	**朴槿恵氏が大統領に内定**	
2013	3月1日	**朴槿恵大統領、三・一独立運動式典で日本を非難**51	51「加害者と被害者という立場は千年経っても変わらない」
	5月13日	橋下徹大阪市長が「慰安婦は必要」発言で世界から非難	
	9月30日	朴槿恵大統領、ヘーゲル国務長官に「日本は傷口に塩を塗る」と告げ口	
	10月25日	韓国軍が竹島で軍事訓練を行っていることを発表52	52韓国政府はこの日を「独島の日」と制定。日本の民間人の上陸を想定し演習
2014	3月25日	日米韓首脳会談53	53安倍首相が朴大統領に韓国語であいさつす

			るもツレナイ反応
	8月5日	**朝日新聞がこれまでの慰安婦報道に関する検証記事を掲載**	
2015	9月3日	中国主催の抗日戦争勝利記念行事に朴槿恵大統領が出席	
	12月28日	**日韓合意。慰安婦問題の「最終的かつ不可逆的な解決」**	
2016	11月23日	日韓軍事情報包括保護協定に署名	

日韓軍事情報包括保護協定署名式

すべてはセウォル号沈没から始まった

『WiLL』（花田紀凱責任編集）二〇一四年七月号より転載

評論家 室谷克実

「造船大国・韓国」の内実

「旅客船セウォル号」という名の大型フェリー、その沈没事故は「韓国という腐敗したシステム」が産み出した。その収拾過程で噴き出した様々なドタバタはまた、「韓国人という実体」が抱える宿痾《しゅくあ》を細密自画像のように映し出している。犠牲者の冥福を祈りつつ、沈没事故が照射してくれた「韓国」を語ろう。

いまのところ伝えられる沈没事故

日本のメディアが報じるセウォル号沈没事故は、事の本質を全く捉えていない！　乗客を見捨てる「責任者先逃」は朝鮮半島の伝統であり、大統領は平気で市民を見殺しにしてきた。
事故は「韓国人の正体」をさらけ出した！

韓国史上最悪規模の船舶事故　（写真提供／AFP＝時事）

の直接の原因は、海流が急な海域で、ほぼ全速力で航行したまま急旋回した際、しっかりと固定していなかった積荷が荷崩れを起こし、船体が復原力を失ったことだ。

その船には、修学旅行で済州島《チェジュ》に向かう高校生三百人ほどが乗っていた。檀園《タヌオン》高校――その名前を見ただけで、長く韓国ウォッチをしている人間には神経がピピッと来てしまう。

韓国の民族主義者たちが「朝鮮民族の祖」と崇《あが》める檀君の「檀」の字が……というわけではない。檀園高校そのものが「独島《ドクト》（竹島）はわが領土」のイベントを催し、それが韓国メディアで紹介されたことがあるからだ。

檀園高校が「反日」の校風が強いからと言って、私が書く内容に何らかの影響があるわけではない。えっ、あの高校の生徒たちが……と単に頭をよぎっただけのことだ。

仁川《インチョン》から済州島に向かっていたセウォル号は、通常とは違う航路を取っていた。通常は、韓国西海域の島《とう》嶼《しょ》群の外側を回る。しかし、事故を起こした日は内側を航行した。時間を短縮できるが、海流が速いうえに暗礁が多くて危険な海域だ。

なぜ、そんな航路を取ったのか――仁川港が濃霧に包まれて出航が予定より二時間遅れたので、それを取り戻すためだったとされている。

「パリパリ」とは、「急いで急いで」という意味の韓国語だ。韓国人の日常会話のなかに頻繁に出てくる。それで、誰が名付けたか「パリパリ文化の国」。

韓国の産業社会では、とりわけ「パリパリ」が至上課題になる。が、気を付けてみれば、「パリパリ」の成果は外形・格好だけで、「中身はお粗末」な場合が多い。

「パリパリ」一途で成し遂げられた「造船大国・韓国」の内実も、そうだ。

北朝鮮の二代目、金正日《キムジョンイル》氏もしばしば記念碑的建物を造る際に「速度戦」を強調していた。「ともかく急げ」の気質は南北共通するのだろう。

反日報道は忘れない

その日は、ソウルも濃霧に包まれていた。韓国の通信社「聯合ニュース」が二〇一四年四月十六日朝に配信した写真を見ると、午前八時なのに夕刻のように見える。

気象台は「ＰＭ２・５警報」「ＰＭ10警報」を発令していた。

ＰＭ２・５警報については、韓国の科学者が「半分は中国から偏西風によりもたらされる」と述べている。

ソウルと仁川市はほとんど同じ地域だ。であれば、仁川港を包んだ濃霧は、中国発のＰＭ２・５の影響をかなり受けていたと見るのが自然だろう。

濃霧のため出航遅延―遅れを取り戻すため危険な海域へ……という流れなら、ＰＭ２・５を垂れ流す中国にも責任の一端がある。

韓国の新聞は、「仁川港が濃霧だったため就航遅延」とは書いているが、その時の濃霧とＰＭ２・５の関係については全く触れていない。

韓国のマスコミは、日本の責任追及となったら驚くべき悪意ある想像を重ねて記事を仕立てる。が、対中報道では凄《すさ》まじい自主規制になる。「朝日新聞」もきっと脱帽することだろう。悪名高い潘基文《バンギムン》国連事務総長も、中国の人権問題については何ひとつ語らない。そうした潘基文氏の姿勢を批判する韓国メディアもない。

が、韓国のメディアは「セウォル号

惨事」で紙面が足りないほどの状況のなかでも、反日報道は忘れない。

「宮城県産タラの芽の輸入を停止」(朝鮮日報、四月二十八日、聯合ニュース配信)の記事は、その典型だ。理由は放射能汚染の恐れだが、そもそも韓国は日本産のタラの芽を輸入したことがないのだから、これは〝弛《たゆ》まざる反日報道〟の実績づくりみたいなものだ。

韓国のマスコミが日頃、そうした姿勢を取っているから、「セウォル号は日本から買った船舶だ」という事実が明るみに出た瞬間、私は「これは日韓関係が大荒れになる」と思い、緊張した。

しかし、そうはならなかった。日本で十八年間も使った老朽船を安く輸入して無理な改造をしていたことが、すぐに明らかになったからだ。

どんな改造をしたのか。船尾の客室部分を二階分増築して、客室定員を九百二十一人に増やした。さらに船尾付近の両側にあったサイドランプ(車両を搭載する際のブリッジ設備)のうち、右側を撤去した。

サイドランプの重さは五十トン。その分だけ人員・貨物を多く積めるわけだが、船体の左右バランスが僅かに崩れた。サイドランプを外しても、増築によって総トン数は二百五十トンほど増え、重心は五十一センチ高くなった。

そして、ペンキを塗り替えた。これが重要だ。これにより、日本で「フエリーなみのうえ」として十八年間も使われた中古フェリーは「韓国最大の旅客船セウォル号」に生まれ変わったのだ。「外華内貧《がいかないひん》の国」と言うべきか、「整形大国」の面目躍如と言うべきか。

「自賛一辺倒」報道

いま、「韓国初のクルーズ船」とされる船舶も、やはり日本から購入した中古フェリーを改造したものだ。この〝クルーズ船〟の就航を報じた「朝鮮日報」(〇八年四月三日)の記事は、日本語訳で一千百字を超える大作なのに、船の来歴については何ひとつ触れていない。

だから韓国の普通の読者は、日本の中古船舶の整形版とは思っていない。その一方で、「わが国は造船大国」「わが造船は世界一」と自画自賛する記事は、飽きることなく紙面を賑わしている。両者を合わせれば、「〝クルーズ船〟も、わが造船大国の優れた技術が造った」と普通の読者が考えるのは当然だろう。

造船に限らず、万事にわたり「わが自尊心」「わが愛国心」を操《くすぐ》る報道――日本の報道の主流を「自虐」とすれば、韓国のとりわけ保守系紙の報道姿勢は「自賛一辺倒」とも言える。そうした報道傾向が、韓国人に自らの正確な「立ち位置」を認識させることを妨害している。

今回の件について言えば、こうした報道事情があるから、「朝鮮日報」は「船舶大国・韓国がなぜ日本の中古船?」(四月二十一日。以下、一四年の場合は年表記を略す)、「まともな旅客船も建造できない造船大国」(四月二十二日)、「萬物相　造船大国で起きた旅客船の悲劇」(同)と、立て続けに〝わが造船大国〟の内情を説明する記事を掲載せざるを得なかったのだろう。

だが、これらの記事でも、まだ率直ではない部分がある。

韓国の造船業界が旅客船を造らない理由を、「十六万トン級のコンテナ船用ドックで、一万トンにも満たない旅客船を建造するのは効率が悪い」から、などとしている。この部分だけを見ればまさに事実だが、実は①大型旅客船は重心が高いために建造技術が難しく、韓国では造らないのではなく「造れない」②商用船（タンカーや貨物船）より旅客船のほうが付加価値が遥かに高い――ことには触れていない。

韓国はまさに「パリパリ」で造船大国になった。しかし、その実態は依然として、鉄桶（船殻）組み立て・輸入した機材・資材の据え付け業者なのだ。そして、事故から一カ月を前に、「朝鮮日報」(五月十五日)は「造船大国の名誉を懸けて優れた旅客船を造れ」との社説を掲げた。韓国の造船大手三社が、海外でダンピング受注した海洋プラントのために大赤字を出しているというのに……。

「朝鮮日報」ばかりを標的にしているのではない。むしろ、私はかねて「朝鮮日報」を、韓国各紙のなかで「韓国社会の不正・腐敗に最も厳しい新聞」と評価してきた。その「朝鮮日報」にして、これなのだ。

国民病「ランク付け狂国」

サムスン財閥系の「中央日報」が「韓国は『三流国家』だった」と題する社説(四月十九日)を掲載したのも、「朝鮮日報」の造船業界関連記事と同じ脈絡だ。

「中央日報」はこの社説で、事故対応に無能な政府、マスコミまでデマ情報に振り回される社会の不安定さを指摘し、「世界七位の輸出強国、世界十三位の経済大国という修飾語が恥ずかしく、みすぼらしい」と嘆いている。
「中央日報」こそ、「世界に輝く一流先進国＝韓国」といったイメージ報道に邁進《まいしん》してきた新聞だ。

海洋警察による救助活動にも多くの批判が集まっている　（写真提供／共同通信社）

揚げ足を取るつもりはないが、この社説にある「世界十三位の経済大国」とは、どこから出てきたのか。国際通貨基金（IMF）の一四年四月資料によると、韓国のGDPは世界十五位だ。自己批判社説のなかでも背伸びをした姿を見せたいのか、それとも「韓国を代表する新聞」と称してきた〝一流紙〟の社説は、校閲チェックも経ていないのだろうか。

それにしても、事ここに至ってもやれ一流だ、やれ三流だとやり、「ランク付け狂国」と揶揄《やゆ》される〝国民病〟から抜け出せないようだ。

韓国船級協会が付けた条件

沈没の遠因に話を戻す。

改造によって重心が高くなり、片側のサイドランプの撤去によって左右のバランスにも狂いが生じた。が、これらは定められた機関による検査を条件付きでパスした。

韓国の船舶安全法は、船舶が①船の長さ②船の幅③船の深さ④船の用途——を変更する改造を行った場合は、海洋水産省の検査を受けるように定めている。

セウォル号の改造は、「喫水線《きっすいせん》からの高さ」と「右舷のサイドランプの撤去」だった。「喫水線からの深さ」にかかわる改造は中央省庁の検査が必須だが、「喫水線からの高さ」は違う。

セウォル号は法に従い、国の検査

ではなく、非営利法人である「韓国船級協会」の検査を受け、条件を付けられた。

　韓国紙が伝えたところでは、その条件とは次のような内容だ。

「貨物量は構造変更前の二千四百三十七トンから九百八十七トンに、旅客は八十八トンから八十三トンに減らし、バラスト水（筆者注＝船舶の安定を保つために船底に注入する海水）は一千二十三トンから二千三十トンへ一千七トン増やす」（朝鮮日報、一四年四月二十六日）

　韓国のメディアは、どこもこの条件を疑っていないようだが、私にはこれがとても不可解に思える。

　なぜなら、積載重量を増やす目的で改造したのに、検査では逆に積載重量を大幅に減らす条件を付けられた——こんなことが、プロの世界でありうるのだろうか。

　セウォル号を所有・運航する清海《チョンヘ》鎮《ジン》海運＝セモ財閥は、あとで触れるが、曰《いわ》くつきのオーナーによる経営だ。それでも、この海運会社の設立（一九九九年）の前にも海運会社を経営していたし、現在はセウォル号の他にも何隻かの船舶を運航している。素人《しろうと》ではない。

政府関係者に詰め寄る遺族　（写真提供／ロイター／アフロ）

　改造を実際に担当した造船会社は、大型船を手掛けた実績がなかったという。が、それでも造船会社だ。設計を担当した会社も当然プロだろう。

　それなのに、「こんな改造をしたら逆に積載重量を減らさなくてはならない」と、関係者の誰も考えなかったのだろうか。

　もしかしたら、船級協会の条件のほうが〝なんらかの思惑〟を秘めた不当な内容だったのではあるまいか。

　七千トン弱の船が、重量を二百五十トンほど増やし、重心が五十一センチ高くなる改造をした。その結果、積載重量を改造前より一千五百トンも減らし、バラスト水をほぼ二倍の二千トンにする——これが妥当なのかどうか、私には分からない。

そこで、日本の海上技術安全協会に取材申し込みの電話を入れた。

出てきた広報担当者は具体的な取材内容も聞かないまま、「ハァ、話せることは何もありません」「ハァ、こちらに来ていただいても、話せる人間は誰もおりません」と、エンドレステープのように続けた。

嫌みに「では、御協会は何のために存在しているのですか」と訊いてみた。答えは「ハァ、申し訳ありませんとしか言えないもので……」。

実は、韓国にも船舶安全技術公団という名前の似たような組織がある。

日本にも船級協会がある。韓国が日本の制度をパクっているのだ。いずれも天下り機関だ。

韓国の記者たちにとって、船舶安全技術公団は沈没の技術的問題を知るための絶好の機関であるはずだ。

しかし、沈没から一カ月、韓国のマスコミを丹念に見ているが、船舶安全技術公団の固有名詞が出てきたのは一回だけだ。

セウォル号の沈没五十日前の濃霧期特別点検に、同公団からも一人が参加していたという記事（中央日報、四月二十一日）だ。

船舶の技術的問題に関するコメントとしては、ただの一カ所も同協会関係者が出てこないのだ。日韓の海運系の天下り組織、よく似たものだ。いま多くの日本人は「日本の海運は韓国とは違って安全だ」などと思い込んでいるようだが、いやいや、危ないものだ。

韓国警察の古典的集金手法

船級協会に理事長以下の多数の幹部を天下りさせている韓国の海洋警察庁（以下、海警と略す）は海洋水産省の外局だが、その幹部は大部分が警察からの出向者だ。

警察が意地悪く駐停車禁止区域や一方通行を指定して、常習的に違反せざるを得なくなった商店主から月例費（見逃し代）を取る——韓国警察の古典的な集金手法だ。

つい最近も、こんな話を聞いた。

操業間近に迫った日本企業の韓国工場に自治体の担当者が来て、「危険物質である○○を扱う工場は、この地域では今後一切の操業を許可しないことになります」と告げ、日本側をパニックに陥《おとしい》れた。その自治体の誘致を受けての進出だったのだから。

自治体の実力者に相談したところ、「操業を許可しないことになります」自体が嘘だった。

次に訪問した時には「苦労しましたが、周囲を説得し、対象区域から外しました」と一人芝居をして一稼ぎを狙ったのだろうが、逆に馘首《かくしゅ》処分になった。もちろん、日本企業は実力者に多額の相談料を支払った。

韓国ウォッチをしていると、こんな話をしばしば聞く。だからだろうか、私には船級協会が付けた条件が何とも不思議に感じられるのだ。

「最大積載量九百八十七トン」が正当な計算値ではなかったとしても、韓国の合同捜査本部の発表によると、沈没した時のセウォル号は三千七百八十八トンの貨物や車両を積んでいたというのだから、これは凄い。改造前の最大積載基準、二千四百三十七トンの一・五倍だ。

その分、バラスト水を抜いていた。

韓国の造船工学者は、「それだけの荷物を積んでいたら、バラスト水がほとんどない状態でなければ最高速度は出せない」と述べている。念のため改めて書いておくが、セウォル号は最高速度のまま急旋回しているうちに横転・沈没したのだ。

やはり合同捜査本部の発表では、改造から沈没までにセウォル号は仁川─済州島を二百四十一回（延べ片道）運航したが、うち百三十九回は過積載だったという。

不思議な身分の運航管理者

当日の積み方にも、さまざまな問題があった。「東亜日報」(四月二十二日）が、荷役《にえき》会社に雇われて当日の作業に当たった労働者とのインタビューをもとに詳しく報じている。

▽荷役作業を行った会社は「貨物固定作業の免許」がなかった。仁川港には、免許を持つ会社が五社ある。荷役を行った会社は五社のうちの一社と下請け契約を結んでいるが、当日の作業は下請けではなく、独自に引き受けたものだった（海運会社はコストを抑えたのだろう）。

▽重さ五十トンの超大型トレーラー三台を船積みしたが、貨物室の中央ではなく、左に二台、右に一台を配置した。

こうした配置は、すべて荷役会社の指示による（やはり念のため書いておくが、セウォル号は右舷のサイドランプを撤去しているから、左舷が重たい。そしてセウォル号は左舷側に傾き横転・沈没した）。

▽仁川海運組合の安全検査が終わったあと、霧のために出航が遅れると、海運会社の要請で、さらにバン十五台を追加で乗せた。

▽コンテナは一般コンテナ（二十フィート）の半分の大きさで、床の掛け金に鉄鎖で固定することができなかったので、一般のロープで固定した。

▽自動車は、規定より三十二台多

い百八十台が載せられていた。二重に固定するところ、一重で済ませた。

自動車は、十五台の追加搭載をする前に、すでに規定を十七台オーバーしていたわけだ。

では、積荷の安全検査は誰がするのか。運航管理者だ。

運航管理者とは、海運会社の業者団体である海運組合に採用される。前出の仁川海運組合とは、海運組合の仁川支部のことだ。

運賃収入の四％弱が海運組合に拠出され、発券業務や保険の取り扱いなどの世話もする。

運航管理者もそこに属するが、その給与は他の職員とは違って、国庫から出ている。半分公務員のような不思議な身分だ。

日本の運航管理者は船長経験が必要だが、韓国の場合は航海士の資格があればいい。

今回のセウォル号の担当者は、三十二歳。海運会社で航海士として三年勤務してから、運航管理者に採用された。

旅客船安全点検報告書を作成してこの運航管理者に手渡したのは、事故当時に操船していた女性の三等航海士だった。「中央日報」(五月三日)によると、その報告書には「乗客数四百七十四人、貨物六百五十七トン、コンテナ○個、車両百五十台……船積み状態良好」とあった。

「中央日報」の記事は、こう続く。

――航海士は合同捜査本部で「きちんと確かめず内容を記入した」とし、「(前任の）航海士が『すべて良好と作成すればよい』と言っていたのでそうしてきた」と話した。点検報告書を正確に作成しているかどうか確認するため、船舶内部を見回るべき韓国海運組合所属の運航管理者も船には乗らなかった、と検察は明らかにした。

点検報告書は事故後に内容が変わった。誰かが加筆し、車両台数を百五十台から百八十台に、コンテナは○個から百五十個に変えた。合同捜査本部側は、「海運組合の誰かが事故後に加筆したとみられる」と話した――。

致命的な欠点が複数

「朝鮮日報」(四月二十八日）は、「運航管理者は、安全確保のため出航停止を命じる権限も持っている。しかし、こうした権限を行使しておらず『安全上の致命的な欠点が複数あるセウォル号を野放しにした』との非難は避けられないだろう」としつつも、

「三十歳代前半の運航管理者が、父親と同年代の乗員にあれこれ命令をするのは容易でなかっただろう」とも書いている。いかにも韓国らしい。

　家庭での「長幼の序」、とりわけ親に対する扶養の慣習は、上流階層だけの話になりつつある。老人自殺率の世界断トツの高さが、それを物語っている。が、職場での長幼の序は一歳違っても保たれている。

　昨年のアシアナ航空機のサンフランシスコ空港着陸失敗事故でも、米国テレビは「職場内での年長者尊重文化が原因」と報じていた。

　目指す資格を取るまではガムシャラに頑張って理想も語るのに、その資格によって職を得るや、職場の積年の慣行（長幼の序も含む）のなかに埋もれてしまう——そういう韓国人を、私はたくさん見てきた。

　お互いに前任者がしていたとおりにして、明るく「ケンチャナヨ」と言い合って手続き完了——そんな光景を思い浮かべてしまう。

　「ケンチャナヨ」は日本でもすっかり有名な韓国語になったが、産業界の現場で一般的に使われる場合は、「マニュアル無視」で行くことを了解し合う機能を持つ。

　「パリパリ文化」のうえに、悪しき慣習を踏襲したうえでの「ケンチャナヨ」対応、そして日常的であり過ぎるので「汚職」と認識されない〝取り締まる者と取り締まられる側の癒着〟……つまり、あまりにも韓国的な日常のなかから、セウォル号沈没は起きたのだ。

　清海鎮海運の取締役が、セウォル号の改造の際に出たクズ鉄を売却し、その代金三千万ウォン（三百万円相当）を懐に入れた（中央日報、五月一日）ことなど、この国では〝可愛らしい〟部類に入るのだ。

乗客数は永久に分からない

　四月十六日、私は「全員救出」との速報（朝鮮日報、十一時四十二分）を見て家を出た。聯合ニュースは、その一分前に朴槿恵《パククネ》大統領が「全羅《チョルラ》南道《ナムド》珍島《チンド》郡沿岸で発生した旅客船の座礁事故に関連し、人員と装備を最大限活用し、人命被害が出ないよう救助に最善を尽くすよう指示した」と報じていた。

　それより早く聯合ニュースが配信した写真を見れば、船は暗礁に乗り上げ、傾いた状態にあるように見えた。大統領府も「座礁事故」と判断していたのだろう。座礁するような浅瀬なら、傾いた船から乗客を救出す

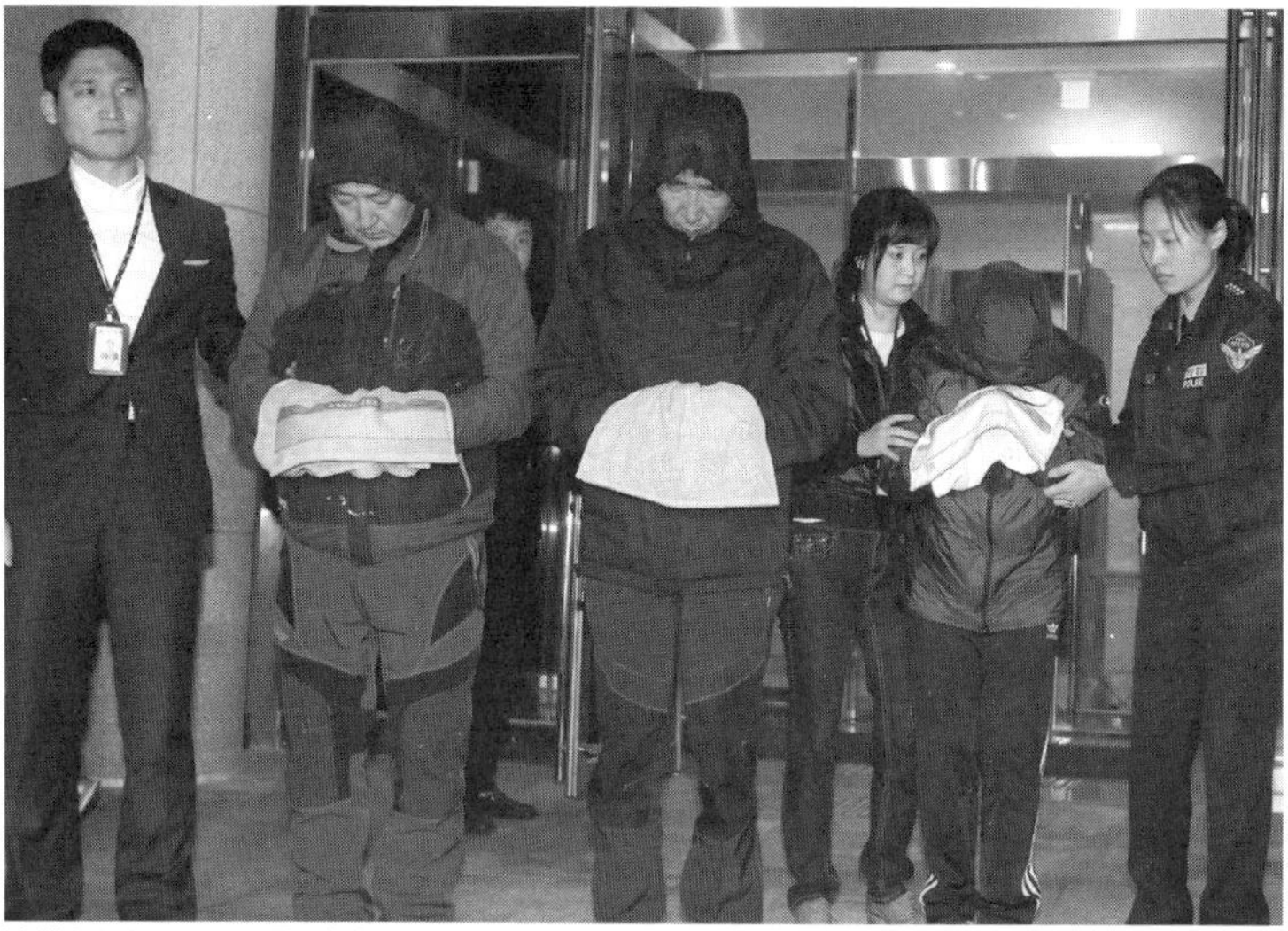
逮捕されたセウォル号の操舵手、イ・ジュンソク船長、3等航海士　（写真提供／AP／アフロ）

ることはさして困難ではないはずだ。私はそう考えた。

　が午後五時、外での仕事を終えて戻り、パソコンを開くと「二百三十五人不明、大惨事の恐れ」になっていた。しかも、行方不明者の大部分は修学旅行中の高校生だという。一体、どうなっているのだ。

　その日から五月七日までの二十二日間に、乗客数・生存者数（不明者数）は六回も訂正された。

　韓国でも船に乗る前には、名前、生年月日、住所などを乗船票に記入することになっている。が、朝鮮日報（五月九日）は「再点検したところ、無記名の乗船票三十七枚が相次いで見つかった」と報じている（乗船する際の発券や記録管理も、業者団体であり、天下り組織である海運組合が行っている）。

　当初の乗客数は会社側発表、次は乗船票を点検してみて、そして監視カメラの映像で数えてみてもう一度映像を確認すると何度か出入りしている人がいたことが分かり……と、担当者はそれなりに頑張っているのだが、国民には「無能な政府の姿」としか思えない。

　しかし、六回目の訂正発表の数字が正しいとも言えない。

　監視カメラがない非正規のコースから入った乗客がいる可能性があるからだ。

「沿岸で運航する旅客船会社の間では、乗務員たちが乗船券よりも安い運賃で人を乗せ、その金を自らの懐に入れる慣行もあることが分かった」（前掲の朝鮮日報）

　外国人の私ですら知っている韓国社会のごく当たり前の慣行を、韓国の一流紙がいまさら「……慣行もあることが分かった」とは吹き出してしまう。が、ともかく、こんな慣行があるから、正確な乗客数は永久に分からないのだ。現に、乗船者名簿になかった外国人の遺体が収容されている。

これぞ韓国の〝公務員魂〟

海洋警察は早々と、完全な「悪者」になった。

傾いていた船体がやがて完全な横倒しになり、逆さまになって沈没するまで二時間余の時間があった。海警は、助けを求める乗務員や乗客をボートに乗り移らせた。しかし、駆け付けた漁船が救った人数のほうが多かったので、最初の〝無能〟非難を浴びた。

何よりも、「その場でじっとしていてください」という船内の案内放送に従って船室に閉じ籠もっていた高校生たちを救い出せなかったことは、猛非難を受けている。

しかし、「通報から二時間余もあったのに……」とは結果の話だ。海警が到着した時、すでに船は四五度傾き、浸水が続いていた。いつ沈没するか、誰も分からなかったのだ。

潜水具の用意もない海警隊員が沈みゆく船に大挙して乗り移り、傾いた船内に入れば二次災害の恐れがある。

船長らが「その場でじっと」の案内放送を取り消さず、船外避難を命じなかった責任は重大だが、現場に急行した海警隊員を完全な「悪者」にするのはいかがなものか。

もちろん、海警隊員にはまだまだできることがあったに違いないが、「トカゲの尻尾」づくりの意図を感じてしまう。

だからと言って、海警が「韓国」という腐敗したシステムのなかで息をする腐敗した部品である事実は否定のしようもない。

そもそも、韓国の海警は沿岸警備と漁船の違法操業取り締まり――具体的に言えば、李承晩《イスンマン》ラインの護持を目的に設立された組織であり、海難救助や海洋不法投棄取り締まりのための機能・装備が不十分なことは、これまでにも指摘されていた。

韓国でも官僚はすぐに「予算不足」と言うわけだが、中央日報（一四年五月十二日）によれば、韓国海洋警察庁の一三年予算は一兆五百七十二億ウォン（一千億円相当）だった。

日本の海上保安庁の一四年度予算は一千八百三十四億円で、定員一万三千人。韓国は一万一千人。守るべき海域の広さ、人件費水準の違いを考慮すれば、韓国の海警のほうが実質的にはよほど豊かなように思える。

しかし、韓国海警が一三年度に海上の安全・救助に使った金額は、僅か百六十七億ウォン（十五億円相当）にすぎないという（前掲の中央日報）。

その一方で、「海洋警察は一三年、麗水《ヨス》海洋警察教育院の射撃場敷地に百四十五億ウォン（約十四億円）を投入し、ゴルフ場を造成した」（中央日報、一四年五月九日）というのだ。

もっとも、これは国会の議決を経た予算書に盛られていた予算の執行にすぎない。

「予算不足だから基本装備を充分に備えられない」「しかし、英気を養い、ストレスを発散させるための専用ゴルフ場は造るのだ」「政府の予算編成でも国会でも、それは認められたのだ」――私は、これぞ韓国の〝公務員魂〟の一側面だと思う。

海警は船級協会、海運組合に大量の天下りを出し、両組織の幹部ポストをほとんど独占している。これまた今回の事件を機に、非難の対象になっている。しかし、これは海警に限らない。韓国の公務員組織全体が、そして軍・警察の組織も全く同じことをしている。

安全には確信犯的に無頓着

韓国の行政機構は、日帝の遺産をそのまま引き継いだ。それに付随する天下り制度もパクった。今回、事故に遭った高校生たちの「修学旅行」も、日帝時代に日本によりもたらされた学事慣行だ。

ただし、権限を握る校長が旅行会社からリベートを取りすぎることが大きな問題になり、公開入札制にして、内容を検討することなく最も安い会社を落札者にしなければならないように決めたのは韓国人だ。内容の検討は即ち汚職になることを、関係者がみんな分かっていたからだ。

そして、一ウォンでも安く入札するためにまず犠牲にされるのが「安全」だ。

もっとも、清海鎮海運の場合は、修学旅行の公開入札制が始まる遥か以前から、安全問題には〝確信犯的に無頓着だった。

同海運が所有するオハマナ号（六千三百二十二トン）も日本製だ。一九八九年に建造され、二〇〇三年からセウォル号と同じ航路に投入されている僚船だ。

沈没事故後、合同捜査本部がオハマナ号を点検したところ、「非常時に約一千人を乗せることができる救命ボート四十艘のうち、正常に作動するものは一つもなかった。脱出用のシューターも作動せず、車両用の固定措置もなかった」（中央日報、四月二

十九日）

それなのに船級協会は、この船の救難設備に「良好」の判定を出していた。出航前に船舶の救難装備を点検するのは運航管理者だ。明らかな日常的な「手抜き検査」「意図的見逃し」だろう。

〝複雑な関係〟とは賄賂

ふと、思い出したのが、公害取り締まりに関する古い記事だ。

一二年に、韓国環境省が汚水を排出する全国四万七千社から六十社を選んで、実態調査をしたことがある。その結果、四十四社からフェノール、ヒ素、ベンゼン、銅、シアン、クロムなどの「特定有害物質」が検出された。

これについて朝鮮日報（一二年十一月二十四日社説）が、何とも率直に書いていた。

「（排水を取り締まる）地方公務員は管内の企業に子どもの就職を依頼したり、自治体の行事で協賛金を受け取ったりするなど、複雑な関係を結びやすい。そのため、気に入らない企業を懲《こ》らしめるつもりでもなければ、あえて取り締まりに力を入れることなどない。これは今回の調査結果からも伺える」と。

韓国人なら、この社説の引用部分を完璧に理解できようが、日本人には難しいかもしれない。

まず大学を卒業しても、半数は就職できない韓国の現実を知らなければならない。だから、地方公務員は管内で自分が監督権限を握る企業に子息を就職させようとするのだ。

〝複雑な関係〟とは、日本で言えば賄賂《わいろ》のことだ。

しかし、特別な案件に伴って動く大金が、この国で言う賄賂だ。日常的・定期的な少額は「ご苦労賃」「月例費」「もち代」であり、賄賂ではない。韓国型社会システムにとっては、不可欠な潤滑油みたいなものだ。

だから、韓国の多くの自治体には「○○ウォン以上を貰った場合は……」との懲戒規定がある。それは職位が高いほど金額が高くなっている。つまり、その範囲でなら、関係業者から金を貰ってもいいのだ。

そういう関係が積み重なって、韓国という社会システムが成り立っている。だから、公務員は「気に入らない企業を懲らしめるつもりでもなければ、あえて取り締まりに力を入れることなどない」のだ。

化学メーカーにとっての公害防止投資、海運会社にとっての安全設備投資——どちらも利益に結びつかない点で同じだ。そんなものに本気で投資したら、化学メーカーも海運会社も赤字になり、システム全体が毀《き》損《そん》する。公務員にとっては、日常的なシステムの一つである「月例費」がなくなってしまう。

「ヒ素が多少流れ出たところで、死人が出るわけではなかろう」「救命ボートが動かなくたって、そもそも海難事故があるわけではなかろう」。そう考えたら、わが懐のほうが大事になる。私がかねて「滅公奉私」と呼んでいる韓国社会の支配文化の一側面だ。

弔問に訪れた朴大統領（右）に駆け寄る老女。のちに、老女を巡って大統領府側の「仕込み」疑惑が浮上　（写真提供／EPA＝時事）

「嘘つき病」と「いたずら」

セウォル号が「ドーン」という音とともに船体が傾いてから最初の海警への通報は、高校生の携帯電話からだった。乗務員が船舶無線で……ではなかったのだ。通報を受けた海警は、相手を乗務員だと思い込んだ。それで遭難現場の緯度経度をしつこく尋ね、時間を浪費した。これまた世論の〝海警無能論〟の一つになった。

船体が横転してから、何本かのメールが親元に届いた。そして完全に沈没してからも、メールは続いた。「お母さん、これまで本当にありがとう」といった泣かせる内容だ。

船は沈んだが、船内にはエアポケットがあり、そこに生存者がいるという希望がパッと広がった。

これを決定的にしたのが、女性ダイバーのテレビ・インタビューだった。

テレビ側がマイクを向けたのではなく、女性のほうから「どうしても言いたいことがある」とテレビ・クルーに接近したのだ。

その発言は、①潜水したところ、船体から生存者の反応音があった②

海警が民間のボランティア・ダイバーの活動を妨害するので救出できない――という内容で、そのまま電波に乗ってしまった。

〝海警無能論〟の火に油を注いだのだ。

ところが、この女性は周囲では有名な「嘘つき病」で、ダイバーの資格も持っていなかった。船内から届いたとされたメールも、大部分が陸上から発せられた「いたずら」だったことが警察の調べで分かった。

テレビ局は全面謝罪放送を流したが、「船内のエアポケットに生存者がいる可能性がある」というかすかな希望だけは残り、「船内に入って生存者を救出できない無能な海警」非難がますます高まった。

仮に生存者がいたとして、ダイバーが水密扉を開けたら、エアポケットは消滅するのではないのか。消滅しなかったとしても、生存者に空気ボンベを背負わせ、船内の通路を抜けて海上まで引き揚げることが可能なのだろうか。

が、そんな論議は聞こえてこなかった。もっぱら「生存者がいるのに、無能な海警は……」だった。

そんななかに日本の海上保安庁が到着していたら……韓国のマスコミは海警非難から一転して、「日本が出しゃばってきたので助けられなかった」と大合唱していたのではあるまいか。

従北派の「なりすまし家族」

韓国は「ＩＴ大国」を自称しているが、その実態は「ＩＴ賭博大国」であることを、私は『悪韓論』（新潮新書）のなかで書いた。実際にそうなのだが、今回の事故では「〇〇日〇時の死亡者数」を当てる賭博サイトが立ち上げられた（韓国文化放送、一四年四月二十五日）というのには、本当に呆れかえった。

呆れると言えば、安全行政省（日本で言えば旧自治省）の局長級の職員は、乗客の家族の待機場に当てられた体育館、その死亡者名簿が張り付けられた壁の前で「記念撮影をしよう」と言って、家族に吊るし上げられた。

この職員は「優秀公務員」として、朴槿恵政権成立後、初の大統領表彰を受けていたというのだから、二重に呆れる。

家族の待機場には、事故とは無縁の人間が入り込み、家族用に提供された食事を喰らった。慰問品泥棒も出現した。ボランティアと称して待機場に入り込み、記念撮影をするカップル……。朝鮮日報（五月七日）が「悲しむ家族を撮影、非常識な観光客が増加」と嘆いている。

　家族代表として、政府交渉をしたり、朴大統領が待機場を訪れた際に家族と大統領の対話を取り仕切ったりした人物も、あとになって「なりすまし家族」だったことが分かった。地方選挙に野党から出馬予定の人物だったのだ。

「みんなで青瓦台《チョンワデ》（大統領府）に乗り込もう」とアジったグループもどうやら「なりすまし家族」で、従北派（親北朝鮮派）だったようだ。

　全教祖とは、日本で言えば日教組だ。彼らも沈没事故を奇貨《きか》として、反体制教育に邁進した。たとえば、「君たち（筆者註＝死亡した高校生）が江南《カンナム》（同＝ソウル市の高級住宅地）の裕福な親の下に生まれていたら、こんなに救助が遅れただろうか」と呼び掛ける動画を作成して。

奇怪な宗教団体と一心同体

　朴槿恵大統領の行動は、福島原発事故の最中に東京電力に乗り込んだ菅直人首相（当時）を想起させる。早々と「これは殺人だ」と叫んだことも、国家元首としてはいかがなものか。

　しかし、どう見ても「やりすぎ」なのは、惨事に悪乗りした反体制派と野党の動きだ。昔から、棺《ひつぎ》を担ぐデモがある国ならではの光景だと言ってしまえばそれまでだが。

　遺体収容作業が進むより早くから、検察・海警の合同捜査本部は事件の責任追及に乗り出した。

　仁川市を拠点とする地方財閥であるセモ・グループは、海運、建設などを主事業とする一方で、奇怪な宗教団体と一心同体と言われる。

　兪炳彦《ユビョンオン》という人物が、グループ内部では「会長様」と呼ばれている。

　しかし、兪炳彦氏は株主名簿にも役員名簿にも名前がない。その二男二女がグループ内の各社の経営者であり、事実上の大株主になっている。そして各社の幹部たちは、ほとんどが「キリスト教福音浸礼会（救援派）」と名乗る宗教団体の信者なのだ。

　頭に「キリスト教」とあるから、ついキリスト教の一グループと思ってしまうが、そうではないらしい。韓国紙の報道によると、「キリスト教福音浸礼会」はキリスト教の一グループとして存在するが、「（救援派）」とは何の関係もないという。

　この教団のなかで兪氏は、「神の言葉を伝える人物」（預言者）として崇《あが》められているという。つまり、教団のトップなのだ。

五大洋集団自殺事件とは一九八七年八月、カルト系新興宗教団体の教祖と信者が運営する工芸品製造会社「五大洋」で、教祖と信徒、その家族ら三十二人が集団自殺した事件だ。

「五大洋」は当時、私債（闇金）三百億ウォンの返済ができない状態にあり、独特の「終末論」と結びついた集団自殺とされている。兪氏は、この事件に名前が出てくる。兪氏は、この宗教団体から借金をしていたが返済せず、九一年に詐欺罪で懲役四年の判決を受けたとされる。

さらに、経営していた会社（清海鎮海運の前身）が倒産・法定管理になったこともあり、表に名前を出していないのだろう。

会社を倒産させたのに、兪一家はいまや「国内外に二千四百億ウォン以上の資産を保有」（朝鮮日報、四月二十三日）しているとされる。

すでに脱税、横領、背任などの容疑が韓国マスコミにより報じられているが、伝えられる背任の手口が奇抜だ。

兪氏は預言者であると同時に、「プロの写真家」と称している。彼が海外で撮影した写真を、系列会社に一枚五万ドルで計四百枚も買い取らせていたというのだ。裁判になったら、きっと系列会社の社長たちは「五万ドルでも安いほどの芸術性があるから買ったのです」と証言するのだろう。

沈没事故の遺体収容が一段落したら、韓国マスコミの関心事は、セウォル号を所有していた清海鎮海運の母体である兪炳彦一族と救援派の「闇」の解明に移っていくだろう。なぜ、清海鎮海運が仁川―済州島航路を独占していられたかも、大きな関心事だ。

信じ難いスキャンダル

合同捜査本部が清海鎮海運の捜査に取り掛かるや、信じ難いスキャンダルが明るみに出た。

朝鮮日報（五月一日）が伝えるところ、捜査の指揮を執る海警の情報捜査局長が、なんと清海鎮海運に七年間も在職していたことがあり、少なくとも海警に入るまでは救援派の信徒だったというのだ。

局長は、在社中に造船工学の博士号を取得して海警に特別採用されたが、その博士論文には「勉学の機会を与えてくれた兪炳彦会長に心から感謝申し上げる」とあった。

韓国の司法界には、「スポンサー文化」と呼ばれる風習がある。財閥が優秀な司法研修生に資金援助し、検察官や裁判官になっても資金提供を続けることだ。

もちろん、見返りが目的だ。財閥総帥がどれほど脱税し、背任しても、ほとんどが「執行猶予」になる理由の一つだ。

救命ボートの故障も直さなかったケチな海運会社が、社員に勉学の機会を与え、彼はめでたく海運会社を取り締まる海警に入ったのだ。

局長は「救援派には問題があることに気付き、海洋警察入りするときにはすでに関係を断ち切っていた」と述べているが、司法界だけでなく、海警にも「スポンサー文化」があったと見るべきだろう。それにしても、なぜ造船工学の博士が情報捜査局長に。私がかつて会った韓国観光公社の社長は、政治学博士だった。「超学歴社会」の韓国では、博士号とは専門性と離れたところで、資格要件として働いているのだ。

市民を見殺しにした大統領

捜査に関するスキャンダルはまだ続く。

「海運汚職について捜査中の釜山地方検察庁特別捜査チームは、船舶の安全検査を行う韓国船級協会に関する捜査情報を海洋警察の担当者に流したとして、同捜査チーム所属の捜査官C氏を在宅で立件し、またC氏から受け取った情報を韓国船級協会の法務チーム長に伝えた海洋警察のL警視の身柄を拘束した。……韓国船級協会は家宅捜索が行われる前に、重要資料をパソコンなどから削除したことも分かった」(朝鮮日報、五月十二日)

これを〝呆韓〟と言わずして、何と言おうか。

契約社員だったとはいえ、船長の責任は重大だ。船が傾くと、女性乗務員は「危険ですからその場にじっとしていてください」と船内放送した。どうしてそういう内容になったのかは、いまのところ分からない。

しかし、船長室にも操舵室にも、0番を押せば船内すべてに放送できる電話があった。それなのに、避難命令を出さずに早々と逃げてしまった。すでに四五度も傾いていた船内から甲板《かんぱん》まで出るのは容易ではなかろうが、避難命令が出ていたら、犠牲者数は絶対的に違っていただろう。

ただし、この船長の乗客置き去り脱出のような「責任者先逃《せんとう》」は、朝鮮半島の伝統とも言える。

高麗《こうらい》王朝は蒙古に攻められるや、

蒙古兵が船を操れないのを幸いに、国民を見捨てて江華島《カンファ》に逃げた。李王朝の王族も秀吉軍が襲来するや、いち早く北部へ逃れた。

李承晩《イスンマン》大統領は北朝鮮軍が攻めて来るや、「ソウル死守」を宣言した足で南に逃れた。しかも北の追撃に遭わないよう、橋を爆破して逃げた。ソウル市民を見殺しにしたのだ。これだけでも国賊だろうに、戦火が下火になるや、素知らぬ顔でソウルに戻ったのだ。

一九九五年に五百余人の犠牲者を出した三豊《サムプン》百貨店の建物崩壊事件の際、社長は建物が揺らいでいるのに「通常営業」を命じ、自分は外出した。これも、違法（建築）が賄賂により罷《まか》り通った結果の人災だった。

身分が高い人は危険なところに近寄らず、危険が迫ったら下の者に防戦を命じて自分は先に逃げる――朝鮮半島の民族が、世界で最も長く奴隷制度を温存していたことと無縁とは思えない。

朴槿恵大統領は沈没事故の〝人災性〟が明らかになった当初は、「責任者を地位の高低にかかわらず厳罰に処する」と述べた。これは、〝自分は責任者ではない〟という認識の表明であるとともに、事ここに至って「地位の高低にかかわらず」と述べていることが興味深い。

事件・事故のたびに、地位が高い人は責任を逃れてきたのだ。例の業者からの月例費にしても、職位が高い人は罰せられる上限額が高いのだ。

世論の動きを見ていたのだろう、朴大統領はやがて「無限の責任を感じている」と立場を改め、五月十三日までに都合四回、謝罪の言葉を述べた。

が、遺族（実は、反体制派や野党の活動家が紛れ込んでいる）はそのたびに、「謝罪とは受け取れない」「誠意が感じられない」と反発の声を上げた。

日本に「謝罪」を要求しては「誠意がみられない」と言ってきた朴大統領が……因果応報と言うのだろうか。

そして事故から一カ月以上も経った五月十九日、改めて「すべての責任は私にある」と涙を流しながら述べ、「海警の解体」、大統領直属組織「安全処」の設立を打ち上げた。

海警の捜査部門は警察に、海難救助部門は「安全処」に移すというのだが、そもそも機構・組織の問題ではなかろうに。

それでも「女性大統領の涙」は、韓国人一般の心情を動かすだろう。「情治体制」の国家なのだから。

韓国民が生まれ変わるよう

しかし、そうするうちにも、ソウルでは地下鉄が追突事故を起こし、浦項《ポハン》市ではポスコの第二高炉でガス爆発が起きた。牙山《アサン》市では完工間近の七階建てビルが突如二〇度傾き、解体作業をしようとしたら、完全に崩壊した。原因はもちろん、基礎工事の手抜きだ。空軍機は離陸中にミサイルを誤って発射し、別の空軍基地では滑走路がひび割れしたり、盛り上がったりして離着陸ができなくなった。次は何が……誰もが心安らかではないだろう。

韓国で起きる大規模人災は、およそ汚職が背後にあり、「パリパリ」と「ケンチャナヨ」文化がセットになって発生している。機構・組織の問題ではないのだ。

ＫＴＸ（韓国型新幹線）と原子力発電所への不正部品納入は、いちおう解決したことになっているが、本当に大丈夫なのだろうか。

四月二十四日、フランシスコ・ローマ法王は韓国カトリック教会の大《テ》田《ジョン》教区長と接見した席で、沈没事故に哀悼の意を表しつつ、こう述べた。

「韓国民がこの事故を契機に、〝倫理的に・霊的に〟生まれ変わるよう望む」

凄い発言だ。取りようによっては、「韓国民」という実体に対するトータルな否定だ。

韓国のメディアは、「韓国経済」「京郷新聞」、そして国営ＫＢＳも素早く伝えた。しかし、日本語サイトを運用しているメジャーな新聞では、「中央日報」が二十六日に伝えただけだ。その字数は僅か百八十七字だった。

「朝鮮日報」「東亜日報」、そして左翼の「ハンギョレ新聞」とも、スルーした。念のため、これらの新聞の韓国語サイトも調べたが、記事はなかった。相当なショックだったのだろう。

日本の大手新聞も揃ってスルーした。本当に韓国は汚職を根絶することで倫理的に生まれ変わり、「ケンチャナヨ」精神を捨てることで霊的（精神的）に生まれ変わらないと、未来は真っ暗闇だ。

沈没事故の犠牲者の冥福を改めて祈りつつ、韓国の原発で大事故が起こらないことを願う。

むろたに かつみ
一九四九年、東京生まれ。評論家。慶應義塾大学法学部を卒業後、時事通信社入社。政治部記者、ソウル特派員、宇都宮支局長、「時事解説」編集長を歴任。二〇〇九年に定年退社し、評論活動に入る。著書に『呆韓論』（産経新聞出版）、『悪韓論』『日韓がタブーにする半島の歴史』『韓国は裏切る』（新潮新書）など多数。

『WiLL』（花田紀凱責任編集）二〇一二年十二月号より転載

ナチスを上回る世界一の差別王国

評論家
室谷克実

世界の七不思議

韓国人による韓国人に対する差別、半韓国人（中国の朝鮮族、脱北者、在日韓国・朝鮮人）に対する差別、そして外国人に対する差別……様々あるが、今日の韓国社会を特徴づける差別は、職種に対する強烈な貴賤《きせん》意識と学歴崇拝主義が一体となり、事実上の身分制度を形づくっていることだ。

端的に言えば、大学（院）卒業者＝ホワイトカラー（研究職、事務職）であり高収入。高卒以下＝ブルーカラー（下級事務職、生産職、販売職、雑役職）であり低収入——という社会構図だ。

韓国人勤労者の月平均給与は、百万ウォン（六万三千円）以下が一三・九％、百〜二百万ウォン以下が四〇・四％。つまり、給与所得者の半数以上（五四・三％）が月二百万ウォン以下（朝鮮日報、二〇一二年六月五日「本紙、労働者一千七百三十一万人分析」）という状況がある（一一年十〜十二月基準）。

その一方で、「就職サイトが売上高上位五百社のうち百八十社を対象に実施した調査によると、一一年の大卒初年度の年俸は平均三千四百八十一万ウォンだった（注＝月二百九十万ウォン）」（聯合ニュース、一二年一月十六日）という事実がある。

つまり、勤労者の半分以上は月二百万ウォン以下しか貰っていないのに、大学を卒業して大企業に入れ

李王朝		韓国		北朝鮮	
王 両班	文班（官職あり） 武班 両班（官職なし）	大統領 大財閥オーナー 財閥オーナー、銀行頭取 大財閥常務、閣僚 財閥常務、軍将軍 公営企業トップ、国会議員	大卒以上↑	「事実上の国王」（主席、総書記など） 職業軍人 高級党員	平壌居住↑
中人	廷吏 専門職	教授・研究者 高級公務員、司法職 大財閥ホワイトカラー 銀行員		中央省庁公務員 治安職 ホワイトカラー	
常民	農民	公務員、教員、 財閥ホワイトカラー 警察官 大財閥ブルーカラー 商店主、自営業者 一般ホワイトカラー 農民、漁民		地方官庁公務員 ブルーカラー	
奴卑	農奴 手工業者 僧侶 妓生	ブルーカラー 商店員 ホステス（副業売春婦）		農民、漁民	
白丁	芸人	雑役職 専業売春婦 外国人労働者		収容所奴輩	

ば、はじめから月二百九十万ウォンを手にできるというのだ。

そして、取締役に昇進すれば年収は二億ウォン以上。運転手付きの専用車が与えられる。上り詰めてサムスン財閥の副会長クラスにでもなると、年収百億ウォン超。他にストック・オプションがある。

こういう産業社会を「格差が大きい」と形容するのだろうか。私には「構造的な超差別社会」としか思えない。この国に、マルクス・レーニン主義が蔓延《まんえん》しないことは「世界の七不思議」に入れてよい。

李王朝時代の価値観を踏襲

この国の左翼とは「王党派」、すなわち北朝鮮の世襲王朝への讃美・追随者であり、固定的身分差別を容認しているのだ。マルクス主義とは、縁もゆかりもない。

実は、韓国産業社会のこういう社会構造は、朝鮮李王朝からの引き写しだ。

李王朝は「両班《ヤンバン》（貴族）―中人《チユンイン》―常民《サンミン》―奴婢《ノビ》―白丁《ベクチヨン》（被差別民）」という世襲身分制度の国だった。

両班は身の回りのことも含め一切

の労働をせず、机に向かい、儒教の経典を読むことが、いわば仕事のすべてだった。中人とは、宮廷に勤める天文学者など特殊限定的な身分だ。

　常民はほとんど全員が農漁民だった。日本が進出するまでの半島は自給自足経済だったから、職人や商人は例外的存在だったのだ。

　そして、奴婢はほとんどが両班家に所属する農奴だ。力仕事、汚れる仕事の担い手だった。彼らが、主人たちの食べ残しを雑穀飯の上に広げ、かき混ぜて食べたものが「ビビンバ」だ。仏僧や妓生《キーセン》も身分としては奴婢だった。

　階級としての両班は、権力と富を独占していた。しかし、個々の両班が官職に就くためには科挙《かきょ》に合格することが必須条件だった。

　彼らは科挙に合格するため机に向かい、合格したら今度は限られた数のポストを得るため、派閥をつくっては礼学《れいがく》論争を繰り広げ、礼学論争で勝つためにまた机に向かったのだ。

　そして、時に領地の農民、奴婢の前に姿を見せ、指図をする。そうした両班の姿を常民、奴婢は「理想の生き方」として見ていた。

　学識がある偉い人は机に向かい、学識のない卑《いや》しい民は汗と泥に塗《まみ》れる仕事をするのが当たり前という李王朝時代の勤労に関する価値観。それがそのまま、今日の韓国社会に踏襲されているのだ。

　世襲の身分制度がなくなった今日は、大学さえ出れば両班になれる——そう庶民が気付いた時から、韓国は異様な教育熱国家になり、大学進学率が七〜八割にも達しているのだ(韓国の大学進学率は短大、三年制の専門大学を含み、その年の高校卒業者数を計算の分母にしている。日本は十八歳年齢人口で計算)。

　韓国の不幸は、年々の大卒者拡大に対して、高度な産業化の枠組みが全く追いつけずにいることだ。

「人間扱いされない存在」

　一九七〇年代、韓国の大卒はまさにエリートだった。社会構成員の一割にも達していなかったろう。ところが、八〇年代中盤から大学進学率は急騰した。二〇〇八年には八三・一%。もう大学卒業者の半分しか、すぐには職に就けない。

　めでたく就職できたとしても、その半分近くは非正規職だ。二百九十万ウォンの初任給を手にできる大卒者とは、大手財閥系に入社できたほんの一握りの存在なのだ。五大財閥にしても、その従業員数は韓国の勤労者数の二%に過ぎない。

　状況は、李王朝の両班が科挙に合

格しても、ほとんどが官職に就けなかったのと似ている。

　両班は食べていけるだけの土地と奴婢を抱えていたが、今日の大卒浪人はそうではない。ただ、「自分は大卒者、昔で言えば両班」といったプライドだけは高いから、奴婢がするような仕事――汗と油に塗れるような生産職には就こうとしない。

　朝鮮半島の諺《ことわざ》は言う。「両班は溺れても犬掻きはしない」と。

　大卒浪人は、アルバイトをして一合七十円ほどの焼酎を飲み、カップラーメンを食べながら、いつまでも大卒者に相応《ふさわ》しい仕事を探すのだ。

　エリートとは少数でなければ成立しない。ところが、大卒者が同世代の大部分を占めるようになってしまった。〝ただの人〟になった大卒者も、非エリートへの差別意識を高めるのは自然の流れなのかもしれない。

　韓国紙「朝鮮日報」が、「追い詰められる大学生」という特集を組んだのは一一年三月のことだった。大学進学率が七割を上回るというのに、大学を卒業しても半数は就職口がない現状をルポした特集だったが、本文の主見出しは「大卒以上でなければ人間扱いされない」だった。

　つまり、今日の韓国で高卒以下は、収入の面でも社会的待遇の面でも彼ら自身の意識としても、「人間扱いされない奴婢みたいな存在」なのだ。

中小メーカーは人手不足

　汗と油に塗れる仕事をする韓国人自身――私が知る限りでは、いじけている人が多い。いじけていなくても、その職業で「プロ」、さらには「匠《たくみ》」と呼ばれる存在になろうとは微《み》塵《じん》も考えていない。

　中小メーカーの生産現場は、常に人手不足の状態だ。人手不足でいながら、給与は安い。いまや、日給制の非正規職がほとんどを占めている。

　だから、「ちょっと気に入らないことがあった」「工場長が口うるさい」といった理由で、彼らはすぐに辞める。同じぐらいの給与の職場なら、どこにでもあるからだ。

　いささか古い記事データで恐縮だが、状況が急変しているわけではないので紹介しよう。

「入社一年以内に会社を辞めた〝超短期退職者〟の比率が三〇・一％に達していた。……また統計庁の『〇六年青年層経済活動人口追加調査』でも、青年求職者の六八・九％が二年以内に初めての職場を辞めていた。

三年以上一つの職場に勤めた比率は一八・三％に留まった」（朝鮮日報、〇七年五月二十一日）

これはホワイトカラーもブルーカラーも含めた数字であり、ブルーカラーの職場回転はさらに速い。ノウハウを蓄積するどころか、工作機械のマニュアルも覚えきれないうちに次の職場に移るのだ。

額に汗する仕事そのものを蔑視《べっし》し、そうした仕事をする人を露骨に軽蔑し、そしてそうした仕事に携《たずさ》わる人自身も、自分の職業に何らの誇りも持っていない――これが、朝鮮半島の歴史が作り上げた産業文化の底流だ。彼らが作る半製品、部品が精度に欠けるのは、差別の文化の帰結なのだ。

凄まじい全羅道差別

金大中《キムデジュン》が大統領になるまでは、全《チョ》羅道《ルラド》地域（後期百済《くだら》の中心領域）に対する差別も凄まじかった。これは高麗《こうらい》王朝の始祖、王建《おうけん》が残した「訓要十条」に基づく。

王建はこのなかで、旧百済地域からの人材登用を戒めたのだ。高麗、李朝を通じて、全羅道の両班はほとんど官職に就けなかった。そして、朴正煕《パクチョンヒ》―全斗煥《チョンドゥファン》―盧泰愚《ノテウ》―金泳三《キムヨンサム》と続いた慶尚道《キョンサンド》（中期新羅《しらぎ》の本拠地）出身の大統領時代に、官民・軍警ともに慶尚道優位の資源配分（ポストも財政も）が続くなかで、全羅道差別は極に達した。

もともと「異民族」のように扱われていた済州《チェジュ》島（因《ちな》みに新羅、百済とは全く違う建国神話を持ち、方言も強い）出身者も同様だった。

私がソウル支局の女性秘書を公募した折には、親しく付き合っていた警察官からこんなアドバイスを受けた。

「全羅道と済州島の出身者は雇ってはいけませんよ。どんなに優秀な人間であっても、お宅の支局そのものが損をしますから。残念ながら、こういう国なのです」と。

金大中政権の誕生以降、露骨な全羅道差別は影を潜めた。が、慶尚道と全羅道の対立意識は強く残っている。

財閥を見ても、全羅道系の影は薄い。

一九八〇年代初頭、当時の全斗煥政権の下で、とりわけ権勢を振るっていた三人の大統領秘書官に高級ルームサロン（いわば洋風妓生料亭）でごちそうになったことがある。

その時、一人の秘書官が言った。

「在日韓国人が、日本で差別されるのは当たり前ですよ。なにしろ、在日は大部分が全羅道か済州島の出身者なのですから」と。

彼は「慶尚道の人間が日本に行っていたら、日本の在日韓国人差別問題は起こらなかったでしょう」とまで言っていたが、そうだろうか。

しばらくあとになって、テレビのニュースでこの秘書官が「日本の在日韓国人差別政策に抗議する」との大統領談話を代読している姿を見た時には、思わず吹き出してしまった。

韓国本土で「慶尚道優位・全羅道蔑視」が続いていた時代、慶尚道出身の在日韓国人も、出身地だけのことでエリート意識を持っていたようだ。

慶尚道出身で在日の中小企業経営者が、「全羅道出身の女などに、うちの敷居を跨《また》がせないぞ」と、息子を怒鳴りつける場面に居合わせたことがある。

「差別されている」と訴える集団もまた、明らかに差別を内包していたのだ。

3K業種を担う朝鮮族

そもそも、秘書官の言葉からも窺《うかが》えるように、韓国では在日韓国人そのものが差別の対象だ。

もちろん、日本人も差別の対象だ。金を落としに来た日本人観光客が、露骨な差別を受けることはまずない。しかし、土産物店や有名な飲食店で韓国人のふりをして聞き耳を立てていれば、韓国人の従業員同士はしばしば「倭奴《わど》」(本来の発音はウェノ)、「チョッパリ」と言っている。

どちらも、日本人に対する侮蔑・差別語だ。

「チョッパリ」とは〝足が割れた奴〟の意味で、日本人が下駄を履いた時の足の形は豚の蹄《ひづめ》のようだとするところから生まれた近代の造語だ。

それで在日韓国人は「半チョッパリ」と呼ばれる。

「半チョッパリには詐欺師が多い」とは、ソウルよりも釜山でよく聞かされた話だ。

「半チョッパリ」になぞらえれば、脱北者や中国籍の朝鮮族は、さしずめ「半韓国人」となろうか。彼らもまた、激しい待遇格差と侮蔑の声のなかに曝《さら》されている。

韓国に住む外国籍者は、一二年の春でおよそ百三十六万人。うち半数が中国籍で、その七割が延辺《えんぺん》などに住む朝鮮族だが、「主に、建設現場の日雇い労働者、小規模工場や養鶏場の作業員、飲食店補助スタッフ、家政婦など、最下層の仕事に従事している。彼らがいなければ、工場や飲食店、工事現場は立ち行かないほどだ」（朝鮮日報、一二年四月十一日）とされる。

つまり、韓国人が嫌う３Ｋ業種を担っているのだ。そもそも、朝鮮族の就労を受け入れる法的根拠である「訪問就業制度」とは、〇七年三月に韓国の３Ｋ業種の〝活性化〟を目的に創設されたビザ制度だ。

政府が「３Ｋ業種要員専門」のビザをつくるところからして、韓国の人権感覚は日本人とは全然違う。朝鮮族は、賃金は安いし、労災関係の補償も曖昧《あいまい》だ。

ところが、３Ｋ業種で働く当の朝鮮族からは「韓国での待遇を考えると、中国に戻って仕事をする気にはならない」といった声が出ている（同一二年四月二十日）というから驚きだ。旧満州地域の生活水準は、よほど酷いのだろう。

脱北者はすでに二万人を超えているが、中央、地方の官庁に公務員として採用されている人は僅か二十人。それも全員が契約職だ（聯合ニュース、一一年十月九日）。

脱北者がまだ五千人に達していなかった時期だが、「朝鮮日報」社説（〇四年七月九日）はこう書いていた。

——「民族」や「自主」を煽る人間ほど脱北同胞を奇異な目で眺めるケースが多かった。彼らは口を開けば北朝鮮同胞のことを言いながらも、いざ自分たちの側にやって来た脱北同胞に対しては冷たく、むしろ異端扱いしてきたのである。

就職は拒絶され、結婚も嫌がられ、学校では仲間はずれにされてきたせいか、脱北者たちは自分たちを「朝鮮族より下の三等国民」と自嘲《じちょう》している——。

朝鮮族も脱北者も、同じ韓国語を話す同民族だが、奴婢の身分に押しこめられているわけだ。それにしても「三等国民」とは、日本の高齢者にとっては何とも懐かしい言葉ではないか。

嘘を書く日本の韓国案内書

一二年春の韓国総選挙では、与党セヌリ党の比例名簿に載った女性、李ジャスミンさんが当選した。フィリピンから嫁ぎ、韓国籍を取ったものの夫と死別、苦労して子供を育てた女性だ。

ところが、彼女の当選が決まった途端、ネットは「不法滞在が蔓延《はびこ》り、花嫁売買が増える」「韓国人の純粋な血を汚した女」といった下品な書き込みで溢れ返った。近年の韓国の国技ともいうべきネット攻撃だ。あまりの凄まじさに、ジャスミンさんは「国会議員当選者」でありながら一時、身を隠してしまった。

「電車のなかで、体を売りに来たのか、とからかわれた」「練炭《れんたん》みたいな野郎と言われた」……韓国の新聞を読んでいれば、被害者となった外国人労働者たちの話がしばしば載っている。そして、あたかも間歇泉《かんけつせん》のように「外国人差別をやめよう」といった模範的呼びかけの社説が載る。が、状況が改善されているとは思えない。

少なくとも、二十世紀までの韓国人は白人には弱かった。だが最近は、白人に対しても「わが民族の優秀性」を根拠に、外人嫌悪症の牙を剝きだすようになった。

「白人の英語教師は母国で食い詰めた三流人間ばかりで、麻薬の運び屋を兼ねていたりする」といったネットへの書き込みを契機にした〝防衛NPO〟の立ち上げは、その典型だ。

そのネット会員は一万人。実行メンバーは白人の英語教師を四六時中、尾行し、教師が家に帰ると、今度は家の前で「韓国から出ていけ」のシュプレヒコール（中央日報、一二年四月二十一日）。もう〝病気〟だ。

「韓国は儒教の国だから老人を大切にする」――日本で出版されている韓国案内書は、どこまで嘘を書き続けるのだろうか。

正直に書けば、「韓国では、お金のあるお年寄りは大変に優遇されます。しかし、お金のない老人は『汚い、あっちに行け』『お前らがうろつくと、この辺の不動産価格が下がる』などと罵《ののし》られます」ではないか。

だからこそ、十万人当たりの老人自殺数は「六十五～七十四歳では八十一・八人、七十五歳以上では百六十・四人」と、OECD加盟国中トップになっているのだ（〇九年基準。日本は、六十五～七十四歳では十七・九人、七十五歳以上では十四・六人）。

自民族優越主義

身障者差別も甚《はなは》だしい。

「韓国伝統芸能」の一つに「病身舞《ピョンシンチュム》」がある。これは、宴席でも余興として演じられる。身障者の真似を演じて、酔客みんなが笑い転げるのだ。

この国の大統領は国連総会で、「世界はもっと道徳心を」と演説した。この国の首相は記者会見で、「日本はもっと人道主義を学べ」と述べた。

生まれた時からの国粋教育で、もう世界的平準レベルでの価値判断、事実判断ができなくなっているのだろう。「差別の王国」の価値体系で最上部にあるのは、自民族優越主義だ。その強さがナチスを上回っていることは間違いなしだ。

『WiLL』（花田紀凱責任編集）二〇一六年三月号より転載

この合意の〝賞味期限〟はたった二年

加藤達也
産経新聞前ソウル支局長

〝期待〟は確実に裏切られる

慰安婦問題を巡る日韓合意を見てまず思ったのは、アメリカからの圧力が予想以上に強かったこともあり、韓国にとって充分な合意内容を得られなかったのではないか、ということです。韓国側にとって除去したい棘《とげ》となっていた私の「産経コラム問題」の裁判で、韓国側は無罪判決という——私からすれば当然の判決ですが——最善を尽くしたのであるから、今度は日本側の善処を期待したが叶わなかった。

特派員として現地取材を続けてきた経験から申し上げると、今回の合意は「期限付きの合意」と言えます。

どういうことか——。時計の針が二〇一八年二月二十五日の午前〇時を回った瞬間に、朴槿恵《パククネ》大統領から次の大統領に代わるわけですが、たとえ左右どちらの政権で誰が大統領になろうとも、合意を反故《ほご》にする動きが必ずや出るということです。すでにその兆候が随所に見られます。

昨年十二月、韓国最大野党の新政治民主連合が、党名を「共に民主党」と改称しました。この左派野党の文《ムン》在寅《ジェイン》代表はいち早く、「自分たちが政権をとったら合意は完全廃棄する」と公言しています。

現在の韓国で強いとされている保守系与党のセヌリ党は、四月に総選挙を控えているため、党内の結束を維持する必要から、現時点では政権内での批判や反発をし難い状況にありますが、総選挙が終わってから二〇一七年十二月の大統領選挙に向けて実質選挙戦に突入する来年春まで

かとう たつや
1966年、東京生まれ。駒澤大学卒。1991年、産経新聞入社。浦和（現さいたま）総局で警察を取材。92年、東京本社夕刊フジ報道部事件担当。99年、産経新聞社会部へ。拉致事件、警視庁公安・警備部を担当。2004年、韓国・延世大学で語学研修。社会部帰任後、警察庁担当。10年、外信部を経て、11月よりソウル特派員。翌年11月から同支局長。現在、社会部編集委員。著書『なぜ私は韓国に勝てたか　朴槿惠政権との500日戦争』（産経新聞出版）が第25回山本七平賞受賞。

の約一年間、慰安婦問題を巡って「国民情緒」の風がどちらに吹くのか、その風向きを敏感に感じ取ろうとする動きが活発化するでしょう。

セヌリ党のなかにもアンチ朴政権がいて、左派政党と併せると、少なくとも全体の半数以上が合意に反対していると言えます。その流れが巻き起これば、抗《あらが》う術《すべ》はありません。

韓国のメディア報道を見ても合意に対する評価は二分しており、ハンギョレ新聞や京郷新聞などの左派系メディアは連日、反対勢力の動きを伝えるなど朴政権批判を強めています。こうした新聞に代表される左派的思考の強い有権者は相当程度いて、「やはり朴槿恵は親日で悪の権化《ごんげ》だ」という認識のさらなる上塗りを行っています。

総選挙後は、朴大統領の主体性の問題から、「保革対立」という図式に問題が移行していくでしょう。そして忘れてはならないのは、二〇一七年には実質〝後見人〟を務めたオバマ米大統領も交代していなくなる、朴大統領の任期満了が二〇一八年二月、九月には安倍首相の任期も来るという点です。

合意を反故にする条件が非常に〝整っている〟と言えるのです。

日本国内では「最終的かつ不可逆的な解決」との合意内容を破れば韓国の国際的な信用は失墜する、だから韓国は合意を破棄できないとの見方もありますが、韓国の政権を理性的だと高く評価した、それこそ理性的な見方であって、その〝期待〟は確実に裏切られるでしょう。

国際社会から孤立するから約束を守ろうなどという理性は、あの国では絶対に働きません。

『帝国の慰安婦』の著者である朴裕《パクユ》河世宗《ハセジョン》大学教授に対する裁判と私の産経コラム裁判とを使い分けたように、相手の力次第でいかようにも態度を変えてくる国です。

朴裕河教授に対してソウル東部地裁は、朴氏に計九千万ウォン（約八百八十万円）の支払いを命じる判決を言い渡しましたが、もし朴教授が米国籍であればあのような判決に、はたしてなったでしょうか。朴教授は検察からも起訴されていますが、米国籍なら起訴されず、せいぜい国内での研究活動を禁止し、国外退去処分にして幕引きを図ったでしょう。

　韓国という国の権力は、日本人が考える理性とは無縁のところに存在しているのです。

ズブの素人だった朴槿恵

　慰安婦問題はいま、韓国の国内問題になっています。外交問題として、もはや取り合わないとした安倍首相の外交政策は評価されて然《しか》るべきです。

　合意後、非常に興味深い動きが見られました。半ば聖域化されていた日本大使館周辺での違法なデモや集会に対して、朴政権下で初めて警察捜査の手を入れたのです。

　現在、大使館の建て替え工事が行われており、日本大使館の仮庁舎が近隣のビルに入っていますが、日韓合意に反対し、「合意は無効だ」と叫んでビル内に侵入した大学生三十人を警察が連行しました。本来ならば、建造物侵入で連行するのは当然ですが、これまでは聖域化されていて排除することはありませんでした。朴政権の明確な意思が働いていると見ることができます。

　また、朴政権は挺対協の影響が小さい「独立系の元慰安婦」と積極的に接触し、挺対協から反発を受けながらも、理解を得る努力をしています。

　日本大使館前に建てられた慰安婦像を別の場所の屋内に移設させる軟着陸案も捨てずにいるとされるなど、韓国政府の苦労が見て取れます。現段階では日本外交は成功していると言えますが、韓国国内の風向きがいつ変わるかわかりません。油断は禁物です。

　そもそも、韓国が年内の合意を急いだ最大の要因はどこにあったのか。私は、朴大統領のプライドと焦りにあったと見ています。この点は、残り二年間の朴槿恵政権を見ていくうえでも欠かせない重要な要素となります。

　思えば、朴大統領が大統領選挙を争っている際のキャッチフレーズは「危機を克服できる準備された大統領」でした。野球で言えば、スーパーエースが満を持して登板するという感じでしょうか。朴大統領が、これから国内問題を解決して韓国を国際社会の輝かしいステージに押し上げてくれるという期待感が韓国社会にありました。当時、現地で取材をしていた私も、その空気をひしひしと肌で感じたものです。

ところが実際に就任してみたら、準備万端どころかズブの素人《しろうと》で、スーパーエースだと思っていたら草野球水準の投手だった。

朴大統領が就任して以降、外交、内政、経済――あらゆる面で問題が好転あるいは解決したことが一つでもあったでしょうか。答えは否、大統領としての政治的業績や成果と呼べるものが何もないのです。

中国に対して徒《いたずら》に歩み寄っては東アジアの安全保障環境のバランスを崩し、私の「コラム問題」では国際社会から一斉に非難を浴びた。踏んだり蹴ったりの状態でレイムダック化は目に見えていましたので、そのことに対する焦りに加え、何よりもこのまま政権を去ることは彼女のプライドが許さなかったのでしょう。

外交好きの朴大統領は、これまで大きな成果でなくても、それこそマイナスに作用している問題に土を盛って埋める程度のことでもしないと、と思ったのではないか。それには、選挙戦を控えている今年は避けたいとの思惑もあり、昨年末がタイムリミットだった。

とにかく、朴大統領は外交や国際舞台が大好きなことで有名です。彼女には国民の約三割のコアな岩盤支持者たちがいて、彼らの多くは朴大統領の父親である朴正熙《パクチョンヒ》政権の頃からの支持者であり、朴正熙を「閣下」、朴槿恵を「お姫様」と称して無条件に信奉してきました。

岩盤支持者たちが政権に求めていることは、経済や内政よりも、対北朝鮮で強くあることと、韓国は優れた国だと国際社会で常にアピールをすることの二点なのです。

外交好きの朴大統領は、これまでも支持者が求める方向にボールを投げ続けてきましたので、今回の合意には彼らに応える意味もあったのではないかと思われます。

放置すると自壊する国

日本としてははたして年内合意を急ぐ必要があったのかどうか。問題を放置しておけば、韓国は全面的に折れてきたのではないかと思います。韓国は放っておくと、様々な懸案で自壊する国だからです。

私の裁判でも、当初、韓国は産経側から早期に謝罪と記事の取り消しを引き出せると踏んでいました。青《チョン》瓦《ワ》台《デ》高官による「民事・刑事で法的責任を徹底追及する」という発言で萎縮《いしゅく》させ、検察に呼び出して取り調べて恫喝《どうかつ》し、「謝罪しろ、記事を取り消せ」と執拗《しつよう》に迫ったのです。

ところが、私も産経新聞社も一切

受け付けず、思うような成果を得られない。もはや「謝罪」を得ることは不可能とみると、今度は「遺憾の意を表明しろ」と手を替え品を替え、水準を替えて迫ってくるわけですが、当然のことながらこれも断固拒否。それでも朴大統領は公訴を取り下げず、国際社会では、事態が「政権批判をした外国特派員への弾圧」として定着し始めていきました。韓国側は、一刻も早く状況を転換しなければと焦っていたわけです。

　結局はそのまま安易な謝罪や遺憾表明などせずに、のたうち回っている韓国を放置したからこそ、無罪判決を勝ち取ることができたのだと思っています。国の外交政策として全面対決論が正しいかは脇に置くとして、「自壊を待つ」というのは一つの有効な付き合い方です。

　今回の合意について問題の核心を知る複数の日本政府関係者に取材をしたところ、昨年十一月二日に行われた安倍首相と朴大統領の日韓首脳会談の席で、朴槿惠大統領は「アドレフで合意」していたはずではないか、と迫ったとされています。

　アドレフとは「ad referendum」の略で、外交用語として使われる際には、上級交渉の前に行われる下級交渉での仮合意を指し、この場合は首脳会談なので、高級事務当局間協議での合意を指したものとみられます。

　高級事務当局間協議の日本側担当者は谷内《やち》国家安全保障局長で、韓国側は李丙琪《イビョンギ》大統領秘書室長でした。李丙琪氏が丸め込みを図り、日本側は相当不利な合意内容で首脳会談に入らざるを得なかったとされています。ところが、安倍首相が朴大統領の「アドレフで合意していたはず」との追及を撥《は》ねつけ、譲歩することなく帰国。ある日本政府関係者は、「土俵際でうっちゃった形だ」と表していました。

　それでも、合意内容に安倍首相の心からの反省とお詫びが盛り込まれたのは、「最終的かつ不可逆的」との約束が盛り込まれたからでしょう。一部には、公表しないだけで合意文書があるとの見方も出ていますが、事実上の口約束です。冒頭で申し上げましたが、合意は反故にされる可能性が極めて高い。

まさに厄介な隣人

　朴大統領が「加害者と被害者という歴史的立場は千年の歴史が流れても変わらない」と発言したことに対して多くの日本人は驚いたと思いますが、あの発言は彼女の世界観に基づいた認識を言っているわけです。

　ソウル勤務当時に、日本の各メデ

ィアのソウル支局長・特派員と韓国外務省の日本担当の高官を囲んだ食事会が開かれました。その席で韓国高官が日本批判を気分良く展開、日本は韓国に謝罪をしろ、日本は韓国にいかに酷いことをしてきたかなど、あまりにも酷い内容でした。

耐えかねたある社の支局長が、「日本はいつまであなたが仰るように低姿勢で謝罪をし続けなければならないのですか」と訊いたのです。するとこの高官は一言、「永遠にだ」。これが韓国外務省高官のメンタリティです。

図々しくて白々《しらじら》しい、掌《てのひら》返しは日《にち》常茶飯事《じょうさはんじ》。日本側がしたことに対して感謝など絶対にしません。施しを受ければ相手が施して当然だと思う。そればかりか韓国は外交能力に優れているため、日本側は協力関係を申し出ざるを得ないのだ、と自分たちの素晴らしい才覚によって日本は追い詰められたと解釈する。韓国外交の勝利だと誇るのです。

事程左様に、価値観を一切共有できないのが韓国政府です。

元慰安婦支援のため、韓国政府が設立した財団に日本政府の予算で十億円の資金を拠出するとしていますが、「韓国側の状況が変わらない限り拠出しない」という日本政府の方針を断固として貫くべきで、万が一にも「韓国側の譲歩を引き出すために先に払おう」などということがあってはなりません。

通貨スワップの問題でも、そもそも昨年二月に「わが国は外貨準備高が充分にある。日本に頭を下げる必要はない」と韓国側から協定を打ち切ったわけですから、公の場で「お願い致します」と言わせるぐらいのことを再開への必須条件とすべきです。

過剰な期待や評価をすればその分、必ず日本側は失望を味わうことになります。まさに厄介な隣人なのです。今回の慰安婦合意を考える際、日本はそのことを改めて肝に銘じる必要があるのではないでしょうか。

“暗黒裁判”の裏側を明らかにした衝撃の手記！
産経新聞出版　本体1512円（税込）

『WiLL』（花田紀凱責任編集）二〇一四年四月号より転載

韓国の「東海《トンヘ》」には何の根拠もない！

下條正男
拓殖大学教授

またアメリカで敗北

米バージニア州議会の下院で二〇一四年二月六日、州内の公立学校の地理の教科書に、「日本海」と韓国の主張する「東海《トンヘ》」の呼称を併記する法案が可決されました。上院ではすでに可決されており、バージニア州での「日本海／東海併記法」（以下、併記法）の制定はほぼ確実となってしまいました（一四年七月、同法は発効された）。

可決には在米韓国人のロビー活動が功を奏したと報じられており、これに味をしめた在米韓国人団体は、さらにこの運動を拡大させると息巻いています。

まずはニューヨークをはじめ、マサチューセッツ、カリフォルニア、イリノイ、テキサス、メリーランド、ジョージアなど韓国系住民の多い七州で同様の運動を展開し、その後、ワシントンを経て全米五十州に拡大するとともに、米政府や国連、さらには国際社会へ広げることまで視野に入れています。全米の州で「併記法」が決議されれば、米国政府も全く無視することはできず、ひいては国連にも影響するからです。

また彼らは今後、慰安婦問題も米国の教科書に載せるべく働きかけようとしています。アメリカ各州で慰安婦少女像や慰安婦碑の設置が実現し、これを全米に広げようとしていますが、これと全く同じ構造です。「外国」の子どもたちが学ぶ教科書にまで介入し、日本を貶《おとし》めようとしているのです。

その意味でも、バージニア州で韓国に「成功体験」を与えてしまったことは致命的でした。今回の「成功」によって損なわれる日本の国益は、計り知れないものがあります。

賛成議員による“勝利”の記者会見　（写真提供／共同通信社）

韓国が「東海」の呼称を拡散させたい一番の理由は、要するに「独島《ドクト》（竹島）が日本海のなかにあると、日本の領海内にあるようで不適切だ」といった感情的な反発で、竹島問題の封印が目的です。

韓国がこの「日本海呼称問題」を声《こわ》高《だか》に主張し始めたのは、一九九二年。前年に国連に加盟し、国連の地名標準化会議で問題提起をしたあと、九四年には「東海研究会」を発足させ、以降毎年、世界各地で「東海セミナー」を開催してきました。

そして国連の地名標準化会議だけでなく、国際水路機関総会でも毎回、「日本海」の表記の不当性を表明しています。

その動きに同調しているのが、国連の事務総長です。国連の地名標準化会議の専門部会のトップには、二代続いて韓国人が就任しています。現段階では、国連でも国際水路機関でも「東海」表記は認められていませんが、米国での広がりと連動すれば、国連も国際機関も、いつ「併記」に靡《なび》くか分かりません。

実際に、「日本海・東海」が併記された地図は、二〇〇〇年には世界に二・八％しかなかったにもかかわらず、〇九年には二八％にまで増大しています。

私は少なくとも、〇二年の時点で韓国側の主張を論破する論文を発表しています。詳細は後述しますが、日本政府がこの「歴史的根拠」を使って反論し、海外宣伝していれば、今回のような事態にまで発展しなかったと思います。

しかし日本政府は、「国際的には日本海の呼称が使われている」といった主張を繰り返してきただけ。これでは反論になっていません。

韓国側では、「朝鮮半島では二千年前から日本海を東海と呼称してきたが、一九二九年、海図作成の基礎となる『大洋と海の境界』が水路機関で編纂《へんさん》される際、日本の植民統治下にあったため、東海の呼称を主張する機会を奪われていた」としているのです。

そのため、バージニア州の議員たちは「日本海の名称は、日本の拡張主義や植民地支配の結果、広められてきた」とする韓国政府の主張を鵜《う》呑《の》みにして、日本海の表記そのものを問題にしています。

この時、「日本海の呼称は世界的に認められている」と何度繰り返しても、効果がないことは明らかです。

ロビー活動依頼の愚

今回のバージニア州での採択について、二〇一四年二月八日付の産経新聞は「水面下で日韓のせめぎ合いが繰り広げられてきた」とし、一月二十二日に佐々江健一郎駐米大使がマコーリフ州知事を訪れ、協力を要請したと報じています。しかし結果的には、この行動が議会の心証を損ねたようで、逆効果になってしまいました。

記事のなかで特に見逃せないのは、次の部分です。

〈日本は今回、リッチモンドの法律事務所に七万五千ドル（約七百六十五万円）を支払い、ロビー活動を依頼した〉

そもそもバージニア州では二〇一二年一月にも「併記法」が審議されており、その時は「一票差で否決」されています。それから二年の間、韓国側は選挙区の議員に直接圧力を加え、強力なロビー活動や署名運動を展開していました。

これに対して、日本政府は何をしたのでしょうか。日本政府は米国のロビイストを雇い、議会工作をしたのです。日本政府としては、これを〝高度な政治判断〟とでも言いたいのでしょうが、実際には安物のスパイ映画に登場する間抜けな日本人そのものです。

にもかかわらず、この件で外務省、ひいては日本政府に注文を付けたメディアはない。産経新聞が辛《かろ》うじて「日本の顔が見えない」とした程度です。

血税を七百六十万円も使って、本来、歴史的には何ら根拠のない「併記法案」を通してしまったことに、国民はもっと怒るべきでしょう。

韓国側では竹島の不法占拠を正当化するため、日本海呼称問題や慰安婦問題を外交カードとしているというのに、安易にロビイストを使った日本政府は墓穴を掘ってしまったのです。

機能しなかった日本政府

繰り返しますが、歴史的な文献によって、韓国の言い分はすべて論破できるのです。

それを「日本海は国際的に確立した唯一の名称」としたところで、説得力はない。日本政府に雇用されたロビイストも、おそらく政府や外務省の言い分どおり、「『日本海』の名称は国際的に定められている」というような言い方をしたのでしょうが、これでは弱い。

現に、法案に反対した議員も「州議会が、争いのある呼称を扱うのは場違いだ」と言っている程度で、「東海という呼称には根拠がない」というところまで理解して反対したわけではありません。日本の言い分は全く浸透していないのです。

今回の件では、安倍政権が鳴り物入りで設置した「領土・主権対策企画調整室」も機能しなかったようですし、総合海洋政府本部も国家安全保障会議も動きませんでした。

私も「調整室」の有識者懇談会のメンバーになっていますが、今回の件について「調整室として声明を出す」「どのように対処すべきか緊急に話し合う」などの動きは一切ありませんでした。「日本海呼称問題」が竹島問題と密接に関係し、国家主権にかかわる問題であるという認識がなかったのかもしれません。

韓国は竹島について、「日本による朝鮮侵略の最初の犠牲の地」「日本が帝国主義化する過程で韓国（朝鮮）から奪った」としています。ですが、竹島問題は戦後、韓国政府によって侵奪《しんだつ》された領土問題です。それも一九五三年から始まる日韓の国交正常化交渉では、日本側を牽制する外交カードとなりました。

当時、日本国内には一九四八年の済州島《チェジュ》四・三事件や、麗水《ヨス》・順天《スンチョン》事件などで日本に密航した夥《おびただ》しい人数の韓国人がおり、日本側が朝鮮半島に残してきた個人財産の請求権問題がありました。

朝鮮動乱最中の李承晩《イスンマン》政権にとっ

て、これらは大きな問題でした。そこで李承晩大統領は「李承晩ライン」を一方的に設定して竹島を韓国領に含め、李ラインを根拠に日本漁船員を拿捕《だほ》、抑留しては人質外交を展開することになるのです。

その結果、日本政府は在日韓国人に法的地位を与えて財産請求権を放棄することになり、竹島問題だけが残されることになりました。

「独島も東海も奪われた」

そこで韓国側では竹島問題が起こるたびに、『独島』も『東海』も、日本の帝国主義によって覆い隠されていたが、日本が断罪された戦後体制においては、韓国の言い分こそが認められるべきだ」という歴史認識に立ち、「非道で横暴な帝国主義時代の日本の振る舞いによって奪われた独島と東海という名称を回復したい」と真顔で国際社会に宣伝してきたのです。

要するに、竹島も「日本海呼称問題」も、日本に反省を迫る「歴史問題」と考えているのです。

二〇一二年八月の李明博《イミョンバク》大統領の竹島上陸と時を同じくして慰安婦問題が再び頭をもたげてきたのも、同じ脈絡で捉える必要があります。この、日本を侵略国家とする歴史認識は、自らの竹島侵奪を正当化するなかで生まれてきたものです。

このことが日本ではほとんど理解されていないため、竹島については領土担当が、慰安婦については官邸が、などとバラバラに対応してしまっている。これでは韓国にいいようにやられてしまいます。

韓国のこの手の問題の拡大を担っている「東北アジア歴史財団」は、当初から「七つの外交カード」を意識して設置されています。①竹島問題②日本海呼称問題③慰安婦問題④靖國問題⑤歴史教科書問題⑥高句麗《こうくり》史問題⑦白頭山《ペクトウサン》問題――この七つの歴史問題は、すべて直接・間接的に日本と関係するものです。韓国側は初めから、これらの問題を「複合的に」展開する戦略を立てていたのです。

財団は韓国の政権が変わろうとも、継続的・戦略的に国際宣伝を図っています。予算は二十億円とも言われ、所長は国務大臣級の扱い。韓国政府はもちろん、在外韓国人たちとも密に連携している。

対して日本は、グレンデールの慰安婦像建立の際には在米日本人の「有志」が政府の後ろ盾もなく孤軍奮闘していましたし、今回は外国人に活動資金を渡して事態の収拾を図ろうとしました。

まず日本が知るべきことは、韓国がどのような認識でこれらの問題を捉《とら》えていて、どう関連付けて日本を攻撃してくるか。そして、その背景にいる東北アジア歴史財団がどのように動いているかを把握する必要があります。そのうえで、日本側はどのように反論し、国際社会に宣伝するのかを考えなければなりません。

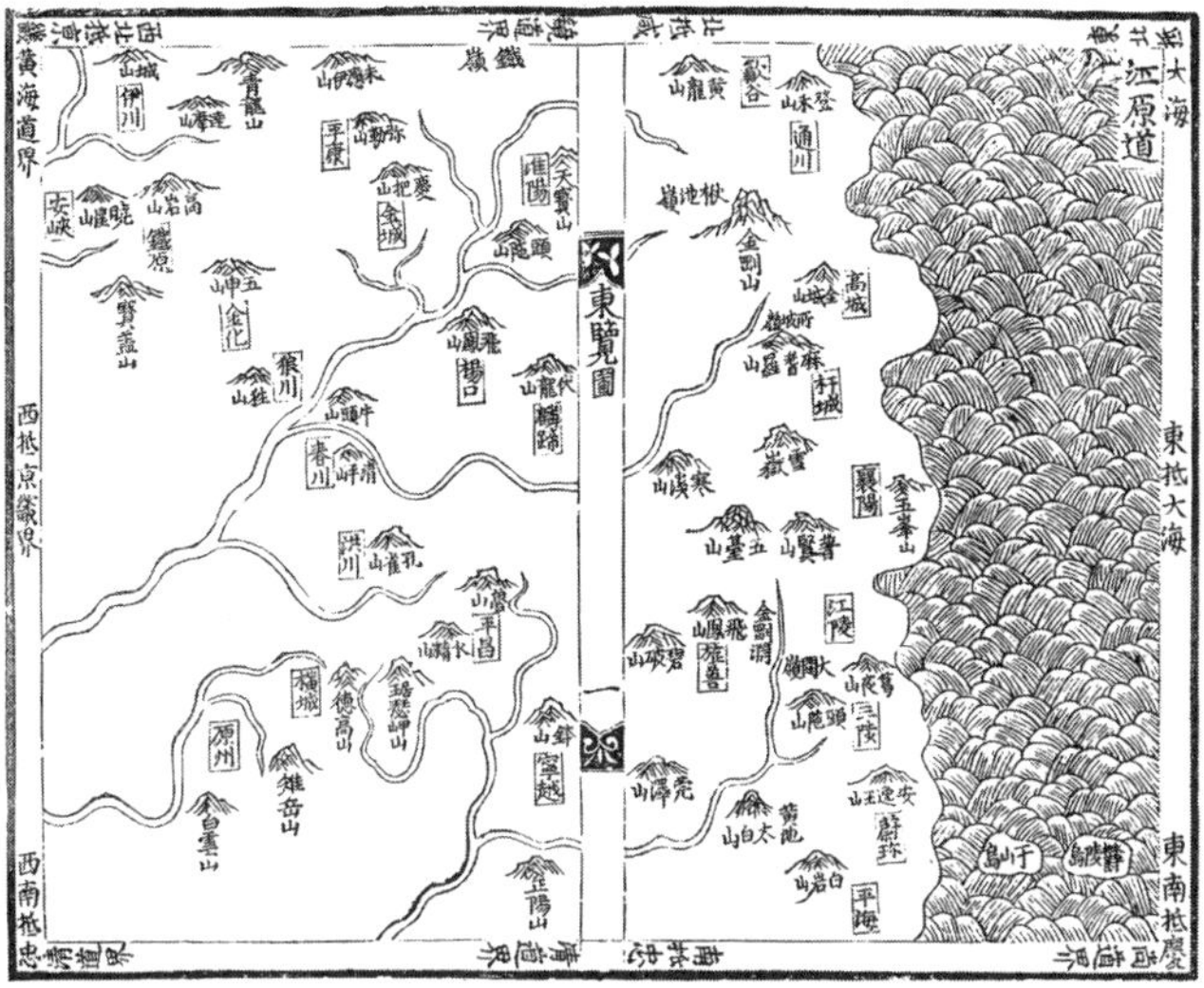

『新増東国輿地勝覧』「江原道図」。右端に「東抵大海」とある

その際に重要なのが、「歴史的・客観的事実」です。韓国がいくら「独島は奪われた」「東海の名称が日本海にすり替えられた」と叫ぼうとも、歴史的根拠がなければ話になりません。日本はその点、有力な武器を持っているのです。

韓国は「東海」呼称の根拠として、『三国史記』と『広開土王碑』に「東海」という文字が見られることを挙げています。

しかし、『三国史記』の「東海の濱《ほとり》に地あり。号して迦葉原という」と記された紀元前三十七年の「東海」は日本海ではなく、渤海《ぼっかい》と黄海を指しています。韓国が「〝東海〟の名称はキリストの誕生より古い」というのはこのためですが、誤りです。

また、『広開土王碑』には「東海賈、国烟三、看烟五」とありますが、この〝東海賈〟とは広開土王の墓守が住んでいた場所を示す地名です。

いずれも「日本海＝東海」を示すものではなく、単に「東海」という文字が登場する文献にすぎないのです。

論拠にすべて根拠なし

また、別の根拠としては『新増東国輿地《よち》勝覧』の「八道総図」に東海とあることから、それを「東海＝日本海」であることの証拠としています。ですが、それは自然を神として祀《まつ》ることを定めた『祀典』のうち、「四瀆」の一つを祀る「東海神祠《しんし》」の位置を示しているだけです。

同じく、「江原道図」に「東抵大海」とあるのを東海の別名だとしていますが、これは「東は大海に抵（至）る」と読み、沿海の外に大海があるとの意味です。

近代の資料でも、たとえば一九一五年に著された朴殷植《バクウンシク》『韓国痛史』には、「韓国は亜細亜東南の突出に在る半島国なり。その境界は東、滄海《そうかい》に濱（沿い）、日本海を隔《へだ》て」とある。滄海、つまり沿岸部の外側に日本海があるとの認識でした。

これは、韓国が「東海」の論拠の一つとしている、一九〇七年頃につくられた「愛国歌」の歌詞「東海が乾き果て、白頭山がすり減る時まで〜」よりもあとに書かれた記述です。

朝鮮では伝統的に半島の沿岸部を「東海」と呼んでおり、その先に日本海が広がっていると認識していました。『新増東国輿地勝覧』は、それをよく表したものと言っていいでしょう。

米国の同情を引きやすい

対して「日本海」という呼称は、少なくとも一八八三年四月の日本海軍水路局が刊行した『寰瀛《かんえい》水路誌』に採用されています。

また、水路部が一八九四年に刊行した『朝鮮水路誌』でも踏襲されており、日本の水路部が十九世紀後半に作成した海図には日本海と明記され、日本海は公式の呼称として定着していました。

当時、日本の水路部が作成した地図はイギリスやロシアなどの海図を参考にしており、世界的にも「日本海」の呼称が公式に認められていたことを表しています。

歴史的に見て、韓国の言い分にまるで根拠がないことを指摘すれば話は早いのですが、なぜか日本側は「国際的に確立した唯一の名称」と言ってしまう。これでは、バージニア州の議員たちが「韓国は長い間、日本の植民地であった。日本海と定めたのは、韓国の立場を少しも考慮していなかった」といった発言をしたくなるのも無理はない。

特に「戦後体制」のうえに君臨しているアメリカにとっては、その言い分には説得力があるでしょう。個々の議員にしても、「当時の帝国主義・日本の圧力で言えなかったなら気の毒だ」という気持ちにもなりやすい。

いまのように国際法や国際通例だけで押し切ろうとしても、限界が見えています。

法は本来絶対ですが、それはお互いが法に誠実であろうとして初めて成り立つものですが、韓国側にはそれは期待できません。

彼らはあくまでも「民族」の次元に留まっています。だから国家を飛び越え、アメリカまで行って「民族の誇り」を主張するのです。冷静に考えてみれば、「独島」にしろ「東海」にしろ「従軍慰安婦」にしろ、わざわざ外国へ出かけて行って宣伝して回る必要はありません。

それは、彼らが歴史的に「国家」や「社会」というものを経験した時間が乏《とぼ》しく、民族として行動してしまうからです。このような彼らの思考回路は、もはや〝宗教〟に近い。

いうなれば、新興宗教が世界に自説を広めて歩いているようなものです。反論されれば頑《かたく》なになり、否定されるとより攻撃性を増す。事態がそこまで来てしまっているというのに、どうも日本には危機感がありません。

領土問題に引き分けはない

国際ルールを覆《くつがえ》す暴挙に対して、「併記でもいいのではないか」と思ったり、竹島に関しても武力で盗られた領土を、日本の側から「共同管理しよう」と申し出たりするなどというのは、はっきり言って異常です。領土問題に「ウィンウィン」や「間を取って」といった解決などなく、「ゼロ・サム」しかないのです。

今回の事例は竹島の現状と重ねても、日本側の対応がいかに遅れており、いかに杜撰《ずさん》であるかが良く分かる事例だったと思います。

今後、韓国はさらに運動を拡大してくるでしょう。冒頭で述べたとおり、すでに韓国系住民の多い七州を足掛かりに、米国全土で「東海呼称併記」を求める運動を始めています。その後は、「日本海、という文字を見ると植民地時代を思い出して不愉快だ」という理由で、「日本海呼称の消失」を求めてくるに違いない。

また、「日本海」だけでなく海底地名に関しても、「対馬海盆」を「鬱陵《うつりょう》海盆」、「俊鷹堆《しゅんようたい》」を「異斯夫《イザブ》海山」、「明洋堆」を「沈興澤《シムフンテク》海山」と、国内では名称を変更してしまいました。異斯夫、沈興澤とも、韓国では「独島」にこじつけた歴史上の人物で、国際的にもこれらの名称に変更することで、さらに竹島の領有権を韓国のものと印象付ける狙いがあります。

〇六年四月、韓国側がこれらの名称の変更を広める動きを見せた際、日本側は海上保安庁の測量船を派遣し、竹島の周辺を含む海域の海洋調査を計画しましたが、韓国側は海軍を出動させると同時に、〝韓国と親しい〟自民党議員らに圧力をかけました。

そして当時、外務省事務次官だった谷内《やち》正太郎氏が韓国に赴《おもむ》き、結果的に海洋調査は中止されました。

韓国政府はこれを機に、排他的経済水域の起点を鬱陵島から竹島に移しました。

日本側が明確に竹島に対する意思表示をしたのは、島根県の「竹島の日条例」制定と、新藤議員らの入国拒否事件くらいのものです。それ以外は、河野談話、村山談話、菅談話をはじめ、近隣諸国条項にしても、教科書や学習指導要領の「竹島」記述にしても、すべて韓国側に日本が同調する形で二国間関係が築かれてきたことを忘れてはなりません。

米国での在米韓国人のロビー活動は最近になって知られるようになりましたが、日本国内でも同様に対日工作が行われているのです。大いに注意する必要がある。

「戦える組織」を作れ

それは政府だけではなく、マスコミや学者も同様です。韓国側では自ら侵奪した竹島を「民族の島」として「自尊心」の象徴としながら、慰安婦問題、日本海呼称問題、靖國問題、歴史教科書問題などを外交カードにすると、その策にまんまと乗ってしまう日本人のなんと多いことか。

いい大人や言論人が、「日本海／東海併記でもいいんじゃないか」「竹島は共同管理にしよう」「竹島には二つ島があるから両国で分けよう」と言って憚《はばか》らないケースはあとを絶ちません。

二〇一四年二月十二日、訪韓した村山富市元首相は、「慰安婦は女性の尊厳を奪った。日本国内では不規則発言をする者もいるが、恥ずかしい限りだ」と発言しました。ならば韓国側が竹島を不法占拠し、日韓国交正常化交渉の最中に銃撃され、抑留されて収容所生活を強《し》いられた多くの日本人の人権はどう考えているのでしょうか。

韓国はあの当時、北朝鮮と同じ「人質外交」を展開したことを忘れてはいけません。「竹島を共同管理せよ」というのは、拉致《らち》された人々を「間を取って半分だけ日本に帰してくれ」というのに等しい。そんな道理が通るわけがありません。

「単なる小さな無人島」「名称の問題程度で日韓関係を悪化させていいのか」と、竹島問題や「日本海呼称問題」を矮小化《わいしょうか》する人もいますが、領土問題は主権の問題です。百年、二百年かけてでも、日本という国家がある限り、何としてでも取り返さなければなりません。

日本はいま、韓国に「侵略」されており、「東海呼称問題」も含めた「歴史戦争」の真っ只中にあるのです。

「戦争」だからこそ、韓国は経済的に危機に瀕しながら、「東北アジア歴史財団」を作り、税金を二十億円以上も投入してせっせと海外に人を派遣して、宣伝して回っているのです。

これに対して、日本は地道な外交を怠り、安易な対応をして状況を悪くしています。近隣諸国条項、河野談話、村山談話、菅談話は、日本外交の敗北の歴史です。

竹島問題についても、本来、政府がやるべき韓国への反論がなされていない。島根県が設置した「第３期竹島問題研究会」が『竹島問題１００問１００答』を出版し、多くの歴史的根拠を示したのは、どこかで歯止めをかけなければ韓国側の暴走を止めることができなくなるからです。

韓国側では日本に「歴史を直視せよ」というが、歴史的に見ると、東アジアの混乱の原因になってきたのが朝鮮半島であったという「歴史を直視」してもよい時に来ている。

そのためには、日本も政府・政権とは関係なく、「国家」として継続的に問題に取り組んでいく第三者機関を作り、歴史的史料の収集や海外宣伝の専門組織を作るべきでしょう。何かあってから「対策室」を作っても、間に合いません。

しもじょう まさお
一九五〇年、長野県生まれ。國學院大學大学院博士課程を修了。三星総合研修院主任講師・仁川大学校客員教授を経て、一九九九年より拓殖大学国際開発研究所教授、二〇〇〇年、同大国際学部教授。島根県庁「竹島問題研究会」座長。

嘘で塗り固めた韓国 近・現代史

『WiLL』(花田紀凱責任編集)二〇一三年五月号より転載

黄 文雄
評論家

歴史を直視しない国

韓国新大統領に就任した朴槿恵《パククネ》大統領は二〇一三年三月一日、韓国の「三・一独立運動」式典でこのように述べた。

「(日本が)われわれの同伴者として二十一世紀の東アジアの時代をともに導いていくためには、歴史を正しく直視して責任を負う姿勢を持たなければならない」

言うまでもなく、歴史を直視していないのは韓国である。

なぜ韓国は、歴史の直視どころか歴史を語ることすらできない状況になってしまったのだろうか。

彼らの言う「歴史の直視」とは、日本人の使う感覚とは全く別のものだ。日本語では「史実に基づいた歴史を知ろう」という意味と考えるのが普通だが、韓国はそうではない。そもそも彼らの言う「歴史」とは、歴史の真実を追求するものではない。勝ったほうの都合のいいように作り上げた歴史観に、負けたほうは従わなければならない、というものだ。

彼らが日本に対して居丈高《いたけだか》に「歴史を直視せよ」と言うのは、「負けた日本はこちらの創作した歴史をすべて受け入れよ」と言っているのである。

韓国は歴史的に見て日本に勝ったわけではないのだが、なぜか「韓国は

大統領の座に就くため、父・朴正熙の政治まで否定して見せた娘・朴槿恵
（写真提供／AFP＝時事）

勝った」「日本は敗戦国だ」と思い込んでいるため、このような言い方になるのだ。

　また、「過去の清算」についても、日本では「過去にとらわれず未来志向で」「過去のことは忘れて一から出直そう」といった意味合いだが、韓国の場合は「過去を全否定しろ」という意味になってしまう。

　中国と同様、韓国も王朝が変わるたびに歴史はすべて否定され、為政者やその一族は抹殺される。たとえば、李朝時代には高麗《こうらい》朝時代の人間が粛清されただけではなく、文化、文明、美術品、仏典に至るまですべて捨てられた。陶器もそれまでの青磁は一切作られなくなり、白磁だけになった。

　物だけではない。目に見えない「仏教思想」までが揚儒廃仏《ようじゅはいぶつ》により排され、儒教思想だけが重んじられるようになったのである。

　この韓国の性質はいまも変わらない。歴代韓国大統領の末路を見ればよくわかるだろう。現代に至っても、古代・中世のような政治を繰り広げているのが韓国だ。

　韓国は「日韓合邦（併合）」時代を「前王朝である」と捉《とら》えているため、併合時代を全否定しなければ気が済まないのだ。

　韓国人の思想の根本を辿っていくと、儒教思想に行き着く。儒教思想は反自然、人為の思想だ。前史の否定、王朝の正統性を創作するためにはそうならざるを得なかった部分もあろう。日本が自然を重んじ、誠や真実に価値を置くのとは全く対照的である。

　そのうえ、現在の韓国の大きな問題はハングル世代の台頭である。ネットにはハングル世代を中心に、「〇〇は韓国起源だ」という「ウリナラファンタジー」が書き込まれている。最近ではついに「孔子は韓国人」とまで言い出したが、彼らは元の漢字による歴史書が読めないだけでなく、勝手に書き換えてしまうのである。

中国も簡体字になったことで過去の検証ができなくなりつつあるが、韓国も非常に深刻な事態だ。もはや取り返しはつかないだろう。

独立運動でなく内乱

日韓合邦時代を「前王朝」と考える韓国は、何としてもあの時代を全否定しなければ、現在の大韓民国の正統性が保てない。史実に沿っているかどうかは全く考慮されない。

歴史的な間違いを指摘すればキリがないが、朴大統領が出席した「三・一独立運動記念式典」自体がそもそもおかしい。

韓国は何かと「日本からの独立運動」の功績を叫ぶが、実際には独立運動などほとんど行われていなかった。あってもごく一部のものであり、李朝時代の「悪政」から解放してくれた、と総督府による統治を有り難がっていた人々からすれば、匪賊《ひぞく》が暴れているといった程度の認識だった。

過去に朝鮮総督府と台湾総督府を比較したことがあるが、朝鮮総督府は台湾総督府に比べて非常に安定しており、歴代総督は九代。台湾の十九代の半分であり、これは統治が安定していたことを示している。

また、警察官の数も朝鮮のほうが少なく、国民一人当たりの警察官数は台湾の半分であった。この人数で統治できたのは、社会に大きな混乱がなかったからだ。

しかも、警察官のうちの約半数が朝鮮人であり、警視や警部の役職にも就いていた。反乱が多いために警察官の数も多く、役職にも就けなかった台湾と比べれば、その安定ぶりが分かるだろう。

さらに総督府の記録によれば、朝鮮の犯罪件数は五年ごとに半減し、昭和十七年には四百件を切っている。現在の韓国よりもよほど治安が安定している。

実際には、過去の歴史から続く同族内の派閥争いが行われていたのである。伝統的な言い方をすれば「朋《ほう》党《とう》の争い」だ。

総督府時代には、このような争いは半島以外のシベリア、満州などに追いやられていたため、派閥争いによる殺し合いは朝鮮半島以外の地で行われていた。これも半島内が非常に安定していたことの証左である。

韓国は自国について、「半万年（五千年）の歴史」などと荒唐無稽なことを言う。仮に半万年の歴史があったとしても、日韓合邦時代が朝鮮史のなかで最も安定していた時代だったことは否定できないのである。

「七奪」の嘘

ところが、韓国は日本統治時代を全否定したいばっかりに、日本の統治を「七奪」と言って憚《はばか》らない。彼らの言う「七奪」とは以下のとおりだ。

一、国王
二、主権
三、生命
四、土地
五、資源
六、国語
七、姓名

だが、これらはすべて「捏造《ねつぞう》」であり、反証可能だ。

李朝末期の「国王」は、国家崩壊の淵に立たされていたにもかかわらず、効果的な施策を打ち出せないでいた。日韓双方に賛否両論があり、英米仏独列強や露清も賛同していた状況の下で、日本が台湾より格段の待遇をもって「合邦」したまでである。

合邦した以上、日朝で二人の国王を戴くわけにはいかない。それを「国王も奪われた」とは、当時の歴史的背景も国際情勢もまるで理解していない、不見識な態度と言わざるを得ない。

主権についても、当時の朝鮮を主権国家と認めていた国はない。しかも当時、合邦を行うのは歴史の趨勢《すうせい》であった。大英帝国がイングランド、スコットランド、ウェールズ、アイルランドの連合から成る国家だったことを挙げるまでもない。現在の価値観で歴史を裁いてはいけない。

生命、土地、資源についてはのちに詳述するが、むしろ与えたというのが史実。国語については、ハングル教育を行ったのはほかでもない朝鮮総督府であるし、姓名に関しても、もともと朝鮮で「姓」を持てたのはごく一部の人間であった。奪うどころか、これも与えたのである。

歴史の実情を素直に見つめれば、朝鮮総督府時代の三十六年間、統監府時代を含めての四十年間は、今日の韓国にとって最も重要な時期であった。

歴史の真実は「七奪」ではなく「七恩」であり、その成果は世界史上で例を見ないほどの「七大貢献」と言っていい。単に「七奪」を反証しただけでは収まらない、大きな功績があった。

一つずつ解説していこう。

一、中華による「千年属国」からの解放

韓国人がいまも言う「侵略と抵抗の歴史」のほとんどは、中華帝国によるものである。日清戦争まで、清国の属国であった。日本による統治の時代がなければいま頃、朝鮮半島は中国朝鮮省になっていたに違いない。

韓国の独立門前で反日を叫ぶ韓国人がいるが、独立門はそもそも「清国からの独立」を祝うために作られたものだ。日清戦争で日本が勝利したために清から独立できたのであり、ここで「反日」「日本からの独立万歳」を叫ぶのは、歴史を知らないがゆえの恥ずかしい振る舞いである。

二、産業化による国土改造と生態学的更生

李朝末期から大韓帝国当時の朝鮮半島は財政、経済、農業すべてに至るまで破綻《はたん》、崩壊状態の「三政紊乱《びんらん》」状態にあった。会社で言えば、倒産直前の状態である。

そこに助け船を出したのが、「日本株式会社」とも言うべき日本政府だった。総監府時代から一年を除き毎年、一五％から二〇％の財政補塡《ほてん》、産業投資が行われたのである。

その額は、台湾や明治政府に冷遇されていた東北地方が「なぜ我々に投資せず、朝鮮にばかり投資するのか」と不満を言うほどだった。それもそのはず、赤字の朝鮮経営を支えたのは日本人の血税で、日本の地税が二五％のところ、朝鮮は三・八％。台湾でさえ五％だったのだから、収奪どころか日本が助けたとしか言いようがない。

また米についても、韓国は「日本に収奪された」というが、これも真っ赤な嘘だ。合邦前と終戦時を比べると、韓国では米の収穫高、耕作水田面積ともに二倍になっている。

ところが、韓国にこのような歴史的事実を突き付けても「日本のために米を作らされただけ。朝鮮半島は飢餓に苦しんだ」などと言う。

事実は全く逆である。

三、優生学的医療、衛生、環境改善および教育の普及による民力と近代民族の育成

医療、衛生などの向上により、朝鮮半島の人口は合邦前と比べて二倍、平均寿命も二倍になっている。

教育に関しても、ハングル教育以外の一例を示せば、一九二四年に創立した京城帝国大学（ソウル大学の前身）は、日本の大阪大学や名古屋

大学よりも先に作られている。一時は、京城大学の予算のほうが東大（旧帝大）の研究予算を上回ったこともあるほどだ。

日本はもともと教育熱心で、江戸時代の寺子屋の普及を待つまでもなく、室町時代からフランシスコ・ザビエルが目を見張るほど、隅々まで基礎教育が行き渡っていた。

台湾に対しても満州に対しても熱心に教育を施しており、なかでも朝鮮半島の教育には力を入れていたのである。

身分解放の功績

四、日本とともに世界へ雄飛、民族生活空間の地球規模への拡大

それまでほとんど朝鮮半島から出ることもなく、シベリアや満州に密入国しては捕まるという状況であった朝鮮の人々は、日本と合邦して「列強」の一角に食い込んだことで、日本はもちろん、アメリカなど各国へ移動できるようになった。

韓国はすぐに「強制連行された」と騒ぐが、実際には「これ以上、日本に来るな」と入国規制を考えたほどで、来日を希望する韓国人があとを絶たなかった。

生活空間を満州にまで広げて独立を期すどころか、「俺だって日本人だ」と威張っていたのが当時の韓国人で、合邦がなければ、韓国人は半島内だけに追い詰められていたに違いない。

五、伝統的階級制度、奴婢の身分からの解放

韓国、朝鮮半島の社会構造の特徴は、ソフトウェアは儒教、ハードの部分はインドのカースト的身分階層によって成り立っている。

日韓合邦時点で、奴婢《ぬひ》の数は人口の約半数。両班《ヤンバン》でなければ姓を持つことも許されず、その厳格な身分制度と差別は、総督府時代を経なければいまも残っていた可能性が高い。

日本が朝鮮半島で万民平等を掲げ、民法に基づいて全国民に姓をもつことを許し、奴婢の身分を解放したことは、アメリカのリンカーン大統領による奴隷解放に匹敵する貢献であったと言っていい。

六、朝鮮伝統文化の保護保存と再生

一九三三年、総督府は李氏朝鮮時代の文化財を保護するため、総督府令を出している。保護指定第一号の「京城南大門」、第二号の「京城東大門」をはじめ、史料・古典、一千冊あ

まりを保護・復活させたのである。

　先にも述べたように、王朝交代のたびにすべてを破壊しつくす韓国では、朝鮮総督府の時代になって初めて文化財の保全が行われるようになった。

　以前、対馬《つしま》の寺から韓国人が盗んだ仏像が問題になっていたが、もし日本に渡らなければ確実に廃棄されていたはずのものである。「日本が盗んだのだから韓国に返すのは当たり前だ」との韓国の言い分は誤りである。自国民では保護保存できなかったであろう歴史の真実に目を向けるべきだ。

歴史に対する不誠実

七、朝鮮半島の民力を超えた近代化

　ここまで述べてきた数々の施策により、商品経済が未発達で物々交換を行っているという古代のままの朝鮮半島の文化、文明、産業は一気に近代化したのである。収奪、搾取が行われ、一方的な支配を連想させる「植民地」という言葉は、当時、帝国議会でも天皇詔勅《しょうちょく》でも使われたことはない。

　韓国人を「日本人同様」に扱い、自国への投資を削ってまで韓国に投資し、飛躍的に発展させた日韓合邦を韓国人は感謝しなければならないはずだ。それを全否定したいなら、日本から受けた恩恵のすべてを破棄し、李氏朝鮮末期の状況からやり直さなければならない。

　「日帝三十六年は収奪と圧政の極みであり、肯定すべき点など一つもなかった」とする韓国の歴史観は、すべて嘘である。

　現代韓国の法律、教育制度、言葉に至るまで、その礎《いしずえ》を築いたのは日本であることは、韓国がどんなに否定しても否定のしようがない。そんなに日本が嫌なら、日本からの影響をすべて排除して国を作り直せばいい。李氏朝鮮時代の貧しく悲惨な三政紊乱時代に戻るだけである。

　朝鮮総督府時代の資料も読まず、残っている資料をすべて「捏造」と決め付けて真実から目を背けるのは、歴史に対してあまりにも不誠実である。

　改めて言う。韓国よ、歴史を直視せよ。

こう ぶんゆう
一九三八年、台湾生まれ。一九六四年、来日。早稲田大学商学部卒業。明治大学大学院修士課程修了。『中国之没落』(台湾、一九九一年)が大反響を呼んで以来、旺盛な執筆・評論活動を展開している。巫福文明評論賞、台湾ペンクラブ賞を受賞。

戦時徴用工賠償訴訟
韓国には一銭も払う必要なし！

『WiLL』（花田紀凱責任編集）二〇一四年一月号より転載

丸山和也
自民党参議院議員・弁護士

司法まで反日を争う

戦時徴用された韓国人が日本企業に対して、未払い賃金や非人道的な待遇などに対する賠償を求める裁判を起こし、韓国の裁判所が賠償命令を下す判決が相次いでいる。

すでに一九六五年の日韓基本条約に伴う日韓請求権協定で個人請求権は消滅しているにもかかわらず、「強制労働は請求権協定の対象外」「人道的観点は協定には含まれていない」などとする内容だ。

二〇一二年五月に韓国の最高裁に当たる大法院が、日本での賠償訴訟での敗訴はおかしいとし、「個人の請求権は韓国では消滅していない」と判断。これが元になり、その後、一三年七月には韓国の高裁がそれぞれ新日鉄住金と三菱重工業に対して賠償命令判決。そして十一月一日にも、光州《クァンジュ》地裁で三菱重工業などに対する賠償命令が下されたのである。

この判決は、韓国政府の「請求権協定により個人請求権は消滅している」とのこれまでの立場を覆《くつがえ》したに等しい。また、国際的な約束を国内法で覆す言語道断の判決でもある。

まさに「司法の暴走」だが、「反日」の名目の前に政府も司法をコントロールできていない。韓国も重んじているはずの三権分立は機能不全を起こし、司法が政治的意図を持って判決を下す「司法独裁状態」になっている。

韓国政府は「係争中である」ことを理由に、判決への言及を避けている。国民からの批判を恐れ、判決を強く否定できない状況にある。司法が政治以上に「反日」で突出し、国民にアピールしている状況だ。

二〇一一年、憲法裁判所は「元慰安婦に対する個人補償に対する日韓請求権協定の『紛争』を韓国政府が解決しないのは違憲である」と判決。司法のなかでさえ、「どちらがより反日的な判決を下すか」に腐心《ふしん》し、先陣争いをしている。

韓国には通常の裁判所と憲法裁判所の二つの系列があるが、互いに競うように「反日」を打ち出し合い、韓国国民向けにパフォーマンスをしているのである。

だが、日本は戦後補償をし、日韓請求権協定で「請求権一切の完全かつ最終的な解決」を確認している。本来、個人に対する補償に関しては、韓国国内の問題のはずだ。

その戦後補償を個人補償ではなく、自国経済の自立のために使ったのは当の韓国政府であり、個人補償を求めるならば韓国政府に求めるべき問題だ。韓国政府も、この点を韓国の国民に説明する必要がある。

協定を結び、受け取るべきものは受け取っておきながら、国民や司法の暴走を止めず、転じて日本を責めるなど、国際社会では通用しない。韓国政府はこのことを自覚すべきだろう。

日本で強制執行も？

今後、裁判結果はどう影響するか。被告となった日本企業には二つの対応が考えられる。①進んで賠償金を払う②判決が確定しても「不当判決である」とはねつける。②の場合、韓国側は強制執行により、韓国内にある当該企業の資産を差し押さえることになる。

三菱重工などは韓国国内に生産拠点などを持たないので、執行対象物がない。しかし、韓国内でできなければ日本国内での強制執行に及ぶ可能性が高い。

韓国での判決の効力は、民事訴訟法一一八条によって争われることになる。これが承認されれば、韓国での判決も日本の裁判と同じ効力を持つため、日本国内で強制執行が認められる可能性も高い。

その際、問われるのは、次の四つだ。

①外国裁判所の裁判権が認められているか。
②外国での裁判が正当な手続きで行われたか、つまり相手に通知せずに一方的に裁判を行ったとか、相手に弁論の機会を与えなかったなどの不正がなかったか。
③公序良俗に反するものでないか。
④（両国間に）相互の保障があるか。

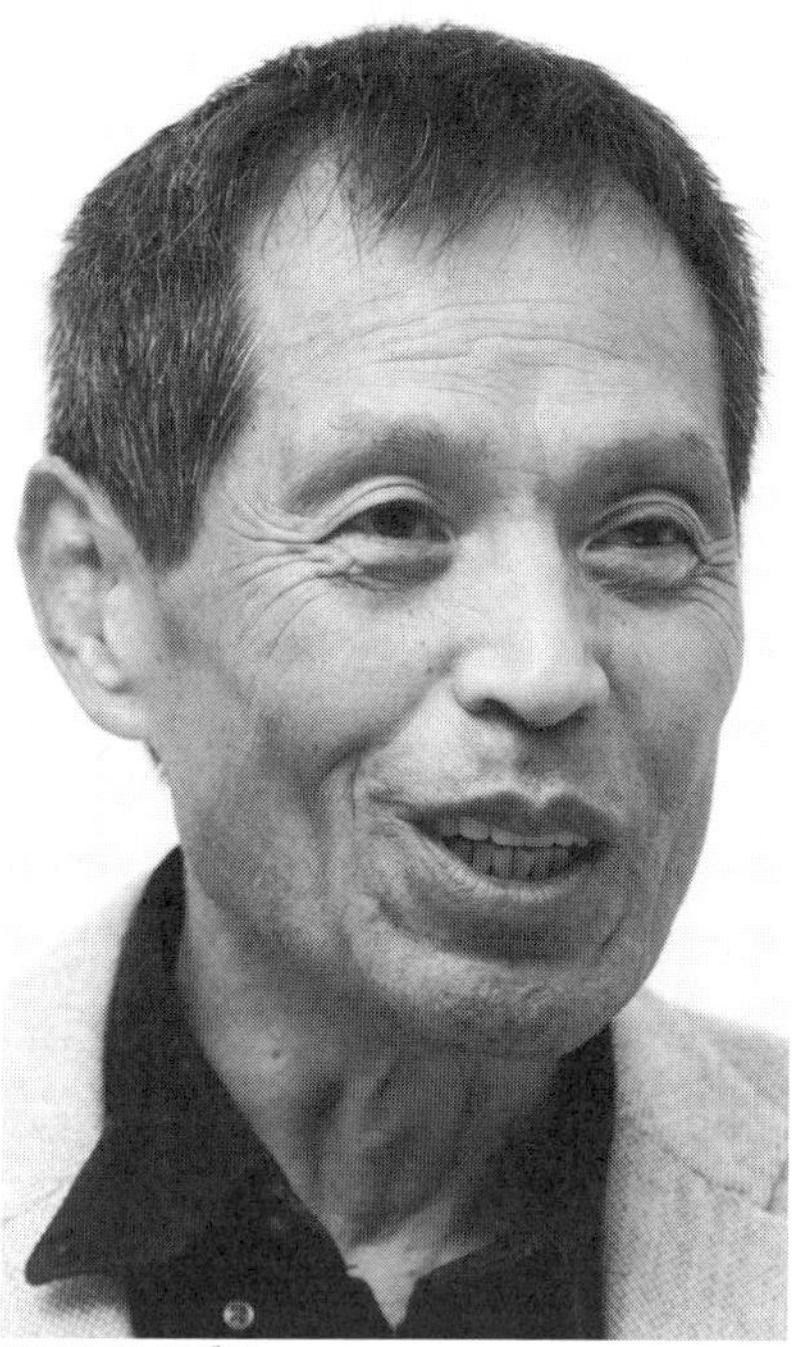

まるやま かずや
1946年、兵庫県たつの市生まれ。69年、早稲田大学法学部卒業、国家公務員上級職試験合格後法務省を経て、70年に司法試験に合格。76年4月渡米。ワシントン大学ロースクールに入学し卒業、その後ロサンゼルスの法律事務所に3年間勤務。80年に帰国、「丸山国際法律事務所」代表として、企業間の紛争・交渉等を中心とした国際法務を得意とする他、個人の問題にも幅広く取り組む。「行列のできる法律相談所」で人気を博した。2007年に参議院議員に当選。

このなかで問題になるのは②だが、これに関しては韓国の裁判所は、被告である日本企業に呼び掛けて反論の機会も与えているため、手続き的な不備はない。

手続き上の不備では争えないとなると、極めて「公正」な日本の裁判所は、韓国での判決の効力を承認する可能性が高いのである。効力を承認すれば、日本国内で強制執行が行われる可能性もある。

十一月七日付の日経新聞では専門家の意見として、「韓国で敗訴が確定しても、日本国内には判決の効力は及ばない」としているが、このように安易に断定するのは間違っているのではないだろうか。

たしかに、徴用工請求は存在しないとの判断が判決により確定済みであるとして、これと矛盾する韓国の判決は、先の民事訴訟法一一八条の要件を満たしてもその効力は認められないとして排斥すれば、強制執行される可能性はなくなるが、はたしてそう期待できるか疑問である。

「友好」「穏便」は封印せよ

韓国での判決が日本でも認められれば、個々の企業は非常に難しい対応を迫られることになる。日本政府は企業を強力にバックアップし、「絶対に賠償金を払ってはならない」と強く伝える必要がある。「不当な判決による不当な強制執行だ。応じる必要はない」と政府が強く指導するべきだろう。

　また、政府は韓国、あるいは国際社会に対し、「不当判決であり、国際ルールを無視している」「こんな判決は国際社会では許されない」と強くアピールすべきだ。

　判決が出て私はすぐに岸田外務大臣、菅《すが》官房長官に「断固としてはねのけるべき」「企業に強くメッセージを送るべき」と申し入れをした。「当然、認識している」「外交を無視している」「請求権協定で終わった問題」との認識では彼らも同じ考えであったが、「日韓友好」「外交関係」などを気にし過ぎて、はたして断固として韓国政府に申し入れられるかどうか。一抹の不安は拭《ぬぐ》えないのが正直なところだ。

　しかし断固として対応しなければ、日本企業が不安を抱くのはもちろん、韓国で二十二万人も名乗り出ているという元徴用工がのべつ幕なし訴訟を起こし、賠償金を要求する事態になりかねない。

　日本政府はなにかと「穏便に」「冷静に」と言うが、そのような対応は今回は一切やめるべきだ。

　日本政府としては国際裁判所への提訴という手段もないわけではないが、竹島問題と同様、相手は土俵に上がらないだろう。韓国は「すでに国内の最高裁判決が出ている」ことを楯にとるだろうし、日本の司法がこの判決を認めてしまえば、そもそも国際裁判所に提訴する理由がなくなる。

　しかも、あくまでも韓国国内判断の不当さを問わねばならない性質上、もし日本がこの判決に対して疑義を申し立てれば「韓国の司法に日本の政治が介入するのか」「内政干渉だ」と言い出しかねない危険性があるのが難しいところだ。

　それでも政府が断固とした姿勢を取らなければ、個々の企業は太刀打ちできないだろう。

　しかし日本企業は、今後の韓国との商売や対外的イメージを考慮して、「お金で済むなら」と払ってしまう可能性が高い。というのも、これまで日本で起こされてきた元徴用工による賠償請求訴訟では、すべて一審では企業側の勝訴が確定しているにもかかわらず、高裁で和解をしているケースが見受けられるためだ。

　企業が和解内容を明かさないため

詳細は不明だが、高裁が企業に対し、「訴訟に勝ちはしたけれど、相手も気の毒だし、人道的観点からも、少しお金を払ってはどうか」などと勧めた可能性もある。

「金で済むなら」は危険

そもそも、体質的に日本企業には「お金で済むなら払ってしまおう」と考える傾向がある。〇六年、北米トヨタの社長が現地日本人秘書にセクハラによる損害賠償訴訟を起こされた際、社長は「裁判では全面的に嫌疑を晴らせると期待している」としながらも、結果的には「会社の利益にならないから」と和解に応じ、賠償金を払っている。

アメリカのマスコミの厳しい論調を前に、販売台数の低下、企業イメージの低下を考慮し、「金を払って終わりになるならそのほうがいい」と判断したのだろう。

日本企業には「訴訟戦闘力」というべきものが欠けており、法外な陪審訴訟による結果予測の不確実性などがあるため、これらのリスクを避けるために「闘う」決断をしない。トヨタに限らず、多くの企業が「お金で解決」する方法を選んでしまいがちだ。

すでに今回のケースでも一部経済界を含め、「基金を作って支払ってはどうか」「何らかの見舞金を用意するしかない」などと考える向きもちらほら存在していると聞く。法務省の役人が「そうなるのではないか」などと口走るのも聞いた。

日本国内で具体的に進んでいるわけでないが、内心、「基金で何とか収めてもらうしかない」という意見を持っている人は少なくないだろう。

だが一度でも払えば、延々と付け込まれることは火を見るより明らかだ。慰安婦問題の前例に学ぶことが必要である。慰安婦問題でも、日韓請求権により終わっているはずの話が蒸し返され、「アジア女性基金」が設立された。日本側としては『河野談話』も出し、これで終わりにしたい」との思いだっただろうが、慰安婦問題はいまも拡大する一方であることを忘れてはならない。

また、今回の戦時徴用訴訟にはアメリカ人弁護士が暗躍しているフシもある。世界中で金になる訴訟を探し回っている「ハゲタカ」弁護士は、訴訟に勝てればそれでいいと考えているため、この戦時徴用訴訟もターゲットにされたのかもしれない。

実は過去に、日本企業に対する元徴用工による訴訟がアメリカの裁判所に提訴されたこともある。上告は棄却され、日本企業側の勝訴が確定しているが、日本企業、日本政府が韓国での判決に弱腰の対応を見せれば、次々に訴訟を起こされかねない。

　日本の国際競争力強化が叫ばれているが、日本政府、企業のどちらも「論戦力」「訴訟力」をつけなければ、いくらビジネスで勝っても訴訟で負けて利益を失うことになってしまう。

　日本政府も本腰を入れ、前面に立って企業をバックアップしなければならない。

韓国の呆れた司法レベル

　戦時徴用訴訟に関する韓国の対応は「法治国家ではない」と言っていいが、私自身、国際法務の観点から見て、韓国は法治国家として疑わしいと感じた経験がある。

　十五年ほど前、ＯＥＭ（他社ブランドの製造を請け負う）で、ある日本企業が韓国企業に日本から委託製造を発注したが、代金を支払ったにもかかわらず製品が届かない。要は第三国に横流ししていたのだが、「日本に輸送はしたが、その途中で何らかの事故により紛失したもので自分たちに責任はない」と言い訳をしていた。

　そこで日本企業は代金返還の損害賠償訴訟を起こしたが、韓国企業側は「ＦＯＢ（本船甲板渡し条件）で自分たちのやるべきことは完了したから自分たちに責任はない」と主張。

　しかし証人尋問などの過程で、韓国企業側に不正があったことが分かった。最終的には国際仲裁（訴訟当事者の属する国と無関係の第三国の弁護士が仲裁裁判所を構成し、裁判長となる）を行い、日本企業側が一〇〇パーセント勝訴し、仲裁判決が確定した。

　ところが韓国側は一銭も払わず、連絡しても梨の礫《つぶて》。相手側の代理人である弁護士に申し入れても「企業に伝えます」と言うばかりで、いつまで経っても支払いは行われない。仕方がないので韓国の別の弁護士に代理人になってもらって強制執行の準備を始めたが、仲裁判決の韓国内の承認手続きを取ったまではよかったものの、一向に事態は進まない。

　そうこうしている間に、韓国側の企業が日本でいう会社更生法適用状態になってしまった。それでも債権の届け出をするなどして将来的な支払いを期することも可能だったのにもかかわらず、これらの手続きが一向に進まないまま、うやむやになってしまった。

そこで古い友人の韓国人の元検事に相談したところ、こう言われた。

「韓国で強制執行なんて無理だ。相手は日韓併合で日本にやられたという意識が強い。日本からは取っても払わない。気の毒だけど、諦めるより仕方ない」

韓国はそのレベルだ、というわけだ。結局、相当の弁護士費用を払って正統な裁判を行ったにもかかわらず、一銭も支払いはなかった。

国益と「法の正義」を守れ

いくら裁判を公正にやっても判決に従わず、無視していれば逃れられるとなれば、韓国は「司法サボタージュ状態」「司法において重大なカントリーリスクがある」と言われても仕方がないだろう。本来、「最後の正義の実現」の場である司法の場が歪《ゆが》められれば、一体どこで正義は実現されるというのか。

もちろん、韓国国内にも「司法の正義」を重んじる弁護士、裁判官はいるだろう。しかし、いまは「反日」の前に声をあげられずにいる。

慰安婦問題でも、客観的な根拠をもって真実を訴える学者はいるが、マスコミや世論から袋叩きにされ、慰安婦の前で土下座を強要されたり暴力をふるわれるなど、散々な目に遭っている。論戦に留まらない実害を受けるとなれば、いかに真実であっても声をあげられない状況が韓国にはある。

しかも、最高裁判所や憲法裁判所までもが「反日判決」を支持しているとなれば、わざわざ反対の声を挙げて「売国奴《ばいこくど》」の汚名を着せられるのは損だ、と考えても不思議ではない。

韓国国内で「反日」で攻勢を強めて来た政治の側さえも判決にとまどっているいま、政治と司法には「亀裂」が生じているはずだ。日本はこの亀裂に入り込み、韓国政府に「法治国家」としての対処を申し入れるべきだ。

これからも続くであろう徴用裁判の不当な判決が出るたびに、日本政府は即反論し、政治的圧力をかけ、日本企業を力強く指導するべきだ。

朴槿惠《パククネ》大統領は世界中を飛び回り、行く先々で日本の悪口とも言える歴史認識批判を繰り返している。安倍総理も言うべきことは言い、日本の国益とともに法の正義を守らなければならない。

『WiLL』（花田紀凱責任編集）二〇一三年五月号より転載

韓国の組織犯罪〝重文窃盗ビジネス〟の闇

菅野朋子
ノンフィクションライター

窃盗手口がほぼ同じ

「観世音菩薩坐像を保管していた日本の観音寺《かんのんじ》が仏像を正当に取得したことが訴訟で確定されるまで、韓国政府は観世音菩薩坐像への占有を解き、浮石寺《ブソクサ》が委任する執行官へ引き渡さなければならない」

二〇一三年二月二十六日、韓国の大田《テジョン》地方裁判所は、浮石寺が提起した「有体動産占有移転禁止仮処分申請」に対し、こんなまさかの決定を下した。つまり、観音寺が正当に取得したことを証明できなければ、日本には返還できないというのだ。

この仏像は、二〇一二年十月に対《つし》馬《ま》の観音寺から盗まれ、韓国に持ち込まれた「観世音菩薩坐像」。高麗《こうらい》時代に制作され、記録は残されていないが、観音寺には五百〜六百年前に渡ってきたと言い伝えられていた。

年明け一月末に韓国で犯人が逮捕され、韓国に持ち込まれたことが明らかになると、浮石寺では、仏像の腹蔵物のなかに「高麗国端州地浮石寺」「天暦三年」と書かれた文書があることを根拠に、「仏像は一三七〇年頃に倭寇《わこう》により略奪されたもので、もともとは浮石寺のもの」と主張。日本への返還反対運動を起こし、「略奪ではないというならば、それを証明するべき。所有権がどちらにあるのか、法で明らかにする必要がある」として、大田地裁に先の仮処分申請を出していた。

仏像の盗難が発覚したのは、二〇一二年十月八日のことだった。対馬市内にある海神《かいじん》神社から国指定の重要文化財（以下、重文）「銅造如来立像」が盗まれていることが分かって全島調査が行われ、そこで観音寺から長崎県指定の重文「観世音菩薩座像」が、多久頭魂《たくずだま》神社からは経典「大蔵経《だいぞうきょう》」の一部が盗まれていることが判明した。

韓国の窃盗団によって盗まれた「銅造如来立像」（左）と「観世音菩薩坐像」

「観世音菩薩坐像」は一九七三年に長崎県指定の重文となり、文化庁の算定によれば、鑑定価格は一億八千万円。観音寺は無人で、寺の周りは空き家が続き、三年ほど前から防犯のために鍵がかけられたが家庭用タイプの鍵で、こじ開けられていたという。

事件発覚の発端となった海神神社では、拝観希望者を宝物館に案内した際に盗まれたことが分かった。最初に盗難を発見した海神神社の副総務、島井利和さんは次のように話す。

「宝物館の鍵を開けようとしたら鍵が入らない。おかしいなと思って掛け金を引くと抜けてしまって、そこで初めて壊されているのが分かりました。内側の木製の扉の鍵も、仏像が入れられていた防犯のガラスケースの鍵も壊されていた。ガラスケースは重かったのでしょう、前に倒された状態でした」

宝物館の鉄製の扉にあった二つの南京錠は壊されていたが掛け金は押し込められていて、一見すると施錠されているかのように細工されていたという。

海神神社も無人で、拝観希望者がいる時だけ、鍵の保管者が宝物館を案内していた。盗難が発覚した二日前の六日にも拝観希望者がいたため、犯行は施錠した六日午後三時から八日の間とされている。

「銅造如来立像」は、朝鮮半島が統一新羅《しらぎ》時代に作られたもので高さ三十八・二センチ、重さは五・六キロほどのバッグにも入る小さな仏像だった。

　七四年に国の重文に指定され、およそ二億円の価値がある。九五年にも一度、盗まれことがあったが、その時は国内で犯人が逮捕され、神社に戻された。

　多久頭魂神社の経典「大蔵経」は、収蔵庫の屋根瓦が剥がされて穴が開けられており、そこからなかに侵入していた。ここには他の重文も収納されていたが、高麗時代に制作されたとされる「大蔵経」だけが盗られていたという。

　盗まれた三点を繋げると、いずれも朝鮮半島由来のもので、「新羅」「高麗」というキーワードに辿り着く。そこから浮かび上がるのは、朝鮮半島の文化財を狙った数々の窃盗事件だ。実は、対馬と同じような事件は以前にも起きており、それらはやはり、主に高麗時代の作品を狙ったもので、窃盗の手口もほぼ同じだった。

　こうして日本の寺院などから盗まれた重文は、韓国で取引されている。

盗んだ経典を国宝に指定

　かつて日本から盗まれて韓国に渡ったと確認されている重文に、壱岐《いきの》島《しま》・安国寺《あんこくじ》にあった経典「高麗版大《だい》般若経《はんにゃきょう》」と加古川市・鶴林寺《かくりんじ》の高麗仏画「阿弥陀三尊像」がある。いずれも国指定の重文で、それぞれ一九九四年と二〇〇二年に盗まれ、二件とも公訴時効は過ぎている。

　この点について、筆者は数年来、取材を続けている。

「高麗版大般若経」は盗まれた翌年の九五年に、安国寺のものと酷似する経典三巻が韓国の国宝に指定され、当時、日本の古美術業界や専門家の間では安国寺のものではないかと物議を醸《かも》した。

　日本政府からは、韓国政府に安国寺のものと同一のものなのか調べてくれるように要請を二度、出しているが、韓国側は「個人が所有している」という理由で受け入れていない。

　所有者は、韓国で古美術収集家としても有名な化粧品会社会長である。

「高麗版大般若経」は五百九十三巻のうち四百九十一巻が盗まれたが、韓国の国宝となった三巻以外の行方は分かっていない。しかし取材を重ねると、「公訴時効もとっくに終わった話を何をいまさら」といいながら、韓国のある古美術業関係者が驚くような話をしてくれた。

「その『高麗版大般若経』は韓国で流通していた。それが国宝に指定されて盗品ではないかと騒がれたため、価格が暴落してしまった。

経典は、もともと巻き本だったのを日本に渡ったあと、折り本にしているが、このとき、サイズが大きかったのだろう、上下の天地を裁断している。

韓国に持ち込んだあとはそれを巻き本にしたが、天地をみれば一目瞭然。だいたい、書かれている紙が高麗時代の楮紙《こうぞし》だから、すぐ分かる」

価格が暴落した経典は韓国では買い手がつかず、再び日本の古美術商に売られて日本で流通していたという。実際、日本でも、古美術商の間で流通されていたという噂が飛び交ったことがあったという。

「阿弥陀三尊像」のほうは、盗まれた二年後に犯人が逮捕され、供述によって韓国の地方都市・大邱《テグ》の寺にあることがわかった。しかし、ソウル中央地方検察庁が踏み込んだときには、そこから忽然《こつぜん》と消えていた。

寺に渡るまで、仏画は五人の人間の間で転売されていた。この一人ひとりの行方も追ってみたが、いずれも供述された住所には存在しない人物ばかりだった。

重文窃盗の捜査を専門にする刑事が、こうぼやいていたことがある。

「犯人を捕まえて流通経路一人ひとりを割り出しても、そのなかに必ず故人などが混ざっていて、決して辿り着けないようになっている」

こうした流通組織は「ナカマ」や「カイダシ」と呼ばれ、複数の人物の間で作品を転売していく。仏画や経典などを扱う作品ごとにあまた存在し、転売にかかわるのは全員〝グル〟で、重文のように価値の高い作品の場合は、売買を繰り返しながら時間を稼ぎ、時効成立後に本格的な取引を始めるという。

総勢十三人の犯行

ではなぜ、高麗時代の作品に人気が集まるのか。

高麗時代に制作されたもののなかでも、高麗仏画はことに人気が高い。高麗仏画は世界に現存するものとして百六十点ほどが確認されており、そのうち百点ほどが日本にあるといわれる。しかし本国の韓国には、把握できているだけで二十点あまり。このため希少価値が高まって値もつり上がるため、収集家や古美術商の間では垂涎《すいぜん》の的になっているのだ。

こうした〝重文窃盗ビジネス〟は、何も日本から盗んできたものだけが対象ではなく、韓国内でも頻繁に盗難事件が起きている。そして、これはもともとあった盗掘の延長線上にあるといわれている。盗掘とは、一般には古墳などを掘り返して財物を盗むことをいうが、韓国では仏像のお腹のなかにある腹蔵遺物を盗み出すケースが一般的だ。

以前、盗掘の第一人者に話を聞いたことがあったが、その人物はこんなことを言っていた。

「古美術商の間には、誰がどんなモノを欲しがっているか、リストがある。そのオファーによって俺たちは動く。いくら高額な価値がついていても買い手がないモノはリスクもあり、持ち出さない」

「阿弥陀三尊像」を盗んだ犯人にも何年かの取材を経てようやく接触できたが、「この仕事には注文式もあり、どこそこにあるものを盗ってこいといわれれば持ってくる」と話していたが、本人は日本のどこに何があるのか調べて、綿密な計画を立てて実行したとも語った。

「日本には三十年近く、五百回くらい往来した。百億ウォン（約十億円）くらいは使った。それだけ通って下見を何度もしながら、どう持ち出すか、運搬経路はどれが最善か、細かく計画を立てて実行した。だから、私は成功した」

彼が逮捕されたのは、弟が仏画を流通させようとして捕まったためだった。

先の盗掘王はまた、文化財の需要の背景についてこんなことを言っていた。

「古美術品は格好のマネーロンダリングなんですよ」

対馬から仏像を盗み、逮捕された犯人は十一人。運搬役の一人が捕まり、芋づる式に捕まった。供述から実行犯は四人いたとみられるが、残る二人はまだ捕まっていない。総勢十三人が犯行にかかわっていたことになる。

ボスは組織暴力団員

仏像は対馬から福岡、そして釜山にいずれも船で移送していた。対馬から釜山まで直行便があるにもかかわらず、わざわざ福岡を経由したのは、福岡にはX線の検査台がないことを知ってのことだった。周到に計画された犯行だったことが読み取れる。

重文窃盗の捜査を専門にする別の

意味不明な電撃訪問　（写真提供／共同通信社）

関係者はこう話す。

「日本から捜査依頼があったのは年明けだ。対馬から盗まれた仏像などの写真が寄せられた。場所が対馬なので、まず釜山港の鑑定室に保管していた写真と照合したら、二〇一二年十月に釜山港から入国した仏像二点と一致した」

各税関には古美術を鑑定する鑑定官が配置されていて、入国する古美術品の鑑定を行っている。いずれもその道の専門家で、釜山港にいたのは三十年のベテラン鑑定官だったが、贋作《がんさく》と誤って通過させたという。

それほどのベテランでも見分けがつかないものなのかと訊くと、

「釜山港は入港する物品が特に多いところで、いくらベテランでも見落とすこともある」

こんな歯切れの悪い答えが返ってきた。

対馬の事件で捕まったなかには〝総責〟といわれるボスも含まれ、このボスは釜山に近い昌原《チャンウォン》の組織暴力団員で、仏像もこの近辺から見つかっている。

他の八人は、それぞれ運搬、流通、実行犯に分かれていたが、それぞれ文化財を流通させた前科はあったものの、重文窃盗の前歴はなかったという。このため、重文窃盗に通じた何者かが背後にいるのではないかとも言われた。

犯人逮捕の背景

韓国では、この重文窃盗の世界で知られる大物がいる。仮にAとしよう。

Aは「阿弥陀三尊像」を盗んだ犯人がこの道に入るきっかけを作った人物であり、先の古美術業関係者は、Aの弟が壱岐島の安国寺から「高麗版大般若経」を盗み出したと聞いたという。

重文窃盗事件の背後には、このAが何らかの形でかかわっているとも言われ、今回の対馬の事件についても関連性が疑われたが、捜査関係者はこれを否定している。

それにしても、過去の事件に比べると異例の早さでの犯人逮捕のように思えた。先述した捜査関係者の話。

「対馬の件も全容を明らかにしてから、二月末頃に発表し、その後、外交通商部（日本の外務省にあたる）との検討に入ろうとしていたが、釜山のマスコミにすっぱ抜かれてしまい、こんな事態になってしまった」

韓国は二〇一二年はじめに、世界に散らばる韓国の文化財を積極的に取り戻していくよう各国に働きかけていくと発表しており、実際に韓国の文化財がある国々を回り、交渉を始めている。韓国の文化財庁によれば、日本にある朝鮮半島の文化財は六万六千八百十九点と、世界のなかでもダントツに多い。

あくまでも推論だが、対馬の仏像を国際法であるユネスコ法に基づいて返還することで、交渉の材料にしようと思っていたのではないだろうか。しかし、冒頭の大田地裁の驚天動地の仮処分決定で事態は膠着《こうちゃく》してしまった。

ユネスコ法は世界の文化財保護法で、ある国で盗まれた文化財が他国で売買されることを防ぐ目的で制定された。当該文化財の原産国から要請があれば、要請を受けた国は返還のための措置をとることが義務づけられている。

日本は〇二年に批准《ひじゅん》しているが、前述した「高麗版大般若経」と「阿弥陀三尊像」はそれ以前に起きた事件として該当しなかった。

韓国僧侶の観音寺電撃訪問

二〇一三年三月十四日、浮石寺の総務担当の僧侶が観音寺を電撃訪問したが、観音寺は面会に応じなかった。

観音寺の田中節孝前兼務住職はこう憤る。

「正式にではなく、住職の知り合いという方から連絡がありましたが、丁重にお断りいしました。話し合いがしたい、友好関係を持ちたいといいますが目的は曖昧《あいまい》で、仮処分申請まで出している相手とは話し合う必要なしと判断しました」

浮石寺や寺のある端山《ソサン》市の住民が過去に何度か観音寺を訪れたことがあったため、仏像がなくなった時から島では韓国と何か関係があるのではないか、という話が出ていたという。

一方、観音寺を訪れた浮石寺の円牛僧侶は、あくまでも今回の訪問は慰労と話し合いを持つためだったと話す。

「わたしどもの寺でも過去、三回に

わたって仏像が盗まれた。そのお気持ちは痛いほど分かります。その気持ちを慰労して、これからは『観世音菩薩坐像』を通して友好が結べればと思ったのです。今回はお目にかかれませんでしたが、目的は果たせたと思っています」

　大田地裁の判決後、韓国政府は韓国内の文化財保護法とユネスコ法に照らし合わせて検討するという立場を表明したが、先述の捜査関係者はこう見る。

「おそらく、海神神社の『銅造如来立像』は法に基づいて返還するだろうが、『観世音菩薩坐像』は可処分決定が出た以上、話し合いは長引くだろう」

　しかし当然だが、観音寺の田中前兼務住職は諦めていない。

「韓国の裁判所に訴えたところで埒《らち》があかないといわれた。結局は、政府に一国も早く取り戻してもらうよう働きかけていくほか、手立てがない。そのためには、現状をみなさんに知ってもらって関心を持っていただければと思う」

「大蔵経」については、当初は売買したといっていたのを対馬の山に捨てたと供述を翻《ひるがえ》しており、先述の捜査関係者からは「おそらく出てこないだろう」と事もなげに言われた。

「高麗版大般若経」も「阿弥陀三尊像」の行方も、いまだに杳《よう》として知れない。

　ユネスコ法をはじめとする法に該当しなければ、韓国政府の善意に頼るほか手立てはないが、日本はまた手を拱《こまね》いて傍観するつもりなのだろうか。

（銅造如来立像は二〇一五年、所有者が名乗り出なかったため、日本に返還された。一方、観世音菩薩坐像については未だ返還されていない）

筆者の綿密な取材が韓国の“闇”を炙り出す
新潮社　1470円（税込）

かんの ともこ
一九六三年生まれ。中央大学文学部卒業後、出版社勤務。その後、カナダ・カールトン大学で韓国語を修得。韓国延世大学付属語学堂に留学。『週刊文春』記者を経て、フリーのノンフィクションライターに。現在、ソウル在住。著書に『好きになってはいけない国。』『ソニーはなぜサムスンに抜かれたのか』、訳書『ヒディンク自伝』（以上、文藝春秋）、『わが教え子、金正日に告ぐ』（新潮社）など。

『WiLL』（花田紀凱責任編集）二〇一三年八月号より転載

韓国軍はベトナムで何をしたか

山際澄夫
ジャーナリスト

韓国にも「慰安婦」が

由々しき事態だといわなければならない。日本が手を拱《こまね》いている間に、「従軍慰安婦」のウソが取り返しのつかぬまでに広がっているのである。

米国では、韓国系米国人らのロビー活動によって、地方議会で「慰安婦」をめぐる日本非難決議が次々に行われ、「慰安婦」碑も増加している。

国連は日本への勧告を連発し、韓国人の事務総長は、日本に「歴史への正しい理解」を持つように求めた。

それでも外務省は、「強く発信したり反論したりすればするほど逆効果になりかねない。慰安婦碑が次々に建てられても黙っているしかない」（日本経済新聞、二〇一三年六月九日）という。

だが、これは違うのではないか。日本を断罪する者は日本が非道徳国家であったかのように言うが、旧日本軍の「慰安婦」は、断じて「性奴隷」（Sex Slave）などではない。兵士の何十倍もの報酬が支払われており、拉《ら》致《ち》、連行されたわけでもない。

それに引き換え、韓国がキーセン（妓生）観光で知られるように、史上稀《まれ》にみる「女衒《ぜげん》国家」であることはよく知られている。女衒で分からなければポン引きである。外貨獲得のため、国家ぐるみで売春を行ってきたのである。

それればかりか、ほとんど知られていないが、韓国にも韓国軍、国連軍用の夥《おびただ》しい人数の「慰安婦」がいたのである。しかも旧日本軍の「慰安婦」とは違い、「韓国軍慰安婦」の多くは文字どおりの「性奴隷」であった。

加えて、韓国軍はベトナム戦争でも想像を絶する残忍な性暴力をふるった。わずか三十数年前の話だ。女性の尊厳に対するこれ以上の犯罪国家はないのである。

朝鮮戦争時、慰安婦として動員された疑惑もある女性ゲリラたち
（ohmynews より）

日本への歴史攻撃は女性の尊厳の問題などではない。日本の弱体化を狙う悪意に満ちた日本叩きである。日本は名誉を守る戦いにおいて、戦わずして敗れているようにみえる。精神を武装解除されては、国家は成り立たない。歴史攻撃に無条件降伏をする前に、韓国、米国に何度でも「事実」を突きつけるべきだろう。

国家としての韓国がいかに女性の尊厳を踏みにじってきたかに触れる前に、米国で韓国系による日本叩きがどのように行われているかを確認しておこう。

首都ワシントンＤＣに近い、メリーランド州モントゴメリー郡。人口百万人ほどのこの行政区の議会で四月二十三日、「慰安婦」をめぐる宣言が行われた。宣言は居住地域での人身売買の根絶にも触れているが、大半は日本非難である。

中韓系議員の暗躍

宣言は、議場に実現に携《たずさ》わった一目で韓国系、中国系と分かる関係者七、八人を招待して行われた。

司会をし、宣言文を読み上げたのは黒人女性のアービン議員である。

「日本政府はアジア太平洋の二十万人以上の若い女性を性奴隷にした。日本軍の慰安婦は二十世紀最大の人身売買の一つ。元慰安婦によれば、彼女らは日本軍に拉致されて売春を強要され、集団強姦や性暴力の結果、流産、死亡、自殺を招いた」という。

そして、「第二次世界大戦の慰安婦に行われた犯罪は、人道に対する罪として容認できないことを世界が永遠に忘れることがないよう決議する」と結んでいる。

「二十世紀最大の人身売買」から「死亡、自殺を招いた」との文言は、二〇〇七年に米下院で採択されたマイク・ホンダ決議と酷似している。

下院決議にはなかったのは、「二十万人以上」の部分。すべて何の根拠もない。きちんと抗議しなければウソがウソを呼ぶ好例だろう。

このあと、招待された関係者が次々にマイクの前に進み出て、「決議を支持します。地域の人身売買の問題にも取り組みたい」「慰安婦問題は未解決の現代の問題だ。被害者はまだ生きている」などと発言した。

最初に発言した中国系州女性下院議員のスーザン・リー氏は、モントゴメリーで毎年一月十三日を韓国系米国人の記念日とすることに尽力するなど、韓国系との関係が特別に強い人物だ。

次いで韓国女性経済人会議所代表、ワシントン地区慰安婦問題連合の韓国系女性、それに中国系団体の男性の代表が続き、「日本は決して犯罪を認めない」と語気を強めた。

このあと、関係者は宣言文を手に、議員全員と記念撮影をして解散した。

モントゴメリー郡の発表後も、ニューヨーク州下院（五月十六日）、イリノイ州下院（五月二十三日）と相次いで「慰安婦」決議が採択された。

国連のデタラメな干渉

黙っていることは認めたのも同じ、と米国への抗議メールを呼びかけている日本の女性グループ『なでしこアクション』（山本優美子代表）によると、こうした決議は二〇一三年に入ってすでに五件目だという。

このうち、イリノイの決議には「二十万人の性奴隷の大半は韓国系、中国系で、四分の三は残忍な仕打ちで死亡した」と、とんでもない内容が盛り込まれている。そのうえ、「慰安婦」の歴史を地域の「公教育に取り入れることを模索する」とまでいう。民間の努力では到底追いつかないほどのスピードで、日本叩きが広がっているのである。

目標は全米数十カ所という「慰安婦」碑は、四カ所で設置済み。七月には東大阪市の姉妹都市、カリフォルニア州のグレンデールでも建設が予定されている（その後、設置）。

また、このところ「慰安婦」はナチスによるユダヤ人虐殺と同じ戦争犯罪という観点から、ニューヨークなど各地のホロコースト記念館に「慰安婦」の常設展示を行うよう働きかけているという。

米国での反日活動とともに看過できないのが、国連の干渉である。

国連社会権規約委員会が四月に元慰安婦の人権が守られていないとの見解を表明したのに続き、五月末には拷問禁止委員会が「日本の政治家や地方の高官が慰安婦問題の事実を否定している」として、こうした議論に日本政府が反論するよう求めた。

日本維新の会の橋下徹代表発言を念頭に置いたものだろうが、最早、日本に対しては何を言っても構わないというが如きだ。来日した潘基文《パンギムン》事務総長の発言は朝日新聞のインタビューに応じたものだが、到底、許されぬ無礼なものだった。

〈日本の指導者は、戦時中に苦しんだ人々の痛みに非常に繊細であるべきで、そうした痛みを負った人々には思いやりのある支援をすべきだ。（閣僚の靖國参拝は）周辺国に否定的な反応を引き起こしている。日本の政治指導者はこのことを自覚すべきだ〉（二〇一三年六月二日）

国を挙げて日本の汚名をそそがなくては、日本は二十万人もの「慰安婦」を性奴隷にし、その大半を死に至らしめた反道徳的な国として歴史に刻まれるだろう。

それもこれも、韓国の反日宣伝のせいである。ところが、「慰安婦」の嘘を世界中にばらまく韓国にも、国連軍（米軍）や韓国軍のための「慰安婦」がいたのである。しかも日本と違って、強制連行された「性奴隷」そのものだった。そのことは韓国人自身が認めていることなのだ。

米軍が村にやってきた

韓国での「慰安婦」の発生は、朝鮮戦争で米軍を中心とする国連軍や韓国軍によるレイプ事件が頻発したからだといわれる。そのあたりの事情を、北朝鮮との軍事境界線近くの村で生まれ、韓国で大学卒業後、日本の筑波大学で文学博士号をとり、一旦帰国して韓国の大学で教え、その後、再来日して広島大学の教授となった崔吉城《チェキルソン》氏が、呉善花《オソンファ》氏との対談『これでは韓国は困る』（一九九七年、三交社）で赤裸々《せきらら》に語っている。

崔氏は朝鮮戦争勃発《ぼっぱつ》当時十歳、住んでいたのは三八度線から四キロ以内の約三、四十世帯が暮らす小さな村だったという。村は北朝鮮の支配、中国軍の進駐、そして国連軍による奪還と、一年ほどの間に目まぐるしく状況が変わったという。

やがて、米軍中心の国連軍が仁川《インチョン》に上陸。それからしばらくして米軍が村にも姿を現した。

〈みんな大歓迎です。背の高いスマートなアメリカ兵にみんなで手を振ってね。ろくな食べ物もないところへ、彼らはチョコレートやビスケットをバラまくんですよ。しかし、そういう期間は非常に短くて、彼らは間もなく女性たちの略奪を始めたんです。それはひどいものでした。

私の姉は十六才でしたので父はすぐに遠い親戚のところへやって隠したんです。それでも若い奥さんたちも狙われますから、みんな年寄りみたいな格好してごまかそうとしましたた。彼らは昼間、女たちの目星をつけておくんです。

それで夕方になると、望遠鏡で目当ての女性を探すんです。それで見つけると、猛然とジープを走らせてくるんです。我々はそういうジープを見ると大声で「軍人！　隠れろ！」と叫んだものです。ところが軍人たちは軍用犬のシェパードに探させるんです。女たちは積んであるワラの中なんかに隠れるんですが、たちまち犬にみつけられてしまいます。

女性だけでなく少年も襲われたんです。私より一つ上の十一才の少年でしたが、おばあさんといっしょにサツマイモをあらっていたんです。そこにアメリカ兵がジープでやってきて、彼をおさえて性器を口に入れるんです。そばでおばあさんが大声で泣いているんですが、平気でそういうことをやっているんです。

ある結婚したばかりの女性は、畑にこやしをやっているところをアメリカ兵にジープでさらわれました。彼女は一カ月近く行方不明になっていて、ある日、同じ場所でジープから降ろされて村に帰ってきました〉

米軍は先の大戦で、日本本土に進駐後の最初の十日間、神奈川県だけで一千三百件の強姦事件を起こしたと記録に残っているが、朝鮮戦争でも同じことを行っていたのである。

韓国軍も「同じ穴のムジナ」

米軍はやがて韓国軍に交代した。

〈韓国軍は我々の村が北朝鮮の支配下にあったということで、北朝鮮の協力者の摘発を始めたんです。北朝鮮の内務省の事務をやっていた女性は四十日間というもの強制売春みたいなことをやらされたのです。

いや、売春ではないですね。不特定多数者による性暴行です。婚約者のいる未婚の処女ですよ。しかも彼女は、そのために子供を産めない身体になってしまったのです。韓国軍がこんなにひどいことをしたのは私の村ではこの一件だけですが、他の村でも同じようなことがたくさんあったんです〉

そこに韓国軍が送り込んできたのが、「慰安婦」だった。三十人ほどで、それぞれの家に一人ずつ民宿させていたという。小さな最前線の村の話だが、大変な慰安婦密度だったのだ。〈私たちの村では売春婦を歓迎したんですね。彼女たちが村にきてから、村の女性に対する性暴力はなくなったんです。雨が降るとコンドームがあちらこちらから流れてくるんですよ。子供には何かわからないので、それに水を入れて遊んだりしたものです〉という。

崔氏は自らの体験を踏まえ、なぜ戦前の日本の「従軍慰安婦」問題だけが取り上げられて、自らが体験した米軍や韓国軍の「性暴力」が問題にならないのかと批判している。

日本と違って痛ましい「慰安婦」が韓国にもいたことは、別に秘密でもなんでもない。ただ、政府が調べようとせず、「慰安婦」も名乗りでないだけだ。しかも、問題は韓国軍の「慰安婦」が日本軍と違って、それこそ性奴隷同然の境遇にあったことだ。

韓国で「韓国軍慰安婦がいた」と最初に告発した漢城《ハンソン》大学教授、金貴玉《キムグイオック》氏も『軍隊と性暴力―朝鮮半島の二〇世紀』(二〇一〇年、現代史料出版)で、韓国軍「慰安婦」は「性奴隷」であったと論じている。

金氏は朝鮮戦争ではさまざまな国家暴力が行われたとして、陸軍本部が運営した慰安所(「特殊慰安隊」)について説明している。それによると、慰安所を設けたのは〈軍人の士気昂揚、性欲抑制から来る欲求不満の解消、性病対策〉からという。

女性をドラム缶に

資料から分かっているだけで、一九五一年から一九五四年頃まで〈ソウルの三カ所と江陵《カンヌン》、その他〉に特殊慰安隊が設置され、このうちソウルと江陵に収容された慰安婦は八十九名。一九五二年にそこを訪れた兵士の総数は二十万四千人あまり(特殊慰安隊の「実績統計表」から)。

金氏は、〈一人の「慰安婦」が一日に六回以上「慰安」を強要されていたことがわかる。また、「出動慰安」の場合、日に、二、三十回の「慰安」を強要されたものと考えられる〉と述べている。そのうえで、

〈「慰安婦」として働くことになった女性たちは「自発的動機」がほとんどなかった。ある女性は十代後半の未婚女性で、ある日、韓国軍情報機関員に拉致され一日で「韓国軍慰安婦」へと転落した。彼女はこのことの証言を拒んだが、拉致した工作員二名によりこの事実が証言された。

……いわゆる「アカ」と呼ばれた状況におかれたため、軍人に殺されるかも知れないという恐怖心から「慰安

婦」となることを拒めなかった。また、強姦の結果、「慰安婦」とならざるを得なくなったケースもある
〈国家の立場からみれば公娼であっても、韓国軍「慰安婦」制度はあくまで軍による性奴隷制度であり、女性自身は性奴隷であったといえるだろう〉

この論文には慰安の対価については言及されていないが、性奴隷だったというのだから話にならないレベルだったのかもしれない。

この「特殊慰安隊」については、李《イ》榮薫《ヨンフン》ソウル大学教授の『大韓民国の物語』(二〇〇九年、文藝春秋)でも悲惨な現実が綴られている。

〈(特殊慰安隊は)ソウル、春川《チュンチョン》、原《ウオン》州《ジュ》、江陵、束草《ソクチョ》などに設置されていました。私が会うことができたある従軍経験者によれば、春川の昭陽江《ソヤンガン》の川辺にはいくつもの天幕が張られており、兵士たちがずらっと列をなして順番を待っていたといいます。日本軍が慰安所の前で列をなしていた光景と少しも変わるところがないと思われます。

これ以外にも各部隊は部隊長の裁量で、周辺の私娼窟《ししょうくつ》から女性を調達し、兵士たちに「補給」したのです。私はその「補給品」をトラックに積んで前線を移動して回った元特務上等兵に会ったことがあります。彼によれば、ドラム缶に女性を一人ずつ入れて最前線まで行ったといいます〉

政府自ら「女衒」に

韓国の週刊誌『ハンギョレ21』(二〇一一年十一月二十八日号)は、売春政策で韓国政府は〈一方では違法の烙印《らくいん》をおしながら他方では放任し、時には積極的に〃女衒〃の役割までした〉として、こう報じている。

〈『釜山日報』の一九五〇年九月の記事によれば、馬山《マサン》市が連合軍の労苦に報いるため慰安所五カ所を設置することになり、これらの許可証をすでに発行した〉

米軍専用の慰安所もあったのだ。

朝鮮戦争後も「慰安婦」は維持された。一九六〇―八〇年代、韓国では国を挙げてのキーセン観光が行われた。売春は国策とされた。『ハンギョレ21』は、ダンスホールやキャバレーなどでのサービスガールはソウルだけで四千人、全国百九十カ所の国連軍専用ホールだけで稼ぐ外貨は年一千万ドル(一九六六年)に達したと報じている。

ところが、「慰安婦」に関する政府調査は行われることなく、韓国内では相も変わらず日本の「慰安婦」制度だけがやり玉にあがるのである。

そのことを象徴するかのように、

金貴玉氏の告発は「身内の恥を晒《さら》すもの。日本の極右に利用される」などの非難に晒されたという。国防部の関連資料は閲覧を禁止され、「韓国軍慰安婦」の証言も得られなかった。

「韓国軍慰安婦」は民族の英雄扱いされる「日本軍慰安婦」と違って、韓国ではカミングアウトすらできない女性たちだということだろう。

ライダイハンの子供たち

韓国軍の性暴力で忘れてならないのが、ベトナム戦争である。韓国軍は、米軍のソンミ虐殺も真っ青な三十万人の虐殺を行ったとされているが、性暴力も凄《すさ》まじかった。

その何よりの証拠が、ベトナム女性への強姦などによって誕生した「ライダイハン」と呼ばれる混血児である。その数は、韓国の報道でも三万人ともいわれる。


わずか五年、延べ三十二万人の派兵で、米兵との混血アメラジアン一万五千人─二万人を上回る数だった。日本は軍規が厳しく、強姦は許さなかったのと大変な違いだ。ライダイハンは「敵軍の子」として迫害された。そして、韓国はいまに至るまで一切の補償を行っていない。

〈韓国人の誤った歴史認識はなんとしても正さなければならない〉と訴える金完燮《キムワンソプ》氏は『親日派のための弁明』（二〇〇二年、草思社）で、ベトナム戦争での韓国軍の行為を厳しく糾弾している。

〈韓国の場合、アメリカからいくばくかのお金を与えるといわれて、何の関係もないベトナムに軍隊を送ったあげく、無辜《むこ》の良民を見分けることができず虐殺したのはわずか三十年前のことだ。当時の韓国軍がいかに残酷だったことか。ベトナムではダイハン（韓国軍のこと）がきたといえば泣いていた赤ん坊もぴたりと泣きやんで、恐怖に震えたという話が伝わっている。また韓国兵は幼いこどもらにアメをやるといって呼び寄せ、悪戯《いたずら》半分で撃ち殺したともいわれている〉

国内で同胞を性奴隷とし、ベトナムでは夥しい数の混血児を遺した。そんな国が、世界中で日本の「慰安婦」を叩く。女性の尊厳どころか、その目的は日本の信用失墜を図り、あわよくば何がしかの金をむしりとろうという魂胆であろう。

それなのになぜ、日本は反論を躊躇《ちゅうちょ》するのか。

やまぎわ すみお
一九五〇年、山口県下関市生まれ。産経新聞で首相官邸キャップ、外務省キャップ、ニューヨーク支局長などを経て退社。著書に『民主党政権で日本は滅びる』『すべては朝日新聞から始まった「慰安婦問題」』などがある。

韓国こそ世界一の売春輸出大国だ

『WiLL』（花田紀凱責任編集）二〇一二年十一月号より転載

森　鷹久
雑誌編集者

売春婦輸出大国

政権末期の韓国大統領らしく「お約束」の反日戦略をとった李明博《イミョンバク》大統領でしたが、日本人が見せた初めての「反発」に、韓国政府も韓国財界人も戦々恐々《せんせんきょうきょう》としているようです。

それによって、国策であった「韓《ハン》流《りゅう》コンテンツ輸出政策」にもいよいよ翳《かげ》りが見えてきた昨今ですが、日本だけでなく、世界中で認められているもう一つの「韓流」の存在をご存知でしょうか？　男性であればお気づきかもしれませんが、その韓流とは、他でもない「売春」なのです。

アメリカやオーストラリアなどで「韓国系風俗店」が次々に摘発されています。この「韓国系風俗店」は、無届けであったり、マッサージ店と偽って性的サービスを提供したりと、違法な営業を行ったとして摘発されています。

たとえばアメリカでは、ロサンゼルスやサンフランシスコといった西海岸地域の大都市で、古くから違法な「韓国系風俗店」の存在は多くの人々に認知されていました。

しかし近年、これらの大都市だけではなく東海岸のフロリダ、南部のアトランタ等でも違法な「韓国系風俗店」が摘発されており、そのたびに売春婦たちは別の地域へ移動し、また商売を始めるといった具合です。そのため、いったいどれだけの韓国人女性たちがアメリカで売春しているのか、韓国政府ですらその正確な数

韓国「売春させろデモ」の一幕。恐すぎる　（写真提供／AP／アフロ）

を把握できていません。

アメリカ・ロス市警は、二〇〇四年から二〇〇六年の間にアメリカに入国した「韓国人売春婦」の数は八千人以上と発表しており、ロサンゼルス近郊で摘発された売春婦のうち、実に九〇％以上が「韓国人女性」との報道もあります。

オーストラリアにおいても、同国内で確認されている「韓国人売春婦」の数は少なくとも一千人以上と言われ、最近、この数が急激な増加傾向にあるようです。

また、台湾や香港、マカオ、シンガポールといったアジアの先端都市、ロシアやヨーロッパにも違法な「韓国系風俗店」が続々とオープンしており、性産業に従事する韓国人女性は、世界全体で八万人から十万人との韓国当局の発表があります。日本国内だけでも「韓国人売春婦」は五万人近く存在すると言われており、「韓流売春文化」の勢いは留まることを知らない、といった状況です。

「韓流風俗」は日本発？

「韓流風俗」の世界進出と同時に、これに起因した様々な事件も起こっています。

アメリカ・ニューヨーク州で「人身売買」を行ったとして逮捕された韓国人女性は、看護婦として労働ビザを違法に取得し、アメリカ入国後には「韓国人売春婦」を集めて働かせる元締め的な仕事をしていました。

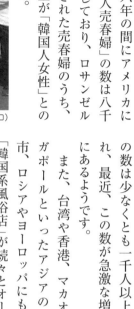

この韓国人女性ですが、自分の管理下にあった売春婦たちに賃金を渡していなかったという事実まで明るみに出てしまい、世間や司法だけでなく、売春婦側からも袋叩きに遭っているようです。

このように、売春等の目的で不法入国を試みる韓国人女性があとを絶たず、現地では彼女たちのコミュニティも形成されつつあります。コミュニティが形成された都市では、その地域の風紀の乱れ、治安の悪化なども懸念されており、「韓流風俗」から派生した新たな社会問題が、世界中の人々に危険をもたらしていることも看過できません。
「少女時代」という韓流アイドルグループがアメリカに進出した際、広告には「Ｊａｐａｎ ｐｏｐｓ」というキーワードが添えられました。「日本でも躍進している」といったようなニュアンスで使われたようですが、自国歌手ですら「日本の威」を借りて海外に紹介しようとする韓国の「寄生根性」が垣間見《かいまみ》えた一件でもありました。

　韓国カルチャーが「日本でも大人気！」というキャッチフレーズとともに紹介されているのは、東南アジア諸国でも同様のようです。「日本」を絡《から》めたブランディングがどれほど効果的か。日本を叩く裏で日本を利用しようとする恥知らずなダブルスタンダードの国、それが韓国なのです。

　しかしそんな韓国でも、自国の「売春文化」に関しては声高らかに「韓流」だとは言いにくいようです。そこで彼らはここでも「日本の威」を悪用し、「日本人女性」に成り済ますことによって、自身のプライドを汚すことなく売春行為に励んでいます。

日本が貶められる！

　アメリカで摘発された韓国系風俗店のなかには「ＴＯＫＹＯ」や「ＮＡＧＯＹＡ」など、日本を連想させる名称を看板に掲げる例も見られました。また、風俗店に在籍する女の子も「ＹＵＫＡＲＩ」や「ＧＥＩＳＨＡ」など、こちらも日本を連想させるような源《げん》氏名《じな》を使っているのです。

　出自《しゅつじ》を詐称《さしょう》して犯罪行為に及ぶ韓国人のせいで、日本という国の間違った認識が世界中に広まりつつある事実に、我々日本人は声をあげなくてはなりません。

　韓国人女性が売春の舞台を海外に求める背景には、韓国国内での性産業に対する規制強化があります。「売春特別法」が制定された〇四年、韓国人売春婦たちが「売春させろデモ」を韓国国内で展開したことは大きな話題になりました。

　この「売春特別法」により、韓国国内でそれまで合法だった売春宿を含め、全ての性風俗店が閉店に追い込まれました。地下に潜んではいますが、自国内での売春は難しくなった。

　そこで、売春を斡旋《あっせん》していたブローカーや韓国人売春婦たちは、国外にその活路を見出《みいだ》すようになりました。そして、「韓流売春文化」はある意味、必然的に世界に向けて発信されるようになったのですが、北米や東南アジアよりも最大の売春婦派遣先として選ばれたのは、日本でした。

　理由は簡単です。日本政府が〇六年、韓国人向け短期観光ビザを免除したからです。ビザ不要で九十日間滞在できるようになって以降、来日する韓国人売春婦は増え続けているとも言います。

また、衣食だけでなく、性風俗産業界にも価格破壊の波が押し寄せる日本において、安く使える「韓国人売春婦」は、日本人風俗店経営者にも都合が良いのです。

「韓流」の兆候は、無許可で営業しやすい派遣型風俗店において特に見られます。これらの店は比較的安価に利用できることもあり、悲しいことに一部の日本人男性利用客から支持を受けています。

日本人女性が働く性風俗店も、安価な「韓流風俗」の台頭によって利用料金の見直しや店舗規模の縮小を迫られているといった例もあり、その意味では「実害」を被《こうむ》っていると言っていいでしょう。

韓流売春婦の正体

このようにして続々と日本にやってくる韓流売春婦は、いかにして日本にやってくるのでしょうか。そこには、韓国人ブローカーの存在があります。

日本人風俗店経営者はいま、この韓国人ブローカーたちからの「売り込み」が激しいと口を揃えます。日本人女性より安く使える韓国人女性を使えば儲けも大きくなりますから、「韓流風俗」に乗り出す日本人経営者も増えているのです。

韓国人ブローカーたちは、「月に二百万円以上稼げる」「日本行きのチケット代は前借りできる」「顔バレ、名前バレの心配がない」と言って、韓国人女性たちを誘います。

以前、筆者は夜の六本木で韓国人女性と知り合いました。彼女は、他に二人の韓国人女性とともに日本へ「留学」に来たと、たどたどしい日本語で話しました。

それから彼女たちとは毎週末、ナイトクラブで会うようになりました。有名ブランドのバッグを手に、露出度の高いセクシーな衣装、濃い目のメイク。なによりも毎週遊びに来ているわけですから、留学生の割にはリッチだなと感じざるを得ません。

ある夜、ベロベロに酔っぱらった「留学生」に「なぜそんなにリッチなの？」と聞いたところ、彼女はあっさり「夜のバイト」をしている事実を打ち明けてくれたのです。

昼は日本語学校へ通い、夜は派遣型風俗店で働くことを目的に、三カ月間の予定で来日していました。三カ月が経過したあと、彼女たちは一時、韓国へ戻りましたが、ほどなく再来日。三カ月を超えて違法に滞在する韓国人女性や、自称留学生も多く存在するようです。

彼女は韓国・ソウル生まれで女子大学を卒業後、地元のアパレル店で働くようになりましたが、パート採用だったため生活ができない。韓国は大卒就職率が六割を切っています。

そんなとき、インターネット上で募集していた「日本行き」をやむなく選択したということでした。韓国人ブローカーと簡単な面接をし、数十万円の仲介料が給料から天引きされること、その他、日本での寮費や、実質「アリバイ」のために通学する日本語学校の紹介を約束しました。「生活のためだから仕方ない」「お金が貯まったら韓国に帰って商売をする」。彼女たちは苦笑いで語ってくれました。

日本での売春で得た金の多くは毎週末、夜の飲み代に消え、新大久保などの朝鮮人街に赴《おもむ》いては美容用品などを買い込み、渋谷や原宿、銀座では最新の衣料品や高級ブランド店チェックに余念がない彼女たち。

本当に、生活のための仕方ない「売春」なのか、帰国後の事業資金のためなのか。彼女たちの言い分に大いに疑問を抱いてしまいます。

暗躍する悪徳ブローカー

韓国人売春婦たちの多くは、日本での売春によって金を得ています。筆者が会った韓国人売春婦のほとんどが、五十万円前後の月収があり、なかには百万円近く稼ぎ出す売春婦もいました。

しかし一部には、日本での待遇に不満を持つ女の子もいます。来日前にブローカーと約束したとおりの賃金が払われない、これが一番の不満です。日本人風俗店経営者が彼女たちに支払う報酬のなかから、韓国人ブローカーが一定額、中抜きをすることは約束していたとしても、その額が多過ぎるというのです。

月に二百万以上稼げると言われた韓国人女性たちは「話が違う」とブローカーに訴えますが、無視されるか「仕事のことをバラす」と脅されます。そして、行き場のない不満は日本人風俗店経営者に向けられることになります。

なかには、ブローカーと手を組んだ悪徳風俗店経営者もいるでしょう。風俗店経営者が韓国人、在日韓国人である店舗の場合は、さらに売春婦たちの管理が杜撰《ずさん》だとも言います。

二〇一二年の六月、東京・上野の派遣型風俗店で、売春を強要されたという韓国人留学生の存在がニュースになりました。

「売春を強要され、日本警察に通報しても保護されない」

これは当の韓国人留学生の主張のようですが、ここでも韓国人売春婦と韓国人ブローカーの間に問題が起こったのではないかと思われます。

韓国マスコミは早くもこの件に関し、先制報道を行っているようです。世界中で売春に励む韓国人女性たちの一部に「売春を強制」された例もあるとして、そのような可哀想な女性たちを保護しない諸外国に原因がある、と特に日本を名指しで糾弾《きゅうだん》しています。

低迷する韓国経済事情により起こったこと、また韓国人同士のいざこざが、いつの間にか日本を巻き込んだ問題にされているのです。

慰安婦問題でみた光景

現在、韓国人売春婦たちが「強制的」に日本に連れてこられて売春をさせられているという報告はありません。彼女たちが自らの意思で来日し、売春に及んでいることは明らかであり、また彼女たちの「売春渡航」を黙認しているのは、他でもない韓国政府なのです。

韓国経済に起因した韓国人同士の争いが、いつの間にか日本を巻き込んだ問題となり結局、悪いのは日本だということになる図式、韓国人たちが主張する「従軍慰安婦問題」とそっくりではないでしょうか。

にもかかわらず、韓国人売春婦たちはその怒りの矛先を日本に向け、「人権後進国の日本」「人身売買容認の日本」という主張を展開し、自身が売春婦にならなければならなかった原因も、日本の責任にしているのです。

日本国内だけで五万人、海外で十万人ともいわれる売春婦ですが、このような「日本叩き」が「氷山の一角」であれば、どんなことが起こるでしょうか。実数も把握できない何十万人もの職業売春婦たちが、先述のような「言いがかり」をつけて反論してくる「明日の従軍慰安婦」となる——歴史を顧《かえり》みても、また現状を見ても容易に想像できうる「将来の光景」ではないでしょうか。

彼女たちが自らを「悲劇の慰安婦」と自称する日は遠くないでしょう。その馬鹿げた訴訟ごっこは日本だけでなく、今度はアメリカやアジア諸国でも展開されるかもしれません。

もり たかひさ
一九八四年生まれ、佐賀県唐津市出身。番組制作会社、出版社勤務を経てフリー編集者・ライターに。「若年層の保守」をテーマに、研究・執筆中。最終学歴は中卒の自他ともに認める「ネトウヨ」。

韓国人は自分と戦うことを忘れていないか

鄭　大均
首都大学東京名誉教授

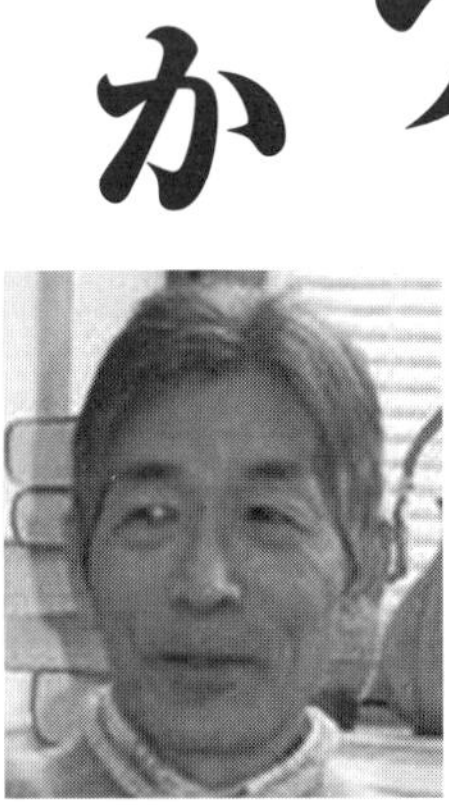

「日帝強占期」

最近、話題になるヘイトスピーチは、憎悪表現とか憎悪扇動などと訳される。日本では在日韓国・朝鮮人に対するそれがとりあげられることが多いが、憎悪表現や憎悪扇動の形は多様であり、一見、道徳的な装いで語られながらも、ヘイトスピーチの機能を持つ表現があっても、おかしくない。

人びとの意識を変え、社会を変える力をもつのは、むしろそんなタイプの憎悪表現や憎悪扇動ではないだろうか。

たとえばここに、二〇〇〇年代に入ってから韓国で多用されるようになっている「日帝強占期《イルチエカンジョムギ》」という時代区分がある。「日本帝国主義がわが国を強制的に占領した時期」の意で、日本が朝鮮を支配した一九一〇年から一九四五年までの三十五年間を、近年の韓国ではそのように呼ぶ。

以前には「日帝時代」や「植民地時代」の呼称があり、さらに以前には「倭政時代」や「日政時代」の呼称もあった。それが今日、韓国のワープロで「日帝時代」とか「日帝植民地時代」と打つと、自動的に「日帝強占期」に転換されたり、赤い下線が表示されたりする。

それは政治的に正しくない言葉ですよという警告であるが、これではまるでジョージ・オーウェルの『一九八四年』の世界ではないか。

ということで、「日帝強占期」の呼

称については、すでに何度か批判的に言及したことがある。

　この呼称が北朝鮮で使われている韓国史の時代区分の書き写しであり、「日帝強占期」のあとにくるのは「美帝強占期」、つまり北朝鮮流にいえば、今日の韓国はアメリカ帝国主義の占領期ということになるのだとか、この呼称が教科書作りに参与した「民衆史学者」たちによってもたらされたものであるといった指摘である。いずれも霊山《ヨンサン》大学（釜山市）の歴史学者、丁慶姫教授から、主にはネットをとおして学んだことである。

　と同時に、「日帝強占期」の呼称の何が時代区分としておかしいのかについても若干言及したが、ここでは改めてそのことに触れ、また「強制連行」の言葉についても記したい。

日本叩きは諸刃の剣。韓国自身をも傷つけていることに気づく日は来るか
（写真撮影／ AFP＝時事）

「占領」でなく「併合」

　この「日帝強占期」の呼称が、二〇〇〇年代に入って教科書に登場するや、あれよあれよという間に他の呼称を押しのけて独裁的なプレゼンスを発揮し、いまや韓国では日韓併合期がナチス・ドイツによるフランス占領のごとき「軽さ」で語られると同時に、その関心は戦時期の「慰安婦」や「強制徴用」の問題に集中、日本支配の「悪」や「否定性」ばかり喧伝される昨今であるが、まずは「日帝強占期」の呼称のどこが問題なのか。

　日本統治期の呼称が、「倭政時代」や「日政時代」から「日帝時代」や「日帝植民地時代」を経て、今日の「日帝強占期」に変化してきたことは記した。細かくいえば、それはより複雑で、今日の「日帝強占期」に匹敵する恣意的《しいてき》な呼称というなら「日帝暗黒期」や「国権被奪期」の例があったし、七〇年代には「日帝強占期」の呼称もすでに部分的には使われていた。

　流動的な状況はおそらくこれからも続くのだろうが、この「日帝強占期」の呼称に最初に接したときには、違和感とともにある種のうまさを感じたものである。日本統治を「強制的占領」と表現するこの呼称には、日本の加害者性や暴力性を誇張しながら、「占領」の単語によって韓国人に

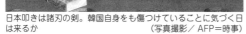

は歴史的屈辱の感覚を軽減させる効果があるように見えたからである。

だがこの呼称には、時代区分としては中立性を著しく逸脱する恣意性があり、歪曲《わいきょく》がある。何よりも、この時代の朝鮮は日本帝国の一部を構成していたのであって、それを「占領」と呼ぶのはおかしい。言い換えると、ナチス・ドイツによるフランス占領が「占領」であるのは、この時代のフランスにはヴィシー政権があり、曲がりなりにも独立が維持されていたからである。

また、占領であったからこそ、レジスタンスや連合軍によって解放されたとき、フランスは四年前の国家と社会体制に復帰することができたのである。

対して、日本による朝鮮支配は三十五年間であり、韓国が外交権を失い、日本の保護国に転落した一九〇五年から数えると、それはさらに長くなる。また、ナチス・ドイツによる占領期にフランスが独立を維持していたとする、この時期の朝鮮は朝鮮総督府によって統治され、彼らは日本の法や制度や言語を移植し、朝鮮人の日本人化を試みたのは周知のとおりである。

ただならぬ紐帯関係

さらにいえば、レジスタンスや連合軍によって解放されたとき、フランスが四年前の国家と社会体制に復帰することができたのに対し、連合軍の勝利によって解放された朝鮮の地には、復帰するにも大韓帝国（一八九七～一九一〇）の王朝や社会はもはや存在しなかった。

その間に、人びとの言語や思考や文化や社会が経験した変化の「重さ」も重要であろう。「占領」という言葉はこの「重さ」を無視し、忘却するには都合がよいが、それでは歴史の歪曲になる。

それにしても、あの時代の日本をナチス・ドイツに譬《たと》える態度には、日本に対する悪意とともに、ナチス・ドイツに対する無知が見えて気色悪いが、それでも日本をナチス・ドイツに譬えたいというなら、あの時代の朝鮮の体験がヨーロッパのどの国の体験に類似しているのかをもう少し真面目に考えてみたらよい。

そうすると、「フランス占領」よりは、一九三八年三月十三日のドイツによる「オーストリア併合」に思い至るというのが常識的なところであろう。

無論ここでも、ナチス・ドイツによるオーストリア併合は日韓のそれに比べると短期間である。しかしそれでも、オーストリアとナチス・ドイツとの間にただならぬ紐帯《ちゅうたい》関係が形成されていたことは注目に値する。

トニー・ジャット著『ヨーロッパ戦後史』(みすず書房) によれば、人口七百万人弱のオーストリアには七十万人ものナチ党員がおり、またウィーン交響楽団の団員百十七人中、四十五人がナチ党員であったという。ちなみに、ベルリン交響楽団の場合は楽員百十人中、ナチ党員は僅か八人であった(同書、69頁)。

このナチス・ドイツとのただならぬ共鳴現象を可能にしたのは、ドイツとオーストリアとの間にある民族・文化的な類似性であり、これは日韓の状況とは異質である。

にもかかわらず、ポスト併合期のオーストリア体験に韓国のそれを彷《ほう》彿《ふつ》とするところがあるのは興味深い。ナチス・ドイツとのただならぬ紐帯関係にもかかわらず、戦後政治においてその責任が問われるということが少なかったのだが、それはなぜなのか。

ジャットによると、一九四三年の連合国合意で、オーストリアはヒトラーの「最初の犠牲者」であったと公式に宣言されていたからであり、また戦後におけるオーストリア史の恣意的な書き直しは各方面の利益に叶うものであったからだという(同書)。

これに類似した経験は韓国にもあった。戦後の韓国は、その反日主義の過程で、ほんの一部の韓国人に「親日派」の烙印《らくいん》を押しながら、多くの韓国人を抵抗者や犠牲者に仕立てあげて「被害と抵抗」の歴史を捏造《ねつぞう》したが、日本をも含めて、国際社会はそれに異を唱えることをしなかった。

「強制連行」のスティグマ

ここに、「朝鮮人強制連行」「朝鮮人強制労働」「慰安婦強制連行」のような「強制」の単語を含むクリシェ (常套句《じょうとうく》) がある。これらのクリシェに共通するものとは何か。

それは朝鮮人の被害者性や犠牲者性を特権的に語りながら、日本人や日本国の加害者性や暴力性を強調するスティグマ (烙印) の性格である。スティグマとは一般的には社会的弱者に付与される烙印を意味するが、ここではそれを国際関係に適用、ある国が他の国を貶《おとし》めるために恣意的に付与する否定的徴、非好意的徴を意味することにする。

このスティグマが国際社会に共有され、ステレオタイプ (先入観、固定観念) として語られるようになると、それはある国の尊厳を傷つけ、場合によってはスケープゴート化が進行する場合もある。

だが、これらのクリシェには偏頗《へんぱ》

性《せい》があり、歴史の歪曲がある。

「朝鮮人強制連行」のクリシェでいうなら、それは戦時期に労務動員された朝鮮人の被害者性を特権的に語るが、あの時代の日本人の男たちは朝鮮人より遥かに高い確率で徴兵されていたのだから、犠牲者性はより高かったし、徴兵だって無論「強制」である（朝鮮人にも徴兵制が適用されたのは戦争末期の一九四四年からのことである。ただし、志願兵制度はそれ以前からあった）。

「慰安婦強制連行」の場合も、戦場には多くの日本人慰安婦がいたというのに、この言葉は韓国・朝鮮人女性の被害者性には関心を寄せても、日本人女性には基本的に無関心なのである。

「強制」の単語を含む日韓関係語は、こうしてみると日本に対する嫌悪感を煽るヘイトスピーチと変わらない性格をもつことが明らかになる。そして、それが国際社会でステレオタイプのように語られる時代がくると、日本はヴァルナラブルな（攻撃誘発性の高い）存在になるのであるが、遺憾ながらその状況はかなり以前からある。

つまり、日本が「朝鮮人を強制連行した国」であるとか「慰安婦を強制連行した国」であるというステレオタイプは、多くの日本人が漠然と考えているよりは遥かに広く国際社会に流布《るふ》し、日本はその尊厳が傷つけられているのである。

なんでそんなことになってしまったのかに関心がある者は、朴慶植《パクキョンシク》著『朝鮮人強制連行の記録』（未来社、一九六五年）を想い出していただきたい。この本は、九〇パーセントほどの事実を一〇パーセントほどの恣意で繋いだという体裁のもので、到底実証的な本などとはいえないが、だからといって無視したり軽視したりしないでほしい。

無視や軽視の態度は、とりわけ右派や保守派に顕著であるが、「朝鮮人強制連行」のクリシェを世界に流布するに最も貢献したのはこの本であり、この本ほどに日本の尊厳を傷つけるのに成功した本はないからである。

「朝鮮人強制連行」、世界へ

「朝鮮人強制連行」のクリシェが優れているのは、それが日本に対する烙印でありながらも、日本人の心に集団的なうしろめたさの感覚を植えつけるという性格のゆえである。つまり、この言葉にはヘイトスピーチの機能がありながらも、道徳語として通用する便利さもあるのである。

かくして、直観力にすぐれ、勤勉な朴慶植氏は『朝鮮人強制連行の記録』を書き上げ、それはやがて日本の尊厳を傷つけるに伝説的な力を発揮する。この本が七〇年代以後の日本の社会運動にいかなる影響力を発揮したかについては、歴史学者の山田昭次氏が記している次の記述を参考にされたい。

〈この書物の影響の範囲は広く、一九七〇年代には朝鮮総聯と日本人の合同調査団や日本人個人もしくは集団による朝鮮人強制連行調査を各地に生み出した。一九九〇年以降、その基盤の上に毎年「朝鮮人・中国人強制連行・強制労働を考える全国交流集会」が開かれるようになった。

　他方、十数都府県に朝鮮総聯と日本人によって「朝鮮人強制連行真相調査団」も組織された。同時に労働者、軍人、軍属、「従軍慰安婦」として強制連行された本人や遺族による戦後補償訴訟も次々と起こされた。日本人の労働者、弁護士、知識人が、朝鮮植民地支配の戦後責任を果たすためこの訴訟に参加している。

　昨年十二月には七十四の日本の労働組合がＩＬＯ（国際労働機関）に対して朝鮮人・中国人強制連行問題を提訴し、本年六月現在、提訴参加組合は二百二十五の多きに達した。

　これら訴訟は、先生によって始められ、蓄積されてきた朝鮮人強制連行研究が、私たち日本人歴史研究者の法廷証言・裁判所への意見書提出や弁護士の弁論を直接支えると同時に、広範な労働者に受けとめられ、そこに根を降ろした結果なのである。

　戦後補償を実現するにはまだ前途遼遠だが、一九六五年に『朝鮮人強制連行の記録』でなされた先生の日本人批判が、今日研究と実践の両面で日本人のなかにこのような形で実を結び始めたことは注目してよいと思う〉

（「朴慶植先生の在日朝鮮人研究について」『在日朝鮮人史研究』第二十八号、一九九八年十二月）

「反日文学」の最高峰

「戦後補償」といったら、今日では韓国から日本に提起されるイシューのことを考えるかもしれないが、右の文は、それが七〇年代から八〇年代にかけて、朝鮮総連やそれに繋がる日本の友好団体や友好人士の間ですでにとりあげられていたことを教えてくれる。

　著者の山田氏は「加害者国家日本」のアイデンティティこそが日本人にとって重要であることを固く信じて疑わない人で、右の文には、それが書かれる少し前、交通事故で亡くなった朴慶植氏へのオマージュが込められている。

「強制連行」のクリシェは、その後、

さらに活動範囲を拡げ、いまや日本から発信された歴史政治的クリシェとしては例外的な影響力を発揮しているのは周知のとおりである。このクリシェは、やがて日本人よりもむしろ韓国人によって執拗に同語反復される言葉となり、やがてそれは「慰安婦」の単語に結びついて新しい反日クリシェを生みだし、それはいまや韓国語や日本語の境界を超えて、欧米の作家や研究者までが口にするクリシェとなっているのである。

紀元前四世紀末に生まれた荀子《じゅんし》は、「邪説・僻言《へきげん》には三つの型がある……名前を偽って正しい名前を混乱させるもの……事実を偽って正しい名前を混乱させるもの……名前を偽って事実を混乱させるもの」(『正名篇』)という。

本来であれば、スターリン時代の朝鮮人の中央アジアへの強制移動や日本人のシベリア抑留にでも使われるべき「強制連行」という言葉は、戦時期の朝鮮人に対する「徴用」や「労務動員」の「名前」にとってかわられることによって、かつてあった「名前」を混乱させるとともに「事実」を混乱させ、日本人の尊厳を傷つけるのに絶妙の力を発揮しているのである。もしこの世に反日文学賞とでもいうものがあったら、それは他のどの作品よりも朴慶植の『朝鮮人強制連行の記録』に与えられて然るべきであろう。

今日の韓国に見てとれるのは、「日帝強占期」の「悪意」や「悪政」が学校教科書で教えられて博物館や記念館に展示され、テレビで「再現」される過程で反日が心や身体に刻み込まれるという状況である。

反日は韓国を幸福にするか

かくて今日の韓国には、「日帝強占期」や「慰安婦強制連行」というクリシェをとおして、あるいは無垢《むく》な少女を象《かたど》った慰安婦像をとおして歴史を知ったとか理解したと考える状況があるのだが、これは韓国や韓国人にとって幸福なことなのだろうか。

幸福であるとしても、それは整形手術を受けて美人になった女性の幸福のようなもので、親から子へと、時代を越えて連綿《れんめん》と伝えられる文化としての資質には欠けている。

韓国における歴史はあまりにも政治的であり、集団的であり、敵と戦うことばかりに情熱を傾けて、自分と戦うことをすっかり忘れさせている。こういう国が人間を幸福にするとは思えない。

相手国に対する配慮だって無視してはいけない。韓国には「被害と抵抗」の歴史があり、したがって韓国人には反省することなど何もなく、反省とは日本人こそが専務すべきであるというのが韓国側の公的言い分のようであるが、日本人がいくらお人好しだって、そのことにいつまでも黙っているはずがない。

最近は隣国に怒る日本人が少なくないのだということを、韓国のメディアはもう少し真剣に国民に伝えるべきであろう。怒る日本人というとすぐヘイトスピーチをとりあげるのは最近の流行であるが、それでは矮《わい》小化《しょうか》であり、歪曲であろう。

筆者は去年、『日韓併合期ベストエッセイ集』（ちくま文庫）というアンソロジーを刊行した。この本を読んで多くの読者が抱くのは、日韓併合期のこの時代が、今日、私たちが考えるほど良い時代でも悪い時代でもなかったのだ、という印象ではないだろうか。それでいいのだと思う。

『日韓併合記ベストエッセイ集』
鄭大均編　ちくま文庫　1296円（税込）

北朝鮮の一卵性双生児に

三十五年間の日本統治は韓国人の言語や思考や社会制度を大きく変えたが、そのことについての想像力が韓国人からも日本人からもどんどん失われている。この本は、その失われた体験や記憶を日本人や韓国人に少しでも回復してもらうための試みであった。

「日帝強占期」とか、「強制連行」のクリシェをとおして語られる歴史などというものは、本質的には偏見とかステレオタイプと同格のものであって、そんなものは批判されて然るべきである。

それにしても、近年の韓国は明るい国、単調な国になりすぎていてこれは危ないなと思う。歴史を語るとき、あの個性的な韓国人はどこに消えてしまったのか。

六〇年代に小林秀雄は「集団的に考えることは付和雷同《ふわらいどう》することである」といったが、日韓関係の歴史を韓国人はあまりに集団的、政治的、イデオロギー的に考える癖が身についてしまっている。これがさらに亢進《こうしん》したら、この国は一卵性双生児の片割れである北朝鮮にあまりに似通ってしまうのではないか。

てい たいきん
一九四八年、岩手県生まれ。首都大学東京名誉教授。日韓関係、エスニック研究、ナショナリズム研究。著書に『韓国のイメージ』『日本（イルボン）のイメージ』『在日の耐えられない軽さ』（中公新書）、『在日・強制連行の神話』（文春新書）、『姜尚中を批判する』（飛鳥新社）、近編書に『日韓併合期ベストエッセイ集』（ちくま文庫）がある。

『WiLL』（花田紀凱責任編集）二〇一三年五月号より転載

海外で日本人になりすます韓国人

穂谷野 繁
ハワイトニーズ・ホヤノ・カンパニー代表

日本料理屋に韓国人

〇二年、中央アメリカ・グアテマラの首都グアテマラ市へ行った時のことです。私は毎回、長期滞在するホテルが決まっているのですが、そこで仲良くなった複数の従業員が「日本料理を食べてみたいが、お金がない」と言う。私は翌日にはアメリカ経由で帰国することになっていたし、四回のロングステイでせっかく仲良くなったので、ご馳走してあげることにしました。

グアテマラ市の繁華街には、「K」という現地では有名な日本料理屋がありました。早速、そこへ行って、従業員に「本物のおいしい日本料理をご馳走してあげてください」と日本語で話しかけたのですが、彼らは私の言葉をさっぱり理解できていなかった。

不審に思い、スペイン語で「あなたの国籍はどこですか?」と訊いてみたら、なんと「Coreano」、つまり韓国人だというのです。驚いて、そこの店の従業員全員の国籍を確認してみたら、なんとコックに至るまで全員、韓国人だという。

ということは、そこで出てくる日本料理は日本料理ではない、似た何かでしかなく、しかもおいしくなかった。この店だけでなく、グアテマラにある日本料理屋は、日本人に化

欧米人には区別がつかない？　　（写真提供／北村大樹／アフロスポーツ）

けた韓国人などが経営している店が多いのです。

また、たとえばメキシコの田舎を旅行している時、地元の人に「ここには日本人は住んでいますか？」と尋ねると、時々、「はい、いますよ」と返ってくることがある。こんなところにもいるんだなぁ、と興味本位で「その方の名前はなんというんですか？」と訊くと、「リーさん」とか「キムさん」といった名前でした。言うまでもなく、これは日本人の名前ではなく韓国人や中国人の名前です。

つまり、東洋人を見たことがないメキシコ人が相手ですから日本人、韓国人、中国人の見た目の区別などつかない。それを逆手《さかて》にとり、評判のよい日本人になりすましている偽日本人が多数いたのです。

世界で信用される日本人

私は昭和七年生まれで、趣味が海外旅行（ロングステイ）です。世界中に関心を持っており、一九五七年、二十四歳の時にアメリカに数年間滞在して以来、六十五カ国も旅行をし、パスポートも九冊目のものを使用中です。特に一九九九年以来、アメリカやメキシコ、グアテマラ、エル・サルバドルなどラテンアメリカにはよく行っておりました。

その旅行経験でつくづく感じるのは、世界中で日本人ほど信頼されている民族はいない、ということです。日本人は自虐的なので自分たちに自信を持っていませんが、私はこのことをもっと誇っていいと思っています。

たとえば、アメリカのジョージア州は太平洋側と違い、大西洋側では東洋人の顔をあまり見たことのないいわゆる「深南部人」が多数います。私が道を歩いていると何度も、「Chinaman（Chink＝中国人）ですか？」と、中国の蔑称を使って質問される。

その都度、「私は日本の観光客です」と答えると、「そうでしたか！」と握手を求め、親近感を表してきます。

アメリカでは戦時中、日本人や日系人は差別されましたが、私が初めて訪れた昭和三十年代にはもうそんなことは全くありませんでした。一方で、先ほど言ったとおり、東南アジア諸国と同様に、中国人は嫌われているのです。

また、メキシコではこんなことがありました。散歩をしていたら、地元の人が「オマエはChino Cochino（中国の豚野郎）か⁉」と、悪意を持って質問をしてきた。驚きながら「私はJapones（日本人）ですよ」と答えると、メキシコ流の〝ハグ〟をされ、「アミーゴ（友達）だ！」と歓迎してくれました。

五十年近く前、初めてメキシコに行った時、現地でビジネスマンとして成功している加藤さんという方と知り合いましたが、彼はその時、こんなことを言っていた。

「日本人でいるということは有り難いことだよ。僕が日本人だとわかると信用してくれる。南メキシコの国境に近い田舎の町でも、みんな信用してアミーゴと言ってくれるんだ。だから、こんな辺鄙《へんぴ》なところで商売しても成功できたんだよ」

五十年前のことです。

これは加藤さんが初めてメキシコに行った戦前からそうだったと言っていました。

同様にグアテマラでのある朝、一人でぶらぶら散歩をしていたら迷ってしまい、いつの間にかイスラエル大使館の近くに来てしまった。イスラエルはああいう国ですから警備も厳重だとは知っていたのですが、いきなり私の周りに機関銃を持った兵隊が五、六人集まってきた。ギョッとしていると、隊長と思《おぼ》しき人が「パスポートを見せろ」と言う。素直に渡したら、「なんだ、日本人か」と言って、すぐさま解放されました。

ことほど左様に、世界中で日本のパスポートは信用されているのです。

「ニンニク臭い韓国人」

一方、中国人、韓国人は嫌われている。態度が大きいとか、嘘をつくとか、そういったところが理由ではないかと思います。

たとえばグアテマラでは、近年は韓国人移民が多く、韓国人が経営する繊維産業工場が多数あります。そこでは現地人をたくさん採用して働かせていますが、とにかく徹底的にこき使う。人種差別も激しく、過酷な労働状況を強《し》いているため、現地では「Ajo Corenano」、すなわち「ニンニクの悪臭を放つ韓国人」と罵倒《ばとう》されて悪評が立っている、と現地人と結婚した在留邦人が教えてくれました。

だからこそ、冒頭お話ししたように、評判のよい日本人になりすましているのでしょう。しかし、偽日本人になっただけで、態度や素行の悪さが治るわけではないとなると、日本人の評判が落ちていってしまう。これは困ったことです。

私が不思議なのは、韓国人や中国人は、政治のレベルだけでなく、民衆のレベルでも反日的な感情を持っており、ご存知のように反日行動をよく起こしています。「自分の国は日本より上だ」と事あるごとに比較をし、優越感に浸ろうとする。にもかかわらず、外国に行くとその敵視しているはずの日本人になろうとする。おそらく、彼らにしてみれば屈辱的なことでしょう。しかし、ビジネスなど「日本人でいる」ことの利点のほうが大きいために、それを選ぶ。全くもって屈折した状況と言えます。

そこから「じゃあ自分たちも日本人のように信用される人間になろう」となるのではなく、さらに反日的な思いを抱くのだから始末に負えません。

六十五カ国も旅をしてきて、「日本人だから」という理由で嫌な思いをしたことは一度たりともありません。むしろ、先ほどから言っているように、日本人だとわかると、みな親切に対応してくれます。……もっとも韓国や中国（香港、マカオ以外）には興味がないので行ったことがありませんので、この二カ国ではどうかわかりませんが。

ともあれ、八十年生きて世界中を旅してきて分かったのは、「よくぞ、日本人に生まれけり」。日本人に生まれてよかったなぁと心底思います。

ほやの しげる
昭和七年生まれ。趣味が海外旅行・ロングステイで、世界六十五カ国を旅した。その体験談を全国、県内、市内各紙、JTBやその他の海外旅行誌などに寄稿している。現在は九冊目のパスポートを使用中。

『WiLL』（花田紀凱責任編集）二〇一六年三月号より転載

嘘と詭弁の韓国式交渉術

松木國俊
朝鮮問題研究家

「最終的かつ不可逆的解決」の文字が、新聞紙面で躍っていた。これで慰安婦問題に終止符が打たれた、と多くの日本人が「勘違い」してしまった。世論調査でも、日本国民の多数が日韓合意を支持している。

　しかし、こんな薄っぺらな「合意」で一体、何が解決したというのだろう。慰安婦の世界記憶遺産登録は引き続き民間団体が進めており、国際法違反の慰安婦像が相変わらず、ソウル日本大使館を睨《にら》んでいる。「日本軍の蛮行」を世界にアピールするための「慰安婦白書」も、予定どおり発刊されるという。解決どころか、冷静に分析すれば今回の合意は日本外交の「大敗北」なのだ。

　これまで韓国政府は、「元慰安婦が受け入れ、韓国民が納得する方法を提示せよ」と日本に迫っていた。政府として具体的な要求は出さず、元慰安婦や国民の判断に任せるという曖《あい》昧《まい》な態度に終始した真の理由は、慰安婦問題が本当に解決してしまうと韓国政府にとって都合が悪いからである。

　なぜなら、「慰安婦カード」は世界の外交舞台で日本より優位に立っための唯一のカードであり、使い方によっていくらでも日本から政治的譲歩や経済支援を引き出すことができる。大統領の支持率も上がる。過去、日本側がどんなに韓国に配慮してその要求を呑んでも「誠意が足りない」とイチャモンをつけてゴールポストを動かし、決して慰安婦問題を解決させなかったのはそのためなのだ。

では、なぜ今回、慰安婦問題で唐突に合意に至ったのだろうか。中国の膨張を抑えるという自国の国益のため、日韓を和解させたい米国から強力な圧力があったことは間違いない。さらにもう一つ、韓国側が合意を急いだ要因が考えられる。著書『帝国の慰安婦』で「日本軍と慰安婦は同志的関係にあった」と書いたことから、元慰安婦に刑事告訴された世宗《セジョン》大学・朴裕河《パクユハ》教授の初公判が今年の一月二十日に開かれることになった。

裁判の成り行き次第では、強制連行を否定する日本の言論が勢いを増し、総反撃を食う恐れがある。それどころか、政府見解と異なる慰安婦の実態を書いただけで大学教授が起訴されて裁判にかけられている事実が、産経新聞・加藤前ソウル支局長の場合と同様、「一方的言論弾圧」として世界から指弾されかねない。下手をすれば、これまで世界中に吹聴《ふいちょう》してきた慰安婦問題の存在そのものに世界が疑惑の目を向けるかもしれない。そうならないためには即刻、日本政府に「強制連行」を再確認させる必要がある。局長クラスの会談をだらだらと重ねている場合ではない。

慰安婦問題　日韓合意
政府の責任認定■首
韓国が財団　日本から10
「不可逆的解決」確認
日韓新時代 育む
日韓外相・共同記者発表（骨子）

朝日新聞2015年12月29日朝刊

韓国は一挙に勝負に出た

早急に手を打つ必要に迫られた朴《パク》槿恵《クネ》大統領は米国を宥《なだ》めつつ、「慰安婦カード」を今後も手放さないために「韓国流」の外交術を用いて一挙に勝負に出た。では、「韓国流」とは何か。それは、外交に「嘘と詭弁《きべん》」を持ち込むことである。

これは、韓国的思考方式によれば「知略」であり、「悪徳」ではない。とりあえず、嘘でも詭弁でも総動員して日本側が「強制連行」を認める形の合意に持ち込み、米国に対日改善をアピールしたうえで、朴政権にとって都合の悪い部分はすべて反故《ほご》にするつもりだろう。

それを裏づけるように二〇一五年十二月三十日、韓国外務省が「韓国は記憶遺産に慰安婦を申請しない」との日本政府見解を「事実無根」として一蹴。一月四日には「韓国は慰安婦像の移転について適切な処置をとる」という岸田外相の発言を否定し、在韓日本大使館員を呼びつけて強く抗議している。交渉過程で日本に示した「見せかけの譲歩」を、恫喝《どうかつ》と詭弁によって着々と取り消しているのだ。韓国側のシナリオどおりに事が進んでいる、と思わざるを得ない。

このような韓国側の交渉術に対して、日本側の対応はあまりにもお粗末だった。韓国側には早く合意に至りたい「焦り」があり、本来なら日本側に有利な交渉だったはずである。この機を捉《とら》えて、日韓間の補償問題は一九六五年の「日韓請求権・経済協力協定」によって完全かつ最終的に解決していることを明文化し、これを世界に向けて公表するよう韓国に迫るべきだった。

仮に韓国がこれを受諾すれば、一挙に慰安婦問題も徴用工問題も韓国の国内問題と化す。とっくの昔に日韓の間で解決済みとなれば、慰安婦像や碑の建設に狂奔《きょうほん》する韓国人を見る海外の人々の目も変わるだろう。逆に相手がこれを拒否すれば、席を蹴って交渉を決裂させ、韓国が正式な国際条約まで反故にする信用に値しない国であることを世界にアピールし、韓国に貶《おとし》められた日本の名誉回復を図ることができる。

日本があくまで筋を通して交渉すれば「お詫び」の必要もなく、日本の国益に沿った結果を出せたはずだ。

ところが、日本外交は韓国側の「嘘」と「甘言」に翻弄《ほんろう》され、またしても腰砕けして妥協し、いくつもの敗北を喫してしまった。

日本が得たものは何もない

敗北の一番目は、十億円を払って「慰安婦問題の最終解決」としたことだ。これでは、「日韓請求権・経済協力協定」でも最終解決していない「例外」があったことを日本政府が自ら認めたことになる。徴用工問題も例外であり、未解決だとする韓国の主張に根拠を与えてしまったのだ。これで、韓国の最高裁も日本企業への賠償命令を出しやすくなるだろう。

二番目の敗北は、「不可逆的解決」を謳《うた》って「今後、国際舞台で相互批判を慎む」としたことだ。これらを「日本が勝ち取った」と称賛する向きがあるが、とんでもない。合意直後の二十九日に、韓国政府当局者は慰安婦問題の不可逆的な解決は「相互的なものだ」と述べ、「日本側が謝罪と反省、責任痛感に反する行為を行った場合は合意違反になる」との見解を示している（十二月二十九日付、ソウル聯合ニュース）。

　ということは、合意後は政府間の議論は一切封印され、河野談話も村山談話も取り消し不能となり、日本政府が世界に向かって慰安婦問題の不当性を訴えることができない状態で「塩漬け」にされるということだ。

　そして最大の致命的敗北は、韓国の狙いどおりに「軍関与」を認め、「安倍首相のお詫び」を表明したことである。「軍関与」発言については「いい意味での軍関与はあった」と擁護する見方もあるが、それこそ外国人には「詭弁」にしか聞こえない。日本政府が「軍の関与」を認めて正式にお詫びをすれば、「二十万人を強制連行して『性奴隷』にした」ことが事実となって「日本人の有罪」が確定し、原爆を落とされて当然の野蛮民族に堕《お》ちる。それが国際社会の現実なのだ。

反日感情を甘く見るな

翻《ひるがえ》って、この合意で日本が得たものが何かあるだろうか。「これで韓国は今後、慰安婦問題を持ち出せないはずだ。日韓間の歴史問題は一段落した」という意見もある。

　しかし、韓国人の反日感情を甘く見てはいけない。幼稚園児の時代から、歴史を捻《ね》じ曲げた反日教育によって徹底的に「日本の蛮行」を叩き込まれている韓国人には、歴史問題で日本を「許す」気持ちなどさらさらない。それどころか、日本の過去を暴いて国際的地位を引きずり降ろし、一千年先まで世界から侮蔑《ぶべつ》される存在に貶めることで恨みを晴らそうとしているのだ。それこそが慰安婦問題の本質であり、これしきのことで矛を収めるはずがない。

　「軍関与」を認めたことで、「慰安婦カード」は日本政府の「お墨付き」となった。これからも「日本政府に誠意がない」と難癖を付けつつ、韓国政府も国民も慰安婦問題を際限なく蒸し返して日本を責め続けるだろう。

　保守派のなかには、膨張する中国という現実の国際情勢に対応するための長期的視野に立った安倍首相の「深謀遠慮《しんぼうえんりょ》」であると評価する人もいる。ちょっと待ってほしい。国際情勢とは常に流動的であり、今日の「正解」が明日の「不正解」となることは十分ある。まして十年先、二十年先のことが誰に分かるだろうか。

目先の国際情勢に対応するために祖先を貶め、日本人の名誉と誇りまでを取引材料にするのは明らかに一線を越している。それをやれば、日本人の名誉を取り戻すためにこれまで必死で闘ってきた内外の人々を後ろからバッサリ斬ることになる。そして私たちの子孫は未来永劫《みらいえいごう》、「性奴隷国家の子孫」として侮蔑され、屈辱に塗《まみ》れて生きていかざるをえない。長期的視野に立つならばこそ、絶対にやってはいけないことなのだ。

挽回はまだ可能

　以上のとおり、今回の合意は一方的な敗北である。しかし、決して諦めてはいけない。トップの政治家に日本人としての覚悟、そして少しばかりの知恵があれば挽回は可能である。「嘘と詭弁」の交渉術を逆手《さかて》に取り、正論を押し通して活路を開くのだ。

　まず、日本大使館前の慰安婦像を撤去するまでは絶対に金を出してはいけない。さらに慰安婦白書作成を取り止め、民間団体の慰安婦世界記憶遺産登録申請に反対を表明し、国内外での慰安婦像・碑の建設を中止させるよう韓国政府に要求しなければならない。

　同時に、「これらは合意の精神に基づく正当な要求である」と海外に発信して日本の正当性を世界に認めさせることだ。実は、これらの要求の一つでも実行すれば朴政権は一気に支持を失うことになり、実現困難である。しかし拒否すれば、韓国は誠意を疑われて信用を失墜し、「強制連行説」にも「?」がつくだろう。そこで日本は世界にこう宣言するのだ。

「強制連行はなかった。しかし、軍隊相手の売春はあった。これはかつて合法であり、世界のどの国の軍隊でもあったが、日本は女性の人権侵害と捉《とら》えて率先して謝罪した。人類の進歩のために、世界の国々も過去を直視し、日本に続いて謝罪することを切に希望する」

　安倍さん、ここが踏ん張りどころだ。子々孫々のために今度こそ、毅然と対応してほしい。

まつき くにとし
一九五〇年、熊本県生まれ。一九七三年、慶応義塾大学法学部政治学科卒業。同年、豊田通商株式会社入社。一九八〇年〜八四年、豊田通商ソウル事務所駐在。秘書室次長、機械部次長を経て二〇〇〇年、豊田通商退社。二〇〇一年、松木商事株式会社設立、代表取締役。現在に至る。日本会議東京本部調布支部副支部長、新しい歴史教科書をつくる会三多摩支部副支部長も務める。「慰安婦の真実」国民運動副幹事長。

日韓・通貨スワップ協定の愚

『Hanada』二〇一六年十二月号再録

青柳武彦
元国際大学教授・学術博士

発端は〝IMF危機〟

『Hanada』二〇一六年十一月号に、田村秀男氏の「日韓通貨スワップは百害あって一利なし」が掲載されたが、全く田村氏の書いたとおりである。本稿は、この通貨スワップ協定には、日・韓の輸出産業の競合問題もまた深くかかわっている点を追加して指摘したい。

この協定では、過去に日本の輸出産業が大打撃を被《こうむ》ったという苦い経験がある。それにもかかわらず、驚いたことに、日本側も協議を進めることを受け入れたという。

何ということだろう！

日本としては、国際収支にも外国為替にも何の問題もないので、他国と通貨スワップ協定を結ぶ必要性は全くない。日本の国際収支における経常収支の黒字は長期的にかつ安定的に推移してきているから、全く心配はないのだ。

二〇一五年の経常収支は黒字額が前年の六・三倍の十六兆六千四百十三億円を記録し、五年ぶりの高水準になった。その結果、日本の外貨準備高は平成二十八年（二〇一六）一月現在で一兆二千四百八十一億ドルの巨額に達しており、引き続き増加が見込まれている。

日韓・通貨スワップ協定の表立った目的は、アジア通貨危機を避けて両国経済の安定的成長を図るということになっている。しかし前述のとおり、日本にはそのようなニーズは全くないので、これは実質的に日本の韓国に対する一方的な経済支援に他ならない。

この通貨スワップ協定は、過去にどういう経緯で実施されるに至ったのか、一旦は終了したのになぜいまになってこの話が再燃してきたのか、また、日本は韓国の要請に応じる必要があるのかなどについて考察してみたい。

日韓・通貨スワップ協定のそもそもの発端は、二〇〇〇年五月にタイのチェンマイにおいて開催された第二回ASEANプラス3の蔵相会議において、アジア通貨危機を教訓として成立した「二国間通貨スワップ取極めのネットワークの構築などに関する合意」である。もちろん、目標としての申し合わせであるから義務ではない。協定を締結するのも終了させるのも当事国の任意であって、ASEANの了承を得る必要はない。

アジア通貨危機とは、主として米国のヘッジファンドによる通貨の空売りによって惹起《じやつき》され、一九九七年にタイを中心に始まったアジア諸国の急激な通貨下落である。タイ、インドネシア、韓国は経済に大きな打撃を受けてIMFの管理下に入った。

特に韓国はデフォルト寸前の状況にまで追い込まれていたので、国際格付け機関のムーディーズによって「A1」から「Baa2」にまで落とされてしまった。実際、現代《ヒユンダイ》グループなどに対して財閥解体まで行われたのである。韓国では、この経済危機を朝鮮戦争以来、最大の恥辱的な危機であるとして、現在でも〝IMF危機〟と呼んでいる。

日本でも、一九九七年の橋本龍太郎政権による消費税の増税と緊縮財政があり、それ以降、日本は慢性デフレにはまりこんで金融危機が始まった。記憶に焼き付いている長銀の国有化や日債銀の国有化などに繋がる一連の金融不安である。

当時の新古典派経済学や新自由主義的な考え方に毒された自民党から民主党に至る政権が有効な経済対策を打ち立てることができなかったこと、および白川方明《まさあき》日銀総裁（二〇〇八〜二〇一三）が病的なまでのインフレ警戒策で、金融政策に消極的であったことなどのために、日本経済が弱体化したものである。

この時期に、日本の財務省は通貨スワップによって韓国に信用と保証を与えることにより韓国のウォン安政策を助け、日本の円高の弊害を放置して日本の輸出産業を苦しめたのである。

通貨スワップ協定は、とりもなおさず日本銀行および日本政府が日本企業と熾烈《しれつ》な競合関係にあった韓国企業への資金供給を保証してやることに等しい。韓国政府は外貨準備の心配が減少するからウォン安政策を取って、韓国経済の中枢である輸出振興を安心して図ることができる。

その握手が日本経済をおかしくする（写真提供／共同通信社）

助けるような間柄か？

過去の実績では、通貨スワップ協定は韓国を利するばかりで競合関係にある日本の家電、半導体メーカー、電子機器メーカーなどの輸出産業に予想以上の大打撃を与えたという苦い経験しかない。

それでも、もし良好な関係を保つ友好国が相手であれば、その国の経済を助けるために実力相応の支援をしてやることは自国の安全保障にも繋がるので、積極的に協力する必要がある。ただしその場合でも、自国の産業に重大な影響が出ないようにしなければならないのは当然である。

韓国と日本はそのような間柄だろうか。この際、日本は通貨スワップ協定の復活は断固、断るべきである。ただしそうすると、韓国ウォンは信用不安から一時的に多少下がると思われるので、日本の輸出企業にとっては価格競争の面で若干、不利になる可能性はある。しかし、長期的に見れば韓国との輸出競争は有利に推移するはずなので、日本経済にとっては遥かに有利になるだろう。

韓国経済は輸出依存型の構造を持っている。輸出の対GNP比率は、一時は五〇％に迫るほどの世界一の水準にあった（ただし、香港やシンガポールなどの小規模国を除く。なお日本は一〇％前後で、内需依存型である）。そのために韓国は、大企業を中心とする輸出拡大を経済成長の推進力とする政策を取ってきていた。

二〇〇五年に締結された日韓・通

貨スワップ協定は、当初は百三十億ドルの規模だったが、二〇一一年十月に金額が七百億ドルへと五倍以上に拡大した。当時の為替レートでおよそ五兆五千億円もの巨額だ。韓国は、通貨スワップ協定の存在によって通貨暴落のリスクが軽減され、かつ対外短期債務（当時、一千三百六十億ドルに達していた）履行のための外貨資金の調達が容易になった。韓国は安心してウォン安を放置しておくことができるようになったのだ。

ウォンと円の為替相場は、二〇〇八年初頭を百とすると、二〇一二年頃には円の指数は約百四十と円高に推移し、韓国ウォンは約八十六とウォン安に推移してきた。二〇〇八年以来、ウォンが円に比してなんと約六〇％（！）も減価していたのである。こんなに大きな価格競争力の差は、日本企業としてとても技術力や企業の合理化努力などで埋められるものではなかった。そのおかげで韓国のサムスン電子や現代自動車の業績は隆々となった。

反面、日本の輸出産業は壊滅的な苦境に陥った。富士通は宮城、福島、鹿児島にあった三つの半導体工場を売却した。シャープは六千人規模の人員整理を行い、しかもかつて四千七百億円も投資した液晶テレビ用の亀山工場を含めて全液晶テレビ事業を台湾資本に売却せざるを得なくなった。かつて優良企業の見本であった東芝でさえも、損失隠しの不正経理問題で大揺れに揺れている。

日立製作所と日本電気のＤＲＡＭ事業部門が統合されて設立され、日の丸半導体メーカーとして世界に羽ばたくはずだったエルピーダメモリ社も、数々の支援策にもかかわらず、長年の赤字続きから脱却できなかった。負債額は五千億円近くに膨れ上がり、ついに二〇一二年二月に会社更生法を適用された。財務省と日銀に潰されたようなものだ。現在では、同社は世界的な半導体メーカーであるアメリカのマイクロン・テクノロジー社の完全子会社となっている。

日本政府は、この通貨スワップ協定のおかげで、日本の家電・電気通信機器メーカーが韓国メーカーとの輸出競争に負けて如何に壊滅的な打撃を受けたかを忘れたのであろうか。お人好しにもほどがある。

こういう状況のなかで、再度、日韓・通貨スワップ協定を復活させ、日韓間の輸出競争において再び日本企業を苦しめるが如きはすべきではない。

協定延長の検討→打ち切り

協定期間が終わりに近づいた二〇一三年に至って、韓国銀行（中央銀行）の金仲秀《キムジュンス》総裁は、「協定の延長が双方にとって利益になるなら延長しても良いはず」との見解を示した。内心は延長を強く望んでいたのだが、日本に頭を下げるのを良しとしなかったものと思われる。

これについて同年六月二十一日に菅義偉《すがよしひで》官房長官は冷静に、「韓国側があまり必要ないというのなら日本なりに判断する」と述べた。記者団が「日本側からは、積極的に延長する必要はないということか」と質問をしたが、菅官房長官は「日本はそう考えている」と述べた。その後、朴政権側からは「協定延長は不要」との声すらも出たのである。

結局、韓国からは延長の希望が寄せられなかったので、この協定は二〇一五年二月に打ち切られた。ただし、「将来、再度の必要が生じた場合には互いに適切に協力する」との条項がついているが、決まり文句の単なるコンプリメンタリー（形だけの）条項なので、もちろん拘束力はない。

実際の協定打ち切りの背景は、李《イ》明博《ミョンバク》大統領の突然の竹島上陸、非礼極まりない天皇陛下への謝罪要求、慰安婦問題に関する執拗な謝罪要求、産経新聞前ソウル支局長の韓国出国禁止問題、その他、諸々の問題のために日韓関係が悪化していた事情がある。さすがの韓国も、延長を希望して日本の好意にすがるのは具合が悪かったものだろう。

通貨スワップ協定終了を受けて、当時の韓国銀行の李柱烈《イジュヨル》総裁は「韓日通貨スワップ、延長の必要性は大きくない」との苦し紛れの見解を示した。それならそれで結構ではないか。

また、韓国の全国経済紙であるヘラルド経済は社説で、「準備は多ければ多いほど良いが、通貨スワップ協定を終えるにあたって惜しいことは何もない。韓国の外貨準備高（当時）は三千六百億ドルもあるので十分なうえ、流動性も悪くないからである。問題は、今回の決定は政治的葛藤に起因しているという点である。まず、日本の偏狭さを叱らないといけない」と述べた。

それまでの通貨スワップ協定への感謝の言葉もない。叱られるべきなのはどちらなのだろうか。

しかし協定終了後の韓国経済は案の定、ウォン高に伴って輸出競争力が低下し、成長率が低迷を続けた。さらに中国経済が失速しつつあるなかで、中国向け輸出に依存していた韓国経済は大きな打撃を受けた。なおかつ、アベノミクスで息を吹き返しつつある日本企業との価格競争でも劣勢に立たされた。

また日本が苦境に立つ

二〇一五年十月二十六日、日本の経団連と韓国の全国経済人連合会（全経連）との定期会合が経団連会館（東京都千代田区）で開催された。その折に、全経連の許昌秀《ホチャンス》会長が「米国の利上げ方針などで、世界の金融は不透明になっている」として、同年二月に終了したばかりの「日韓通貨スワップの再開」を求めた。

韓国の現代経済研究院が二〇一六年二月に発表した報告書「韓国と主要輸出国間の輸出競合度とシェア分析」によると、昨年、世界市場で韓国と最も激しく競い合った国は日本で、輸出競合度指数（数値が大きいと競合度が大きい）が五八・八ポイントもあり、最も高かった。

日本の輸出産業は、アベノミクスのおかげで円安が徐々に進んで自動車産業などの輸出産業は息を吹き返したが、家電・電気通信機器メーカーはその利益を十分に享受することができなかった。

輸出不振による損失が巨大であったこと、および円高対策を必死に行って生産拠点を海外に移転したところが多かったこと、これがマイナス要因になって降りかかってきたためである。必ずしも韓国企業との競争だけが打撃の原因ではなかったが、大きな要素であったことは間違いない。

本来ならば、政治は日本の産業と経済を全力をあげて護る必要があった。しかるに民主党政権時代の無為無策と、当時の日銀の度を過ぎた不況指向政策が傷を深くした。そのあとを引き継いだ自民党政権になってからも、財務省は「政治はできるだけ何もしないほうが良い」などという新古典派経済学や新自由主義的な考え方に毒されたままでいて、十分な支援策が取られていない。自民党内にも、執拗に安倍首相の経済政策の足を引っ張ろうとしている勢力がある。

もし通貨スワップ協定が再度締結されたら、韓国は再び必要な時にはかなりの額のウォンを、国際通貨である円と交換して対外債務を履行できるようになる。安全にウォン安政策をとることができるようになるから、韓国の自動車や家電などの輸出産業は再び大いに潤うことになるだろう。

反面、日本の輸出産業は再び苦境に陥ることになる。韓国からは「もはや日本は大国ではない」とまで言われているのだから、日本は急遽、方針転換をして、大国ぶった大甘の〝お人好し政策〟は直ちにやめ、必死になって日本の輸出産業を保護すべきだ。

全産業レベルで考えよ

これまでは、日本が韓国にいくら善意を示しても常に裏切られるだけであった。相変わらず日韓間の大きな問題であり続けている竹島問題(国際法を無視した李承晩ラインの結果だ)、虚構に満ちた慰安婦問題における執拗な日本批判、凄まじいばかりの反日教育等々を考えると、自国産業に打撃を与えてまで韓国経済を支援する理由は全くないと考えざるを得ない。

その後、慰安婦問題についての日韓合意の履行はどうなっているのか、日本大使館前の慰安婦像撤去はいつになるのか等について、通貨スワップ協定交渉の席上で日本側からひと言ぐらい訊いても良いのではないか、というのが日本国民の偽らざる心情だろう。

性格が悪い筆者などは、国際通貨問題は財務省の専管事項ではあるが、国際協調、事なかれ主義、友好と謝罪が大好きな外務省も一枚噛んでいるのではないか、と勘繰ってしまう。

輸出産業の振興は経産省の仕事だが、経産省は予算編成の関係で財務省に表立って盾を突きたくはない。だからこうした問題について、財務省に強硬に抗議をすることもしてこなかった。財務省は、経済・財務以外の分野については視野が狭いから、本件がいかに日本産業に打撃を与えてきたかなどということには無関心で、経産省の意見を聞こうとも思わないようだ。

財務省は「財政再建、財政再建」と唱えてアベノミクスの足を引っ張ることばかり考えていないで、全産業分野における影響を幅広く視野に入れて政策を考えるべきだ。

あおやぎ たけひこ
一九五八年、東京大学経済学部卒、伊藤忠商事㈱に入社。一九八五〜九六年、日本テレマティーク㈱の社長、会長。一九九五〜二〇〇六年、国際大学グローコム副所長・教授。二〇〇六〜二〇一六年、同客員教授。著書に『情報化時代のプライバシー研究』『個人情報「過」保護が日本を破壊する』『サイバー監視社会』他多数。

『WiLL』（花田紀凱責任編集）二〇一三年十一月号より転載

日本人技術者が決意の内部告発

砂上の楼閣 サムスンの“突然死”は近い！

高村忠美
元サムスン電子社員

1 サムスンに学んではならない

米国インターブランド社の調査によると、二〇一二年のグローバルブランド価値評価ランキングでサムスンは九位にランクインし、十位のトヨタを上回った。

二〇一三年七月五日の日本経済新聞は、「サムスンの4～6月、営業最高益更新　スマホ好調で」と題して、サムスンの好調さを伝えている。書店に足を運べば、『サムスンの強み』『世界一速いサムスンの決定力』『サムスンの人材育成術』といったサムスン礼賛《らいさん》本が目につく。

他方で、いまサムスンの経営に対して、「何かおかしい」といった疑問の声が上がり始めていることも事実だ。現に、最高益を更新しているはずのサムスン株を、外国人投資家は売りに動いている。

ところが、このような事実は日本のマスコミではほとんど報道されない。いわば、日本だけがいまだに「サムスンに学べ」という報道を垂れ流していると言っても過言ではない。

サムスンは本当に一流企業なのだろうか。サムスンの製品は安心して使える品質の高い製品なのだろうか。

本稿は、この疑問の検証を試みるものである。と同時に、日本人技術者にとって、サムスンが働くに値する職場なのかどうかも検証したい。

サムスン本社とサムスンの李健熙会長

私自身も、日本企業の旧態依然とした経営に幻滅し、希望を持ってサムスンに入社した。技術者として虚《きょ》心坦懐《しんたんかい》に仕事を始め、少しでも日韓友好の架け橋になることができれば、との思いもあった。韓国には同じアジア人として、科学技術を発展させ、繁栄してほしいと心から望んだ。しかし、甘かった。その淡い理想が失望へと変わるのに時間はかからなかった。

韓国に技術援助することで、日韓友好の架け橋になろうなどという考えは必ず裏切られる。そしていま、サムスンで実際に働いた者としてこれだけは断言できる。

「サムスンの突然死は近い」と。

スマートフォンが爆発炎上

サムスン財閥の業態を俯瞰《ふかん》してみると、サムスン電子が圧倒的に大きな存在であり、サムスンＳＤＩ、サムスン重工、サムスン電機などのグループ企業は、売上規模で見てサムスン電子より一桁下か、それ以下の規模である。そこで、サムスン電子の業態に絞ってみることにする。

サムスン電子で現在、成功している事業はスマートフォン事業である。二〇一二年は営業利益の約半分、二〇一三年になってからは約七〇％を占める存在になっている。

スマートフォン事業の現状を見てみよう。

二〇一三年八月十四日、米調査会社ガートナーの発表によれば、二〇一三年第二、四半期（四〜六月）のGALAXYシリーズの販売台数は、ワールドワイドで七千百三十八万台、アップルのiPhoneの三千百八十九万台に対して二倍以上の差をつけ、世界で最も売れているスマートフォンとされている。

スマートフォン事業に軸足を移す前には、サムスンが薄型テレビの覇権を日本企業から奪ったのも記憶に新しい。現在では黒字とまではいかないが、依然として世界の市場を制覇していることはたしかだ。冷蔵庫、洗濯機、掃除機など、サムスン製の家電製品が世界の家電量販店を席巻《せっけん》しているのも事実だろう。薄型テレビが普及する前に遡《さかのぼ》ると、半導体メモリが業績を支えていた時代もある。

しかし、ここに挙げたサムスン電子の事業や製品群には、半導体メモリを除けば、ある共通点がある。それは、組み立て品に過ぎないという点である。部品を他から買ってきて組み立て、出荷する。サムスンは組み立て、つまりアセンブリをやっているに過ぎない。

それでは、サムスンのアセンブリ技術の水準は高いのかどうか。米国では、二〇〇六年から二〇〇八年までにサムスン電子が販売したテレビ七百万台以上で、突然消えたり、正常にスイッチが入らなかったりする不具合が生じ、集団訴訟に発展した。コンデンサを定格電圧ぎりぎりで使い、しかも放熱設計が杜撰《ずさん》で、温度上昇のために寿命が短くなったのではないかと言われている。

二〇〇九年には冷蔵庫が爆発する事故が相次ぎ、リコール台数は韓国で二十一万台、欧州販売分を加えると四十万台に達した。二〇一三年にはニュージーランドやオーストラリアで、洗濯機による火災事故が発生、報告されているだけで十五件確認され、リコール対象はニュージーランドで三万六千台、オーストラリアで十五万台とされている。

また、前述した主力事業のスマートフォンGALAXYシリーズでも、バッテリー起因とみられる爆発炎上が頻発している。二〇一三年七月下旬には、香港でGALAXY S4が爆発し、家が全焼する事故に発展。同じく七月上旬には、スイスでサムスン製スマートフォンが炎上し、使用者の女性が火傷《やけど》を負う事故が発生し、五月には米国でもＧＡＬＡＸＹ Ｓ３が爆発炎上した。

　このように、サムスンのアセンブリ技術は総じてレベルが低く、その製品も安心して使える良質なものだとはとても言えない。

　基幹部品にしてもサムスンの強みはほとんどなく、日本から輸入しなければ成り立たない。これは、他の韓国企業にも当てはまる。したがって、韓国の対日貿易は基幹部品の輸入によって常に赤字である。円換算すると、二〇一〇年は約二兆八千億円、二〇一一年は約二兆五千億円の赤字だった。二〇一三年五月一日の朝鮮日報は、「液晶パネル大国・韓国、重要部品の国産化率ゼロ」と題して、重要部品や素材の国産化率の低さを嘆いている。

　他方、日本の基幹部品の性能と品質、コスト競争力は世界最高水準を保持している。よく日本の一部メディアなどでは、「サムスンの業績不振は日本経済にも影響を及ぼす」と報じられるが、そんなことはない。スマートフォンの部品を例にとれば、たとえサムスンが傾いても、米国のアップルや、台湾を拠点とするスマートフォン・携帯情報端末（ＰＤＡ）メーカーのＨＴＣに売ればよいだけの話だ。液晶パネルや家電部品についても、同様のことが言える。逆に、日本の部品がなければ韓国企業は成り立たない。

頻発する労災事故

　韓国人の技術レベルの低さは、様々なところに影響を及ぼしている。

　韓国では、橋やビルの倒壊も珍しくないが、エレクトロニクス企業においても、インフラの手抜き施工が次々に重大事故を招いている。

　二〇一三年一月二十七日午後一時三十分頃、京畿道《キョンギド》（道は日本の県に相当する行政単位）にあるサムスン電子ファソン工場でフッ酸漏出事故が発生し、配管の補修作業に入った作業員のうち一人が死亡、四人が負傷。気化したフッ化水素の住宅地への拡散が懸念された。

　重大な労災事故だが、サムスン電子は事故発生から約二十五時間経過した二十八日午後二時四十二分頃になってようやく、京畿道に電話で事故発生を通知した。

　サムスン電子の事故処理対応は極めて杜撰で、一月三十日付の朝鮮日報によると、現場検証に訪れた警察と消防の立ち入りを、情報セキュリティを理由に拒否し、警察は一時間、消防は四十分にわたって待機させられたとまで言われている(後日、カーナビゲーションの設定ミスなどにより警察と消防の到着が遅れただけで、サムスンは入門を拒否していないという説が出るなど情報が錯綜)。

当初、サムスン側は「サムスン電子の工場内でフッ酸が漏れたのは初めて」と説明した。ところが、同工場では二〇一〇年九月十三日にも、作業員がフッ酸を浴びる事故が発生していたことが明らかになった(朝鮮日報、二〇一三年一月二十九日)。

さらに、同工場では一月の死亡事故発生後、二〇一三年五月一日にも三たび、フッ酸漏出事故を起こし、作業員三人が病院に搬送された。

フッ酸とは、フッ化水素(分子記号・HF)の水溶液であり、正式呼称はフッ化水素酸である。濃フッ酸は、皮膚に付着すると激しい痛みを感じ、皮膚の内部および骨まで浸透腐食する。また、気化したフッ化水素は鼻の粘膜、気道、肺などの呼吸器系や眼にも損傷を与える。

希フッ酸の場合は、皮膚に付着しても刺激を感じない場合が多々ある。この場合でも、刺激を感じないからといって治療せずに放置すると、数時間後に皮膚の奥深くまで浸透し、骨の腐食が始まる。骨の腐食に至ってから自覚症状を感じて治療を受けることになるが、この時点ではすでに重篤《じゅうとく》な状態である。

フッ酸はことほど左様に毒性が強く、厄介な性質を持つ化学物質だが、半導体工場では広く一般的に使用されている。その理由は、現在の半導体材料の主流がシリコンであることが挙げられる。フッ酸はシリコン酸化物を溶かすが、シリコンを溶かさないという選択的な化学的性質を持ち、製造プロセスで多用しなければならず、代替できる化学薬品がほとんどないのだ。

フッ酸の化学的性質と、毒性および万が一付着した場合の処置は、あまねく全世界の半導体工場において、全社員に徹底して教育したうえで使用されている。フッ酸を貯蔵したり、使用する設備が厳しく管理されていることは言うまでもない。

サムスン電子ファソン工場の場合、設備管理が杜撰で、社員教育もまったくできていないことが明らかになったが、この他にも韓国では化学物質の流出、爆発事故が相次いで起こっている。日本ならグループ企業も含め、社全体が操業停止に追い込まれるほどの大事故である。

事故内容を社員が知らない

サムスンでは、すべての事務所に

約三〜五メートル間隔で天井から液晶テレビが吊り下げる形で備え付けられており、毎朝二十分ほどテレビ放映がなされる。部署によっては、朝礼も同じ時間帯に行われる。

　本来なら全社員に情報を共有させる場のはずが、テレビ放映や朝礼の内容は、国際家電見本市に出展した話題や、決算が過去最高の営業利益を記録したこと、スマートフォンが良く売れていることなど、ほぼ全てが自画自賛の内容だ。たとえ労災事故が起こっても、事故の事実や状況や安全教育の再徹底などが行われることはない。事故の内容を当のサムスン社員が知らず、ニュースを見て初めて知ったり、人づてに噂を辿って現場の状況を少しずつ知るという笑えない現実がある。

　このようなサムスンの実態は、日本のメディアでは報じられることはない。誤解と偏見に満ちた情報により、「日本がサムスンに学ぶ」などということがあってはならない。

韓国で最近起こった化学物質の流出・爆発事故

日　付	事故内容
2012年9月27日	慶尚北道産業団地でフッ化水素流出
10月31日	全羅南道霊厳産業団地で化学物質爆発
2013年 1月12日	慶尚北道尚州産業団地で塩酸流出
1月15日	忠清北道清州産業団地でフッ化水素流出
1月27日	京畿道華城のサムスン電子でフッ化水素流出
3月2日	慶尚北道亀尾のLGシルトロンで混合物質流出
3月14日	全羅南道麗水大林産業の化学工場爆発
3月22日	忠清北道清州のSKハイニックスで塩酸流出
3月22日	慶尚北道亀尾のLGシルトロンで混合物質流出
4月5日	京畿道安山産業団地で塩酸流出
5月1日	京畿道華城のサムスン電子でフッ化水素流出

相次ぐ参入失敗

　日本で誤解されていることはまだある。韓国や中国は、コストの安い国だというのがそれである。サムスンのコストは決して安くない。その主な理由は、人件費が上がってきたこと、従業員がだらだらと仕事をしていて労働生産性が低いこと、良品率が低く、不良品がたくさん製造されてしまってコストを押し上げること、などが挙げられる。

　サムスンでは、ＬＥＤ（発光ダイオード）や太陽光パネル事業の大幅縮小が始まっている。二〇一二年二月八日の京郷新聞は、サムスン、ＬＧがＬＥＤ事業で大赤字を出していることを伝えた。同じく二〇一二年二月の京郷新聞で、サムスンＳＤＩが太陽電池事業の売却先を探しているというニュースが報じられた。サムスン電子からサムスンＳＤＩに移管されて拡大するとのことだったが、中国の太陽光パネル大手であるサンテックでさえ、二〇一三年三月に倒産するような市場環境のなか、サムスンの太陽電池事業は厳しい状況に置かれている。

サムスンはX線CT装置などの医療機器分野にも進出を試みているが、うまくいっていない。韓国では、長距離鉄道向けに導入した自動改札機が、切符が詰まるなどのトラブル続きで廃棄され、六十億ウォン（約六億円）の投資が無駄になったが、この自動改札機のメーカーもサムスンだった。半導体事業も、メモリ製品以外は参入失敗が相次いでいる。他社製品のコピーしかできないことと、コストが高いことが原因である。

サムスン製のSSD（記憶媒体としてフラッシュメモリを用いるドライブ装置）は、寿命が大変短く、想定される使用負荷に対してマージン（維持すべき最低性能を割り込むまでの劣化時間の余裕）がないことが知られている。スマートフォンが爆発炎上し、家電製品が次々に火を噴くのは前述のとおりである。このようなトラブルが多い製品は、ユーザーにとって「安物買いの銭失い」となる。つまり、サムスン製品は結果的にも「コストが高くつく」のだ。

日本人の評論家のなかには、日本企業はコストが高いという「神話」を撒《ま》き散らしている者がいるが、決してそんなことはない。過去十五年あまり、多数の日本企業が、中国や韓国のコストを安いと誤解して日本国内の事業を小さくし、若年層の人件費を切り下げ、支出を削減するためにリストラ以外は何もしないことを志向し、縮小再生産の経営を実践してきた。つまり、デフレに拍車をかけてきた。その結果、日本市場も日本メーカーも荒廃した。

しかし日本は、サムスン、LGのコストを無用に恐れる必要はない。縮小再生産のデフレ経営を実践してきた社内評論家層を一掃することが先決である。さらに、日本は地域間格差と世代間格差が大きいため、地方で若年層を中心に雇えば、中国や韓国より低コストの事業場ができる。中国や韓国が「安い」時代は、とっくに終わった。

二〇一三年五月二十一日の読売新聞は、米国製造業で中国生産から国内生産に回帰する動きが強まっていることを伝えた。ミネアポリスでゴム製部品工場を営む副社長の話として、「貧弱な品質管理に加え、高騰する中国の賃金や輸送費が重荷となった。結局、『米国内で製造してもコストに大差はない』状態にまでなり、4年前に外注解消を決断した」と報じている。米国と中国のコスト差は「ほとんどない」のだ。

二〇一三年八月二十一日の産経新

猛毒のフッ酸が流出する事故があったサムスン電子ファソン工場　（写真提供／共同通信社）

聞は、「〝中国撤退セミナー〟盛況リスク顕在化…考え直す企業増える」と報じた。同じく、二〇一三年八月二十三日のJ―CASTニュースは、「尖閣暴動で日系企業の事業意欲減退　中国『撤退セミナー』も盛況」と報じている。

品質が悪く、値段も高い

カントリーリスクとコストのアンバランスについては、中国とほぼ同様のことが韓国にも言える。

中韓の共通点は、インフラが貧弱であり、基盤がないことだ。したがって、海外から人材ごと移植した技術が、一時的にはうまく行っても根付かないのである。外国人の技術者が辞めてしまえば、元《もと》の木阿弥《もくあみ》になる。化学薬品の流出や、爆発炎上事故が相次ぐのは必然である。

さらに、見かけの経済が発展したように見えても国民の大半が貧困なままであり、内需が育たない点も中韓の共通点だ。その結果、企業会計のインフレと国内経済のデフレが同時進行し、制御不能なスタグフレーションに陥《おちい》っている。このような国ではまともな技術者は育たないし、国内市場も成長しない。

ちなみに、韓国の量販店で売っている家電製品は、日本より品質が悪く、値段も高い。二〇一二年末からウォン・ドルレートがほとんど変動しない一方で、円が対ドルで安くなったため、ウォン・円レートは結果的に円安方向に動いた。家電製品の価格は、極端な円高水準の環境では同等だったが、円高が是正されたいまでは割高になった。サムスンが栄えるほど、韓国は貧困化している。

2 こうして決まるサムスン入社

近年、日本のエレクトロニクスメーカーの経営崩壊に伴い、サムスングループに職を求める日本人技術者が増加を続けている。私もその一人だった。ここ一〜二年で三十代、四十代の日本人の雇用が増えているのが特徴だ。

日本のエレクトロニクスメーカーが総崩れとなり、三十代から早期退職を適用されるようになったことが関係していると思われる。

サムスンのグループ企業の採用活動は、各法人ごとにバラバラに行われている。一人で複数社にエントリーし、合否を各社ごとに受け取る人もいるのが実態だ。

採用活動はバラバラに行っているが、韓国側の法人は対日本人技術者向けのリクルーターを日本に常駐させる場合があり、駐在員向けに日本法人の事務所が貸し出されることもある。

サムスンの海外駐在リクルーターは、営業職と同様に数値ノルマが厳しく、一年間に外国人を何人雇用するかというノルマで管理されている。そのため、ノルマ未達成の可能性が出てくると、リクルーターは誰でもいいから雇ってしまえという、なりふり構わぬ数合わせをやる。かき集めて雇った外国人のなかには、レベルの低い技術者も当然、含まれてしまう。数値目標が自己目的化した大躍進政策と化している。

日本駐在のリクルーターは、韓国法人の役員級や人事担当者の日程と応募者の日程を調整し、面接を設定する。面接は通常二回、韓国や日本で行われるが、日程調整は迅速で柔軟だ。航空便もリクルーターが手配する。二回の面接日程がとれない場合、一回分を電話インタビューで済ませる場合もある。

会話は通常、英語でなされる。駐在員や役員級や人事担当者の英会話力は、流暢《りゅうちょう》とまではいかないが日本人の平均レベルより高い。しかし、ネイティブ・イングリッシュとは根本的に違う、アジア人の英語である。

採用決定後も安心できない

韓国法人での採用が決まると、雇用契約書を交わす。雇用形態は、期限付きのものもあれば日本的なサラリーマン雇用もあるなど、多様だ。多くの日本人技術者の給与水準は日本の一流企業の取締役クラスを除き、日本で働いていたときと比べて減りはしないが、増えもしない。

雇用契約書にサインすると、就労ビザの発給申請に進む。ビザ発給手続きは、会社側に必要書類を提出すれば会社側がほとんど代行してくれる。就労ビザが下りると、韓国領事館に二度足を運び、就労ビザを受け取る必要がある。採用決定から就労ビザ受け取りまで、約二カ月が目安となる。

日数のロスがなければ一カ月以内で処理できるのだが、サムスンは社内の連携が悪く、事務処理がいたるところで止まって放置されることがしばしばある。したがって、たとえ採用が決定されたあとも、サムスンから連絡がない場合は、こちらから担当者に時候の挨拶などを入れて、それとなく確認する必要がある。

それでも、就労ビザ発給までの日数は、米国に比べれば圧倒的に早い。それだけ、韓国全体が、外国人技術者に対する敷居を下げておかないと成り立たない国だということを自覚しているのかもしれない。

引越しと入居の手続き

サムスングループに雇用されている外国人の数は、韓国人社員も把握していないほど膨大な人数に上る。サムスン電子の半導体事業に限れば、従業員数約三万人に対して、外国人は約三百人。外国人比率は一%。日本人がもっとも多く、次いでアメリカ人、中国人、インド人と続く。近年では日本以外の外国人雇用者も増加傾向にあるので、必ずしも日本人が多数派とは言えなくなる日も近いかもしれない。

住居は、アパートの一室を会社が借り上げ、家賃はサムスンが負担する。韓国でアパートと呼ぶのは、日本の高層マンションのようなものだ。部屋は日本に比べれば広めで、バルコニーを含めて百㎡前後のゆったりした間取りになっている。韓国では一室を広めにとる分、建物を高層化し、少なくとも二十階建かそれ以上にして室数を確保している。家具、テレビ、家電製品（冷蔵庫、洗濯機、掃除機、エアコン）など、生活に必要な最低限のものは会社側が揃えてくれる。パソコンやインターネット、電話などは個人負担で準備する。

日本から韓国のアパートへの引越しと入居の手続きや日程調整も、会社に支援してもらえる。特に不動産関係は、英語も日本語もできない韓国人が運営している場合が多いため、個人だけでは契約交渉が難しい。

アパートが建っている住宅地は、明洞《ミョンドン》や東大門《トンデムン》のような観光地ではない。そのため、周辺の商店やスーパーマーケットでも、英語や日本語は通じないことが多い。在留日本人は、日本語が通じる居酒屋などを教えあい、行きつけの店にしている。

3 初公開・サムスンでの一日

ここからは、サムスンでの一日と業務内容を明らかにする。

朝六時起床。簡易な朝食を急いでとり、六時半〜七時頃、最寄りの停留所からシャトルバスに乗る。

シャトルバスはサムスンが社員の送迎用に運転しており、サムスンが保有するバスと、サムスン側が観光会社のバスをチャーターして運転する便とが混在している。ソウル市内やソウル近郊の住宅地をくまなくカバーし、通勤する社員を乗せて事業場へ向かう。

サムスン電子のスウォン（水原）事業場は約二万八千人が勤務し、五百台以上のバスが運転されている。フッ酸漏出事故があったファソン（華城）事業場をはじめ他の事業場でも二百〜三百台程度、サムスングループ全社では、三百四十あまりの路線に一千七百台以上のバスを運行している。

社員証がＩＣカードになっており、バスに乗車する際、読み取り機にかざす。会社のチャーターバスなので、交通費はかからない。ＩＣにより乗車人数がカウントされており、データに従って混雑均一化のため、路線ごとの運転本数の割当てが変更される場合がある。

バスを降りた従業員たちは、事業場の出入り口に向かう。すべての出入り口には、空港の保安検査と同等の厳しいセキュリティチェック体制が敷かれている。ただし、事業場を出る際には厳しいチェックを受けるが、入る際のチェックは比較的緩い。

事業場内には、デジタルカメラやカメラ付き携帯電話などの撮影機器、ＵＳＢメモリ、ＳＤメモリ、ＣＤ―ＲＯＭなどのデジタルメディアの持ち込みは全て禁止。ノートパソコンやタブレットパソコンも持ち込み禁止となっている。

入場する前に警備員から、カメラ付き携帯電話のレンズやＳＤカードの挿入口に封印シールが貼られ、電子辞書などもＳＤカードの挿入口がある場合は同様に封印シールが貼ら

通勤時に混雑するバスターミナル

れる。携帯電話は、事業場内では電話機能の使用のみ認められる。警備員がセキュリティに関係するかどうか判断できない物品に関しては、丸ごと不透明なビニール袋に入れて封印シールが貼られる。

事業場内で封印シールを剝がしたり、ビニール袋を破るなどして退場しようとした場合、セキュリティ違反とみなされて解雇される。ノートパソコンやタブレットパソコンなど、封印シールや封印ビニール袋で対処できないような電子機器を持参した際は、その場で廃棄を命じられることもある。

警備員によるセキュリティ対策が終わると、自動改札のようなICカード読み取り機に社員証をかざし、ゲートが開いたら入場する。これも、出勤時よりも退勤時のほうがより厳密に行われる(退勤する際のセキュリティチェックについては後述する)。

創造性に乏しい働き方

事務所に入るまでにはさらに一、二回、ICカード読み取り機に社員証をかざしてゲートを通る。事務所に入った時刻がオンラインで管理され、出勤時刻として記録される。勤務時間に算入されるためには事業場のなかに入るだけではダメで、事務所のICカードゲートを通らなければならない。自分の事務所から出て、事業場内の他の建物で時間をつぶして仕事をしない社員が現れるので、これを管理する目的のようだ。

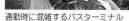

サムスンにもフレックスタイム制は存在するが、一般に日本企業が一カ月単位で勤務時間を集計するのに対し、サムスンでは一日単位で集計される。つまり、一日最低八時間の就業時間が必要で、昼休みが自動的に一時間差し引かれるため、出勤してから退勤するまでの九時間は必ず事務所にいなければならない。

標準勤務時間は朝八時から夕方五時までの九時間。フレックスタイム制が適用される社員(外国人社員は全員適用。韓国人社員も、いわゆるホワイトカラーなら適用）は、たとえば朝十時から夜七時までというように時間帯を移動することができる。九時間を下回ると就業時間不足と判断され、減給などのペナルティが課せられる。

日本ではフレックスタイム制というと、「自由で創造性豊かな働き方」とのイメージが強いが、サムスンでは必ず九時間はオフィスにいなければならないため、創造性豊かな働き方には程遠い。

残業は、部署や仕事のフェーズによって違う。たとえば、加工プロセスの条件出しを仕事とする部署は、恒常的に残業時間が長い。宴会が終わったあと、事務所に戻って仕事をする者もいる。開発部門では、特定のプロジェクトの追い込み時期だけ忙しい部署もある。

結論を先に述べると、朝鮮人の労働生産性は極めて低い。日本で常態化しているサービス残業を考慮してもなお、単位時間当たりの生産性は日本のほうが高いだろう。

コピー用紙持ち出しで解雇

夕方五時を過ぎると、帰宅ラッシュが始まる。ICカード読み取り機に社員証をかざして、事務所を出る。

事業場の出入口を出るときはまず、コピー用紙の持ち出しチェックゲートを通る。コピー用紙（プリンタ用紙も共通）を一枚でも持ち出そうとすると、紙に埋め込んであるICチップがセンサーに感知され、警報が鳴る。警報が鳴ると、警備員の身体検査を受けなければならない。

もしコピー用紙の持ち出しが発見されると、印刷内容によっては解雇される。メモ用紙に使ったコピー用紙をうっかり所持していて、印刷内容の重要性が低いことが明らかな場合は身体検査のうえ、紙を没収されて済む場合もある。

次に、空港の保安検査と同様に、カバンをX線検査装置にかける。X線検査では、カバンのなかにUSBメモリ、SDメモリ、CD－ROM、DVD－ROMなどの電子媒体、その他ドキュメント類などが入っていないか厳密にチェックされる。

デジタルメディアの持ち出しチェックは特に厳しい。USBメモリやSDメモリが発見されたら、中身のデータが白紙であっても解雇となる。したがって、たとえば休日に電気店で買ったデジタルメディアをカバンやポケットに入れたまま忘れて行動し、うっかりゲートを出ようとしても、見つかれば解雇される。デジタルメディアの持ち運びは致命的になるため、ゲートを通過するときには持ち物に十分注意しなければならない。

　一部の日本人の間で、情報セキュリティチェックによって解雇にならないよう、戒めとして語り継がれている有名なエピソードがある。

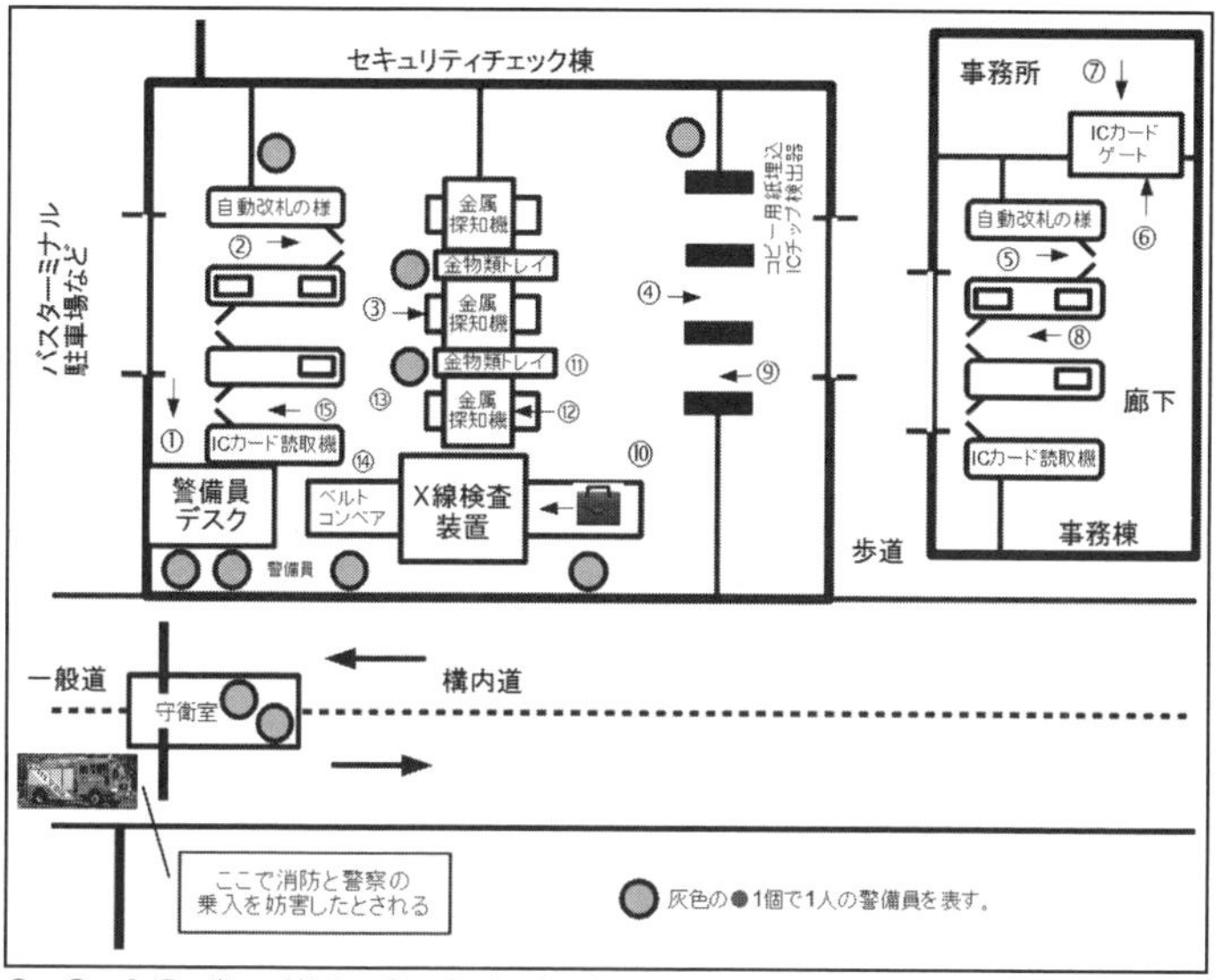

①〜⑥：入場の際の手続き　⑦〜⑮：退場の際の手続き

　AさんとBさんという仲の悪い社員がいた。ある日、Bさんは事業場にUSBメモリを持ち込んだ。持ち込みに対するチェック体制は比較的緩いため、割と容易に持ち込むことはできる。Bさんは、持ち込んだUSBメモリをこっそりAさんのカバンに入れた。そのことを知らないAさんは、退勤のときにセキュリティチェックを受け、カバンのなかからUSBメモリを発見されてしまった。

　調査の結果、Bさんが悪意をもってAさんを陥《おとしい》れるため、カバンにこっそりUSBメモリを入れた事実が判明した。しかし、結果的にBさんだけでなく、Aさんまでも解雇されてしまった。デジタルメディアの持ち出しに関するセキュリティの厳しさを物語っている。

　デジタルメディア以外のドキュメント類はどうか。手帳程度なら問題ないが、専門書や論文集、学会の予稿集（論文の要約だけを抜き出して、持ち運び可能な分量の冊子にしたもの。学会などで配布される）などになってくると、社内機密の持ち出しと間違われる恐れがある。世界の主な専門誌（たとえば、米国物理学協会〈American Institute of Physics、AIP〉、米国電気電子学会〈The Institute of Electrical and Electronics Engineers、IEEE〉、欧州エルゼビア社の論文データベース）は全社でライセンスを取得しているため、WEBで無料アクセスできる。しかし、論文をプリントアウトして自宅に持ち帰って読むことはできない。

繰り返すが、英語も日本語もできない警備員には、公知文献と機密資料を分別する能力はない。無用なトラブルや解雇の危険を避けるため、専門書や論文集、予稿集などは職場に持ち込まず、持ち出さないのが賢明だ。

カバンをX線検査にかけたら、今度は金属探知機を通る。金属探知機を通る前に、財布や鍵など、金属製のものや携帯電話はトレイに出す。携帯電話の内蔵カメラや、SDメモリ挿入口に貼った封印シールが剝がれていないかを入念にチェックされる。金属探知機を通る際、ベルトのバックルなどが反応する場合がある。警備員が金属探知機の反応が大きいと判断したら、携帯式の金属探知機で全身を舐め回すようにチェックする。

すべてのチェックが終了すると、ICカード読み取り機に社員証をかざし、ゲートが開けばようやく退勤できる。

社外とのメールは全件監視

このような異常に厳しいセキュリティチェックは原則として、サムスングループ全社で行われている。一見すれば、会社の機密を守っているように見えるかもしれないが、その反面、社外からの技術の吸収を妨げている。

全世界で、グーグルなどの特殊な会社を除いて技術者は一般に、学会やシンポジウムや研究会に出向き、他社や大学などから発表される公知情報を入手し、議論し、持ち帰って考え、自社の技術に活かしていく。どこかでギブ・アンド・テイクをしないと、自社の能力だけで成長できるエレクトロニクス企業などない。

学会やシンポジウムや研究会に出席すると、論文集や予稿集が配られることが多い。そういったものが、CD—ROMに電子データとして焼き付けて配布されるようになって十年以上が経った。そういった公知文献を、サムスンでは事業場に持ち込むことは可能だが、事業場から持ち出すことは絶対にできない。

いったん職場に持ち込んだ文献を持ち出せなくなってしまうと、休日に自宅で論文を読みたいと思ってもできなくなる。社外の知人から、公知文献の範囲内で問い合わせを受けることがあっても対応できない。

社外とのメールは全件監視されているため、文献をメールで送ることもできない。社内から社外に送る場合だけでなく、社外から着信したメールも厳しく監督される。つまり、技術者は公知文献を二度と持ち出せなくなることを恐れて、その公知文献を職場に持ち込まなくなる。職場で公知文献に書かれた技術を活用できないため、新たな技術開発やイノベーションの期待はできない。

私の知人の日本人は、手持ちの冊子類のほとんどを専門の印刷屋に出して複製してもらい、複製した膨大な資料を熱心に事務所に持ち込んでいた（コピー費用などは自己負担）。しかし、せっかく技術情報を持ち込んでも、韓国人はそれを活用して学習しようとはしないし、事業にも結びつかないため、彼は徐々に熱意を失っていった。韓国人技術者だけでなく、日本人技術者の多くも、ついには「この会社はどうせレベルが低いし、仕事もこの程度でいいや」と妥協し、惰性で仕事をするようになる。

全社員を一律泥棒扱い

入口のセキュリティチェックを終えて事務所の席につくと、多くの企業と同様、まずパソコンの電源を入れる。パソコンが立ち上がると、情報セキュリティ関連の注意事項がくどくど書かれた認証画面が表示される。

日本人向けの画面には「明かさず、語らず、ばらさない＝ＡＫＢ」などという標語とイラストが表示される。ＩＤとパスワードを入れ、認証が完了してデスクトップが開くと、まずグループウェアを起動する。グループウェアは内製品で全社統一されているが、エラーが多く使い勝手も悪い。

メールと当日および一週間ほど先までの予定表のチェックは必須である。ほとんどのメールが韓国語で入ってくるが、判読できない外国人技術者は無視するしかない。他方で、英語で届くメールは件数が少ないため全件をチェックするのが望ましい。重要な用件は英語でも展開されるからだ。

社内のメール交換はそれほど神経質になる必要はないが、前述したように、社外とのやりとりは監視部署によって全てチェックされている。特に添付ファイルつきのメールは警戒され、チェックは厳重だ。疑いを掛けられたり余計なトラブルを防ぐためにも、社内外を往来するメールは送信しないのが賢明となる。

電子メールが全件検閲されていることを含め、日本人社員は日本企業にはない、強い監視下に置かれていることを自覚しながら仕事している。厳しい監視体制は北朝鮮と同質だ。日本のマスコミでは、「日本企業のセキュリティは脆弱《ぜいじゃく》だから、サムスンの強固なセキュリティを学ぶべきだ」という意見もあるが、異常ともいえる強固なセキュリティの背景には、サムスンの社風というよりも、韓国という国自体に「他人を信用しない」という民族性がある。

アメリカの大手半導体メーカーから転職してきた技術者も、サムスンの異常なまでの監視体制に「私は信頼されていない。ショックだ」と漏らしていた。特に、個人として自立している欧米の技術者はそう感じるだろう。欧米は契約社会を基本とし、法治主義である。契約や法律を破ればどれだけ不都合があり、人生が狂うか、一人前の技術者は誰でも知っている。

サムスンのセキュリティチェック体制は、欧米の技術者に対して「あなたは技術者として一人前ではなく、公知情報と機密情報を区別する判断能力もないバカなので、警備員があなたの代わりに検査します」と言っているようなものだ。まともな技術者は、人格を傷つけられ、人間として精神的なショックを受ける。

逆に言えば、韓国人技術者はそれだけ信頼に値せず、自立しておらず、契約や法律を破り、判断能力に欠けるとも言える。

サムスンのセキュリティチェック体制を、ある日本人コンサルタントに話したところ、「泥棒ほど自宅の戸締りを厳しくする」という言葉が返ってきた。まさに言い得て妙だ。サムスンは全社員を信用することができないばかりか、一律泥棒扱いしないとやっていけない会社なのだ。

現地には、日本人従業員によって構成されている「日本人会」がいくつかあり、サムスン電子ファソン工場の場合、キフン工場と合わせて数十人の会員で構成されている。他の事業場や他のグループ会社でも、それぞれ日本人会が作られている。

新しく日本人が入社すると、日本人会の内部で情報交換が行われ、情報セキュリティの厳しさと解雇条件が強調される。私の場合も、入社初日に同じ部署の日本人から説明を受けた。さらに、日本人会のなかで電子メールが展開され、日本人の社員が増えたことを知らせると同時に、セキュリティチェック体制その他の注意喚起がなされる。

情報セキュリティ以外に厳しいのは、給与や待遇を一切言ってはいけないことだ。たとえ日本人同士でも、話したことが分かると解雇される。雇用形態や給与が人それぞれに大幅に違うことから、不公平感を生まないようにする配慮と見られている。

特許出願のノルマ

話を一日の業務に戻そう。メールの確認を終えると、それぞれの業務に取りかかる。私のいた部署は約五十人で、日本人従業員が四、五人。特にノルマのようなものはなかったが、部署として特許出願のノルマが課せられていた。しかし、開発内容は十～十五年前に市場リリースされた既存技術の移植ばかりだったため、特許出願に値する新規性のあるアイデアはほとんど出てこず、苦戦していた。

日常業務は主に韓国語で行われる。会議には通訳なしで参加せざるを得ないため、外国人雇用者はみな半強制的に週三回、午後五時過ぎから二時間にわたって行われる韓国語講座の受講を義務付けられる。講師は語学専門学校から派遣され、韓国語しか話さない。

実際には英語も日本語も中国語もできる講師が多いのだが、私が聞いた講師の話によると、韓国語しかしゃべらないように、と会社から指示を受けているとのことだった。

韓国は儒教の国であるため、年齢による序列が大変厳しい。誕生日が一カ月違いでも、早いほうが目上になる。私は部署のなかで技術者として年長だったため、他の韓国人従業員たちは私によく接してくれた。

4 韓国人技術者のレベルの低さ

だが、サムスンで働いてなによりも驚いたのが、技術者のレベルの低さである。

たとえば、半導体デバイスの試作品の歩留《ぶど》まり(製造ラインで生産される製品から不良製品を引いたものの割合)を見ても、製造ラインごとに明らかな差がある。同等の製品ロットを流動しても、日本人が立ち上げたラインでは歩留まりが高い、つまり不良発生率が低いが、韓国人が立ち上げたラインでは歩留まりが低い、すなわち不良発生率が高いといったことが日常的に発生する。

韓国人が立ち上げたラインは基礎データが集積されていないことが多く、歩留まりが低くてもその原因が分からないのが特徴だ。「測定してみると、実はパーティクル（空気中のゴミ〈埃・塵〉）が多かった」などということが、ずっとあとになってからボロボロ出てくる。こういうところに、韓国人のケンチャナヨ精神（日本語では「構わない・心配ない・大丈夫だ」といったニュアンスで、韓国人の国民性を表す言葉として使われる）が発揮されている。

　二〇一二年十月四日の東亜日報は、有機ＥＬテレビの歩留まりが一〜二％と報じている。良く見積もっても、二台の良品を製造するために九十八台のスクラップを出していることになる。

　現場で仕事に従事して分かったが、不良が発生しても、韓国人は何らかの幸運が起こって奇跡的に直る日まで、ひたすら多数のロットを流し続けようとする。不良品を解析して原因を突き止め、対策を立てようとはしない。

　本来、設計技術者にとって、設計技術と問題箇所を見つけるデバッグ能力（システムの不具合を検証し、訂正する能力）を出し切ることが要求されるのが不良解析だ。不良解析ができるかどうかで技術者の質が決まると言っても過言ではない。不良解析には、技術者のあらゆる叡智《えいち》が必要となる。

　たとえば、リーク電流が流れる不良、つまり漏電が発生したとしよう。まず、リーク電流はどのような経路を流れているのか、技術者はいくつかの電流経路を想定する。次に、それぞれの電流経路ごとに不良メカニズムを想定する。そして、どの想定が当たっているか確かめるため、不良解析装置にかけて傍証を積み上げ、より確からしい想定を選んでいく。

　様々な不良モードと不良メカニズムを想定し、想定のなかからどれが当たっているか仮説を立て、検証を繰り返して不良メカニズムを突き止めていく。不良原因を突き止めたら、その不良を回避するような対策を打つ。文章にすれば数行だが、技術者の資質が最も問われる非常に重要な作業である。しかし、韓国人はこういった作業の入り口で思考停止状態に陥ってしまう。

「不良解析装置を購入して対策を講じるべきだ」と進言しても、私の部署で聞く耳を持つ者はいなかった。不良解析装置に興味を示さない。ケンチャナヨの一言で済ませてしまう。

技術をバカにし切っている

　そもそも不良解析という以前に、韓国人技術者は、製品の評価すらまともにできない。たとえば、滑らかな曲線のデータが出るはずのところで、ギザギザの測定データを平気で出してくる。「こんなのは測定ミスに違いない。きちんと調べて測定し直して下さい」と言っても聞く耳を持たず、逆に「自分はミスなどしていない」と言い張って何日も議論するはめになる。よく調べてみると、パラメータアナライザ（電流・電圧特性計測装置）の測定端子を間違え、小電流端子で測るべきところを大電流端子に接続して測っていた、などということがしばしばある。

日本人の技術者なら、せいぜい大学の卒業研究や修士レベルがやる初歩的な失敗で、企業の技術者ではまずやらない。このようなミスを韓国では三十、四十代の技術者が平気でやらかす。その分、製品開発は遅れ、対策を取らないため、ひたすら無駄な日々が過ぎていく。

発光解析などの不良解析装置も、会社の規模の割には台数が非常に少ない。サムスンが公表している決算どおりなら（この点は疑わしいので後述する）、業績は好調であり、予算を付けられるはずだが、なぜか台数を増やす気もない。もし不良解析装置の台数を増やしても、韓国人技術者のレベルでは使いこなせないだろうが……。

私が技術者として断言できるのは、ケンチャナヨ精神が根底にある韓国人には部品製造は向いていないということである。韓国人には技術というものを身につけ、自分のものにし、次世代の製品を自分の力で開発していくという気概が全く感じられない。「他の技術を真似て（パクッて）使えばいいではないか」という、どこか技術を軽んじ、技術を馬鹿にし切っているところがある。

韓国人は、技術はそっくりそのまま模造し（デッドコピー）、あとはひたすら流出を防ぐ行動に終始する。韓国人で技術者と呼ぶに値する人は滅多にいない。歴史的に見ても、韓国ならではの技術など存在した時代はなかった。

これまでサムスンの好調さを牽引してきた事業は、すべて日本人技術者によってなされてきた。初期の立ち上げにかかわった日本人技術者が退職し、その後、同じ製品を韓国人技術者が作り続けると必ず不良率が上がる。サムスンは日本人なしでは成り立たない。実際にサムスンで働いてみて、そのことがよくわかった。

サムスンの部品事業では、DRAM（半導体記憶素子の一つ）とフラッシュメモリという、半導体メモリ製品が伝統的に強いとされているが、これも日本人が立ち上げた製造ラインで生産するか、韓国人が立ち上げた製造ラインで生産するかによって品質のばらつきが非常に大きい。

当然、前者のほうが品質が高く、後者は粗悪品である。サムスン製メモリの品質についてユーザーから極端に異なった二つの意見が出てくるのは、こういった事情によるものと考えられる。

5 不可解な〝過去最高益〟

技術水準の低さに加え、サムスンではいま、営業利益が過去最高を更新する一方で、経営に関して矛盾する不可解な現象が起きている。

二〇一二年一月十七日、サムスングループは、設備投資と研究開発費などの投資総額を、円換算で約三兆二千億円とする計画を発表した。このうち、半導体設備投資は約一兆円とされ、この投資規模はインテルとほぼ同額、TSMCの二倍以上とされた。欧州のユーロ危機がまだ落ち着いていなかった当時、「不況のときこそ積極的に投資して競合他社を引き離す」戦略と見られていた。

はたして、サムスンが二〇一三年一月二十五日に発表した二〇一二年通期決算は、営業利益が前期比八五・七％増の二十九兆五百億ウォン（約二兆四千五百億円）と過去最高、売上高も過去最高の二百一兆一千億ウォン（約十七兆円）を記録した。

営業利益のうち半分以上の十九兆四千四百億ウォンは、スマートフォンとタブレット端末の販売増加によってもたらされたとされる。IT・モバイル部門が業績を牽引する形になってはいるが、半導体事業も四兆ウォン、ディスプレイ事業も三兆ウォンの営業利益を出した。

二〇一三年に入ってもサムスンの〝快進撃〟は留まるところを知らず、二〇一三年一～三月の第一、四半期決算は、営業利益が前年同期比五四％増の八兆八千億ウォンとなった。サムスンの業績は絶好調である。

ところが、かくも業績絶好調で不況のときこそ投資するサムスンにあって不可思議なことが起こっている。

二〇一二年七～九月期の設備投資額が四兆五千億ウォンに留まり、一～三月期の七兆七千億ウォン、四～六月期の六兆二千億ウォンを大幅に下回って急ブレーキがかかったことが、二〇一二年十一月十八日の聯合ニュースによって報じられた。

二〇一二年九月十九日の京郷新聞は、サムスンが二〇一三年の半導体設備投資を、二〇一二年の水準から半減させると報じた。

二〇一三年に入って、社内では投資案件のキャンセルが相次いでいる。製造設備への投資さえキャンセルされているのだから、不良解析設備に資金が回る望みはない。このため、技術者は不良解析を経験することなく、技術者として永遠に成長せずに終わるだろう。

なりふり構わぬ出張旅費の削減など、支出削減も続いている。韓国人社員のボーナスは二〇一三年に入ってから、IT・モバイル部門を除いて大幅削減された。

過去最高の業績を更新し続けている企業が投資を次々とキャンセルし、社員のボーナスも激減させているのはなぜなのか。さらに冒頭でも触れたように、いまや外国人投資家がサムスン株の売りに走っている。摩訶《まか》不思議な〝絶好調〟である。

「サムスン栄えて国滅ぶ」

リーマンショックから一年後の二〇〇九年十月十四日の朝鮮日報は、姜《カン》万洙《マンス》国家競争力強化委員長が、「サムスン電子、現代《ヒュンダイ》自動車が過去最高の業績を挙げたというが、為替《かわせ》効果と財政出動効果を差し引けば、創業以来最大の赤字だ」と指摘したと報じた。

サムスンや現代、起亜《キア》など、ごく一部の大企業が政府から事実上の補助金を受け取っているという見方は、韓国国民の間でも根強い。「サムスン栄えて国滅ぶ」を地で行っているのだ。国家も国民もボロボロになりながら、サムスンを支えている。

しかし、国家が丸ごと破綻《はたん》する日は近い。国民の貧困化が進行し、国家の存続が危うくなっている点で、北朝鮮と韓国は同じである。

日本にはまだ、独自の製品を開発する活力のある企業が残っている。そういった企業の一部に、韓国を見習って有形無形の「資産」を削《そ》ぎ落とそうとする動きがある。まさに自滅をめざす経営であり、狂気の沙汰としか言いようがない。

一部のマスコミやコンサルタントなどが、「アジアに成長著しい理想的な資本主義国家があり、それは韓国である」という歪曲《わいきょく》した情報を垂れ流しているため、鵜呑《うの》みにしてしまう日本人も少なくない。そのような誤った情報に流されるのはもうやめなければならない。

サムスンをはじめとした韓国企業は、インフラと人材が出来上がっておらず、砂上《さじょう》の楼閣《ろうかく》である。いま日本に求められることは、サムスンを反面教師として日本型経営に立ち帰ることである。

たかむら ただよし
国立大学工学部を卒業後、エレクトロニクスメーカーに勤務。主に開発設計に従事。日本企業の閉塞感に耐え切れず、サムスン電子に転職。そこで韓国の実態を知る。

『WiLL』（花田紀凱責任編集）二〇一二年十二月号より転載

韓国メディアが報じた韓国の呆れた情報80

❶放火事件簿

夫婦げんかで父親が家に放火

元朝鮮日報論説顧問・李圭泰《イキュテ》氏『韓国人の情緒構造』には、「一九二〇年代の新聞によると、『自家放火』の事件が多い。いくら腹が立つと言っても、自分の家に火をつけるほど『カッ』となる民族は韓国人の他にないかもしれない」「追い込まれると自虐的な方向で怒りを表す」とある。

一九二〇年代に限らない。二十一世紀に入った今日でも、韓国では「そんな理由で?」と思うような放火事件が相次いでいる。ここ一年ほどの間に起こった放火事件を中心に、いくつか列挙すると——。

・夢破れたが、有名になりたくて東《トン》大門《デムン》に放火
・家出した妻を取り戻すため、妻の姉の家に放火
・彼女が電話に出ないので放火
・泥棒の濡れ衣を着せられ放火
・カーナビを盗もうと思ったらナビがついていない車だったので放火
・同居女性の帰りが遅いので自宅に放火
・息子が反省しないので自宅に放火
・十四歳の少年がチキンを買ってもらえず、自宅マンションに放火
・性行為を断られて放火

ソウル市内では、火事十件のうち一件が放火事件だという。あまりに怒りの沸点が低いように思えるが、「怒りのあまり放火」という動機は市民権を得ているようだ。

〈仁川《インチョン》の小学五年生の生徒が友人からのいじめに我慢出来ず、学校の教室に火をつけ、教室一部屋が全焼する事件が発生した〉

〈警察の調査の結果、A少年は友達

に「豚の臭いがして汚い」と冷やかされたことに腹を立て、このような事件を起こした事が分かった。警察はA少年を少年部に送致する予定だ〉（NEWSIS、二〇一二年六月十一日）

〈怒りは家庭内暴力の背後にも潜む。夫婦げんかの最中、自分の怒りを抑えられなかった父親は家に放火し、KAIST（韓国科学技術院）に通う息子、妻、そして自分の命まで奪ってしまった〉

〈これから私たちは怒りの原因や結果、そして調節法を綿密に研究すべきだ。リストラに関しては該当する会社に、独島《ドクト》においては日本政治に思い切り怒ればよい〉（中央日報、二〇一一年八月二十三日）

「日本政府に思い切り怒る」と、靖國神社や日本大使館への放火事件に繋がりかねない。いい迷惑だ。

❷ああ後進国
なぜ日の丸に噛みつくのか

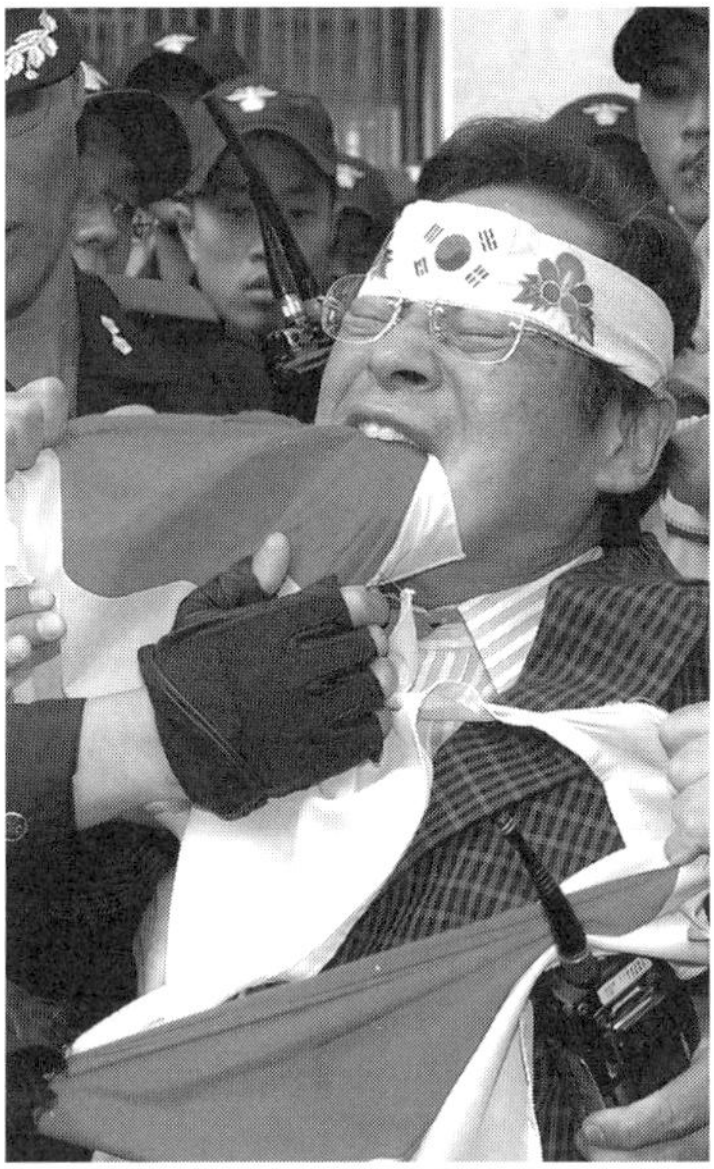

国旗に噛みついてどうするの？
（写真提供／AFP＝時事）

二〇一二年九月二十五日、朝鮮日報がまさかの見出しを報じた。

〈外国国旗の冒瀆〉

上記写真のような日本国旗の損壊行為をついに改める気になったのかと思いきや、内容はこう続く。あまりに酷いので、長いが一部を引用する。

〈今年六月末と七月末、日本の右翼団体が反韓デモを行い、太極旗（韓国の国旗）を踏みにじった。韓日国交断絶を主張し、新宿まで行進した末、太極旗を破り、踏み付けたのだ。

デモ隊は太極旗の四方に配された四卦（しけ＝易占いで用いられる基本図で、黒い長い棒と、中央の途切れた二つの短い棒で構成される）をゴキブリのように描き、韓国人を虫のように見下した。さらに太極模様（赤と青の部分）を「ペプシコーラ」と嘲弄《ちょうろう》した。極右派は23日にも旭日昇天旗を掲げ、ゴキブリの描かれた太極旗を踏みながら行進した。

一六〇〇年代のキリスト教弾圧を描いた日本の小説『沈黙』は、侍たちがキリストの肖像画を足で踏む「踏み絵」の様子を描写した。侍たちは、キリストの肖像画を踏まないキリシタンを、その場で打ち首にしたという。他人を踏み付けることに快感を覚える加虐本能が、日本人の遺伝子のなかにいまなお流れているのだろうか。
　国と国の間に争いがあったとしても、相手が大切にしている価値を蔑《ないがし》ろにしないというのは、必ず守るべき最後の一線だ。日本文化には以前から猟奇的、怪奇的な要素が多かったが、それにしても最近の日本列島はついに巨大な虫に変化し始めたかのようだ〉
　盗人猛々《ぬすっとたけだけ》しいとはこのことだ。
　たとえば、韓国国会での乱闘騒ぎは何度も報じられている。
〈（採決の）過程で統合反対派の数十人は壇の前で椅子を投げるなど、激しく抗議した。さらに双方の間で殴り合いも起こるなど、激しいもみ合いが随所で発生した〉（朝鮮日報、二〇一一年十二月十二日）
〈韓米自由貿易協定（ＦＴＡ）批准《ひじゅん》同意案の上程に反対し、国会事務総長室のテーブルの上で飛び跳ね、職員らに暴行を加えた容疑で起訴された姜基甲《カンギカプ》民主労働党（現：統合進歩党）議員の上告審で、大法院（最高裁判所に相当）2部（イ・サンフン裁判長）は罰金３００万ウォン（約20万円）を言い渡した2審判決を支持した〉朝鮮日報、二〇一一年十二月二十三日）
　過去にはこんなこともあった。
〈ハンマーとチェーンソーが乱舞した国会は国際的な恥を晒《さら》した。
　米ニューヨーク・タイムズ、英ＢＢＣ放送、中国新華社通信など世界の主要メディアの電子版は19日、韓国国会での韓米自由貿易協定（ＦＴＡ）批准同意案上程をめぐって起きた議員らの衝突の様子を写真入りで大きく報道した。英日刊紙のスコッツマンは、「秩序の点数は0点、これが韓国議員が見せた拒否の方法」と皮肉った見出しをつけ、与野党の醜態を非難した。
　米ロサンゼルス・タイムズは、ハンマーを持って国会外交通商統一委員会の議場に入る野党側と、消火器をまいてこれを阻止しようとする与党関係者らのもみ合いの様子を大きく報じた。「韓国スタイルの政治」（Politics' South-Korea Style）という副見出しがつけられたこの記事で同紙は、双方が激しくもみ合う写真10点を掲載した〉（中央日報、二〇〇八年十二月二十日）
　そこで、ついに対策が打たれることに。
〈任期を1カ月ほど残した第18代国会が24日、「もみ合い防止法」という国会法改正案を処理する予定だ。多数党の職権上程要件を制限し、野党が合法的に反対を表明する議事進行妨害（フィリバスター）発言制を導入し、秩序を破壊する議員は懲戒するというのが核心だ。
（中略）昨年の予算案通過当時、民主労働党（現統合進歩党）の金先東《キムソンドン》議員が催涙弾《さいるいだん》を炸裂《さくれつ》させた〉（中央日報、二〇一二年四月十九日、社説）

議員がこれでは、国民に「暴れるな」とは言えないだろう。

❸性犯罪共和国

各国は韓国での強姦に警報

韓国は言わずと知れた性犯罪大国である。つい先日には、幼い子供を布団ごと連れ去り、強姦して放置するという衝撃的な事件が韓国国内を震撼させた。韓国では挙げればきりがないほど、凄惨《せいさん》な性犯罪が多発している。

〈性暴力犯人が3年間で33％も増えたことが分かった。国会法制司法委員会の盧喆來《ノチョルレ》議員（未来希望連帯）によると、全国の一線検察庁で捜査を受けた性犯罪者は昨年２万１１１６人で、07年（１万５８１９人）に比べて33・５％増えた〉（中央日報、二〇一一年九月二十日）

人口五千万人が日本の半分であることを考えれば、性犯罪率の高さが分かる。経済協力開発機構（ＯＥＣＤ）三十四カ国と北アイルランド・スコットランドを含めて凶悪犯罪を比較した結果、韓国は三十四カ国のうち殺人は六番目、強姦は十一番目（ちなみに日本は殺人三十三番目、強姦は三十四番目）である。

二〇一二年に限っても、韓国紙は社説（！）で性犯罪に関する話題を頻繁に扱っている。見出しを紹介しよう。

〈性的暴行と論文盗作疑惑議員の処分で試練のセヌリ党〉（朝鮮日報、四月十六日）
〈性暴力を軽く見る判事たち〉（朝鮮日報、四月三十日）
〈その夜も警察は現れなかった〉（性暴行の通報を無視）（中央日報、六月二十四日）
〈性犯罪の前科者には警察の圧迫監視が必要〉（朝鮮日報、七月二十四日）
〈児童対象性犯罪に無防備な社会、どうするつもりなのか〉（東亜日報、七月二十四日）
〈高齢者の性犯罪、これ以上放置してはならない〉（中央日報、七月三十一日）
〈獣以下の性的暴行犯、重刑で隔離せよ〉（朝鮮日報、九月一日）
〈「性犯罪者との戦争」を宣言せよ〉（中央日報、九月二日）

〈性犯罪対策、2番煎じ3番煎じで済ませようとするな〉(東亜日報、九月四日)

〈性犯罪教師、教壇に残してはならない〉(中央日報、九月二十日)

事件解説から警察への要望、さらには再犯防止の厳罰を迫るものまでバラエティに富んでいる。

このような状況を韓国の女性は、〈性暴行事件が発生したというニュースが続くと、韓国は〝性犯罪共和国〟ではないかという気がする〉(中央日報、二〇一一年九月二十日)とコメントしているほどだ。

〝宮刑〟を復活せよ

知的障害者や精神病者に対する性犯罪事件、幼い子供に対する事件や連続強姦事件なども多発。「九年間で百回の性的暴行」に及んでいたケースもあった。

また、再犯率も高いため、性犯罪者に対する情報開示やさらなる厳罰を求める声も強い。一〇年には「性犯罪者〝お知らせe〟(www.sexoffender.go.kr)」という、犯罪者の写真、身体情報などを含む身元情報を確認できるサイトがオープン。韓国当局は電子足輪をつけての位置追跡や、性衝動を抑えるための薬物を投じる「化学的去勢」はこれまでにも行ってきたが、費用と効果の面で限界がある。そこでついには、「物理的去勢」を求める声が国会で上がった。

〈宮刑《きゅうけい》を復活させようという主張が21世紀の韓国国会から出た。セヌリ党のパク・インスク議員ら国会議員19人が一昨日発議した「性暴行犯罪者の外科的治療に関する法律案」は現代版宮刑を法制化しようという主張と変わらない。

常習的性暴行犯罪者で更生やリハビリを期待できず、再犯の危険が高いと認められる人に対して外科的治療、すなわち物理的去勢を実施しようというものだ。

性衝動を起こす男性ホルモンであるテストステロンを生成する睾丸《こうがん》を除去することにより、性障害者にしてしまおうというものだ〉(中央日報、二〇一二年九月九日)

記事は〈前近代的身体刑の復活で、身体の自由を明示した憲法違反だ〉と結ばれてはいるが、実現したほうがいいかもしれない。

一方、諸外国は自国民に対し、韓国旅行に際して「強姦に注意せよ」と警鐘《けいしょう》を鳴らしている。

〈英国の外交部サイト(www.fco.gov.uk)は、「韓国の犯罪発生率は低いが、ソウルと釜山(プサン)などの主要都市のスリ、ハンドバッグ強奪、性暴行強姦、ホテル強盗、住居犯罪率は非常に高いレベル」とし、「梨泰《イテ》院《ウォン》や大型ショッピングセンターのようなところで所持品の保管と安全に特に注意する必要があり、強姦事故がソウルだけでなく、他の地域でも継続報告されている」と明らかにした。

カナダの外交部ホームページ(www.voyage.gc.ca)は、「最近、韓国のカナダ人と他の外国人を対象とした性暴行、強姦が続いて起こっている」とし、「修理や配達員を装った犯人に強姦と性的暴行を受けている」と紹介した。

米国国務省のサイト(travel.state.gov)は、「アメリカ人が梨泰院や、他の大都市の市場の地域で犯罪の標的となることが分かった。ソウル繁華街での強姦も最近増加している」と警告した〉(聯合ニュース、二〇〇九年二月十六日)

海外からも「強姦大国」と警戒される韓国。怖ろしいことに子供たちですら、被害者だけでなく加害者にもなる。

〈直近６年間で、小・中・高校生が加害者となった性的暴行やわいせつ事件は１１４１件に上った。(中略)今年は７月までに３５４件発生しており(中略)このまま推移すると、小・中・高校生による性的暴行や猥《わい》褻《せつ》行為は、０７年からの６年間で、９・３倍に増えることになる〉(朝鮮日報、二〇一二年十月五日)

❹ノーベル賞
今年もやっぱりダメだった

二〇一二年も韓国は、自然科学部門でノーベル賞を取ることができなかった。十月の発表前には、〈いまはもうノーベル賞受賞に向かって〉と題する社説まで掲載されていたのだが……。

〈ノーベル賞受賞自体が韓国科学界の目標になることはないが、韓国の経済力や国力を他国と比較してみても、いまはもう韓国の科学者がこれを手にする時期に来ている〉(中央日報、二〇一二年六月一日)

だが、ご存知のとおり、韓国人研究者は受賞ならず。そのうえ、生物学賞を日本人の山中伸弥教授が受賞したのだから、韓国人の腹の虫は収まらない。

そこで、こんな話題が飛びだす。

〈わが国の生命科学研究者が、ノーベル生理学・医学賞受賞者を２年続けざまに正確に当てて話題になっている〉(コリアメディケア、二〇一二年十月八日)

必死にノーベル賞受賞者との接点を探す努力が哀れだ。

〈今年のノーベル化学賞の受賞が決まった米デューク大学のロバート・レフコウィッツ教授の研究陣に、韓国人科学者2人が含まれていることが分かり、話題になっている。

2人はアン・スンゴル教授と夫人のキム・ジヒ博士だ。

夫人のキム博士はソウル大学で博士号を取得後、米国に渡り、レフコウィッツ教授のもと専任研究員として活躍している〉（中央日報、二〇一二年十月十一日）

翌日には、〈ノーベル賞科学者の裏に……韓国人の隠れた汗〉と題する記事も掲載。立派なことではあるが、「隠れた汗」よりもノーベル賞が欲しいのが韓国人の本音だろう。

悔し紛れにこんな記事も。

〈今年のノーベル生理学・医学賞で共同受賞した英国ケンブリッジ大学のジョン・B・ガードン教授（79）はカエルのクローンに初めて成功した科学者であり、京都大学の山中伸弥教授（50）は皮膚細胞を胚性幹細《はいせいかん》胞（ES細胞）に似た人工多能性幹細胞（iPS細胞）にする方法を初めて開発した研究者だ。

科学者たちは、2人の間を繋いだものは、かつて韓国が世界で最も進んでいると錯覚していた「クローンES細胞」だったと言う〉

〈ガードン教授のカエルを使ったクローン技術は哺乳《ほにゅう》動物のクローンへと繋がり、黄禹錫《ファンウソク》博士は2004年に動物クローン技術を用いて世界で初めてヒトの皮膚細胞でクローンES細胞を作ったと発表した。韓国政府は黄教授に多額の研究費を与え、世界中の学者からは共同研究の提案が相次いだ。

しかし、黄教授の論文捏造《ねつぞう》が明らかになると、クローンES細胞研究は科学界のタブーになった〉

〈山中教授の研究はクローンES細胞に代わるものとして登場した。（中略）韓国の「黄禹錫ブーム」を羨ましく思っていた日本は、山中教授に50億円を上回る研究費を投入、世界の幹細胞研究をリードした。その一方で、黄教授の研究捏造が発覚し、「黄禹錫ショック」に陥った韓国では幹細胞研究への投資が米国の30分の1、日本の5分の1に落ち込んだ〉（朝鮮日報、二〇一二年十月十日）

「羨ましく思っていた」という表現に、韓国人の素直な心境が読み取れる。

だが、運はともかく、環境は全く整っていないようだ。

〈「米国のような先進国で働く機会があれば、この地を離れたい」。韓国国内の科学者10人に7人（72％）が吐露する心情だ。

今回の調査で、「韓国の科学技術政策についてどう思うか」という質問に対し、「非常によくない」（在米24%、国内37%）または「よくない」（在米43%、国内42%）という回答が多かった。国内外の科学者の7割以上が、韓国の科学技術政策を否定的に考えているということだ。

最近、国内スター科学者3人が相次いで自殺したのも、こうした現実と無関係ではないと、科学界はみている〉（中央日報、二〇一二年九月十八日）

整形してこの程度　（写真提供／AP／アフロ）

ノーベル賞は遥かに遠い。

❺整形大国
韓国女性、二人に一人は整形

韓国は言わずと知れた整形大国で、芸能人の「整形告白」も珍しくない。一体、どれほどの人々が整形を施しているのか。

〈韓国女性、二人に一人は整形⁉〉と題された記事では、記者と大韓整形外科医師会に所属する専門医六人が、観察調査を行っている。

〈調査場所に選んだのは、中産層以上の主婦らが多く住むソウル市江南区のA百貨店の食料品売り場、さまざまな階層が混在するソウル市恩平《ウンピョン》区のBディスカウントストアの食料品売り場、そして20代が多く集まる名門大学の中央図書館入り口だ。（中略）これら4カ所でそれぞれ2回ずつ、2カ月間にわたり調査を行った結果、調査対象者1800人中836人が整形していると推定された。およそ10人に4人（46%）という計算になる〉

〈ユン医師は、「大学入学前に瞼《まぶた》を二重《ふたえ》にする手術を受け、長期休暇中に追加で鼻を高くしたり、目頭や目尻の手術を受ける学生が多い。最近では、輪郭手術や脂肪吸引手術を受ける大学生も増えている」と語った〉（朝鮮日報、二〇〇九年十二月二十二日）

見出しに違わぬ人数の整形女性たちが、ソウル市内を闊歩《かっぽ》していることになる。

韓国人が施す整形は目や鼻はもちろんだが、他に韓国人特有の箇所があるという。

〈両顎手術は、1960年代にスイスで顔の奇形を治療するために開発された。韓国では、80年代から歯科で受け口の手術として行われている。（中略）「韓国人の下唇から下顎先端までの標準的な長さは約48ミリだが、これより長い受け口の人が多い」と説明した〉

〈このような両顎手術ブームは、アジアでも韓国だけの奇妙な現象だといわれている〉（朝鮮日報、二〇一二年十月一日）

これほどまでの美の追求は、「不細工は徹底して差別される」「ブスでは就職できない」という社会背景があるから。

〈「性の商品化」を批判する声にある程度頷くが、極端に目くじらを立てることではないとみる。（中略）男性が美女を、女性が美男を羨望するのは生存欲求の次に強力な性欲、すなわち種族保存の本能と相対しているので「頭」だけで裁断するのは無理だ〉（中央日報、二〇一二年七月二十七日）

整形も政治家の務め

こういう考えだから、整形の波は政界にも進出していく。

〈整形も政治家の務め!?〉と題する記事。

〈若々しく、力強い印象を与える眉のアートメークは、政治家の間ですでに一般化している。国会常任委員長を務める与党のA議員、今年議員職を失ったB前議員も、眉のアートメークをしていた。ハンナラ党のある議員は「眉のアートメークをした人は10人を超える」と話している〉（朝鮮日報、二〇一一年九月二十一日）

〈政治家の整形は、韓国の政界でも当たり前のこととなった。盧武鉉《ノムヒョン》前大統領夫妻が2005年、老化により瞼が垂れ下がったため、二重瞼にする手術を受けた。キム・ヒョッキュ氏、李基明《イギミョン》氏をはじめとする側近たちも、相次いで二重瞼にする手術を受けた。

李明博《イミョンバク》大統領がソウル市長時代に毛髪移植手術を受けた病院は、患者たちに大統領の手術前後の写真を見せ、手術を勧めている。（中略）

政界では皮膚を再生させる幹細胞治療まで登場し、「ボトックスの女王」と呼ばれる議員も出ている。誰もが若く見られたいと思っている〉（朝鮮日報、二〇一一年九月二十五日）

❻食の安全

異物混入はしょっちゅう

近年、韓国は「中華料理、日本料理に続け」とばかりに、韓国料理のグローバル化に力を入れている。

その一環として、大韓航空やアシアナ航空は、機内食メニューにチゲやトンチミ（キムチの一種）などの韓国料理を導入している。

二〇一二年七月に行われたアシアナ航空での二カ月のサービス結果として、〈一部の外国人はキムチチゲの臭《にお》いでその場で注文したりもした〉（中央日報、二〇一二年七月四日）と報じているが、密閉された機内の近接した席で臭いのきついキムチチゲを頼まれては、嫌いな客にとっては拷問に近い。

その証拠に、大韓航空は〈外国人乗客らが敏感に反応するキムチの臭いのため、唐辛子を抜いた白キムチのみ提供してきた〉（東亜日報、二〇一二年十月十一日）と報じている。

キムチの問題は臭いだけではない。

そもそも、韓国のキムチは「安全」とは程遠い。近年、韓国内のキムチ業者は次々と摘発されている。

〈不衛生キムチ工場…140カ所大量摘発　同庁（食品医薬品安全庁）によると、（中略）京畿道《キョンギド》義王《ウイワン》のO社は調理室内の換気扇の掃除不良で、蔚山《ウルサン》のH社は製造施設内の壁面のかび発生で、全羅南道《チョルラナムド》麗水《ヨス》のG社は塩辛の非衛生的な解凍で、ソウル城東《ソンドン》区のP社は従業員健康診断未実施などでそれぞれ摘発された〉（中央日報日本語版、二〇一〇年十一月二十日）

〈韓国・中国産キムチに「回虫」汚染の報告!?　2005年10月、キムチに「ヒト回虫」もしくは「ブタ回虫」と疑われる卵が見つかったという情報が韓国と中国であり、厚生労働省は日本各地の検疫所に対し、韓国および中国で製造されたキムチの輸入時検査の強化を指示〉（nikkeiBPサイト、二〇〇五年十一月十七日）

異物混入などはしょっちゅうで、ついには軍関係のレーション（戦闘糧食）でも問題が発生（NEWSIS、二〇一二年十月十一日）。二〇〇八年から最近の五年間、軍の食材料で二百七十三件の異物が発見されるなどの欠点が指摘された。

韓国軍のレーションではキムチ、ハンバーガーバンズ、トッポギ餅が多く使われる食材料だが、カビはもちろん、刃、油汚れ、吸殻などの異物、ムカデ、ハエ、ハサミムシ、イナゴなど各種の虫から、さらにはカエルやヘビの尻尾なども混ざっていたという。

これでは将兵たちも力が出ないだろう。

食品衛生に関しては他にも、〈食品衛生検査せずに「合格」、細菌汚染の食品が検査通過〉（中央日報、二〇〇八年十一月十一日）、〈客の残した食べ物をまた客に出す行為を4回以上行った食堂は廃業を強《し》いられることになった〉（中央日報、二〇〇九年四月三日）など、問題が頻発している。

❼多発する銃乱射
事件の動機は「報復」

〇七年、バージニア工科大学の在米韓国人学生が銃乱射事件を起こして三十三名を殺害した事件は世界を震撼させたが、韓国人による銃乱射事件はその後も発生している。

二〇一二年四月にも、カリフォルニア州オークランドのオイコス神学大学で在米韓国人による銃乱射事件が発生、七人が死亡し、三人が負傷した。

〈元学生だった韓国系米国人のワン・ゴー（韓国名：コ・スナム）容疑者（43）が、在学中に英語をうまく話せないことを理由にからかわれたことなどから問題を起こし、退学処分になっていたことが分かった〉（中央日報、二〇一二年四月五日）

その二カ月前にも、在米韓国人による銃乱射事件が起きている。

〈米国アトランタにある韓国人が経営するサウナで21日（現地時間）、銃撃事件が発生して5人が死亡した。

この報道によると、アトランタ北部のノークロス市警察は同日午後9時頃、韓国人Kさんが経営する「スジョンサウナ」で、銃器事故で5人の命が失われたと明かした。警察は、事件現場で犯行に使われたとみられる銃1丁を発見した。死亡者は容疑者1人を含め、全員韓国人であることが伝えられた。現地の警察は、容疑者が銃乱射後、自殺したものと見ていると伝えた〉（中央日報、二〇一二年二月二十二日）

乱射事件は韓国国内でも起きているが、その動機はやはり「報復」。

〈職場でいじめに遭ったという30代の男が15日、元同僚らに恨みを抱いて猟銃を乱射し、1人を殺害した。西部劇のような事件が起きた。（中略）男は警察で「職場でいじめられ、報復しようとした」と述べた〉（中央日報、二〇一二年二月十六日）

海兵隊でも、将兵四人が殺害される事件が起きている。

〈今月4日、江華島《カンファド》海兵隊小哨銃器乱射事件を起こしたキム上等兵（19）とチョン二等兵（20）は、先任後任からの過酷行為を克服できず、すでに先月はじめに犯行を共謀していたことが分かった。（中略）

国防省によると、チョン二等兵は4月の転入直後から最近まで、先任から過酷行為に遭っていた。小哨の某兵長は、キリスト教信者のチョン二等兵に「兵長は神様と同じだ。キリスト教をどうして信じるのか。むしろ私に対して祈りを捧げろ」と言って聖書に火を付けた。
　また、チョン二等兵を立たせて「性器を燃やしてやる」と言って、戦闘服の下衣ジッパー部分に噴霧式殺虫剤を吹き付け、火を点けたりもした〉（中央日報、二〇一一年七月八日）
　首謀者・キム上等兵は二〇一二年一月、死刑判決を受けた。

❽激しい差別意識
政府要人まで差別発言

「インドのカースト以上に極端な階級思考」（『WiLL』二〇一二年十一月号、黄文雄氏）という韓国社会。外国人差別、地方差別、女性差別など、ありとあらゆる差別が横行している。一応、差別が恥ずべきことであると気づいてはいるようだ。

〈同じバスに乗っていた外国人教授に「汚い」「臭い」など人種差別発言をした疑いで略式起訴されたパク某被告に対し、裁判所が27日、罰金100万ウォン（約7万3000円）を言い渡した。（中略）

　国内で、韓国人が人種差別発言で起訴されたのも、有罪判決を受けたのも、これが初のケースとなる。

　韓国社会の根深い人種差別主義への警鐘になるよう願いたい〉（中央日報社説、二〇〇九年十一月三十日）

　だが、根は深い。政府要人も差別発言には事欠かない。

〈国策研究機関の院長が公開の講演の席上で女性を侮辱する発言をし、物議を醸《かも》している。（中略）出席者らによると、石院長はこの席で、21世紀の成長動力の一つとして「女性労働力の活用の重要性」について話すなか、突然、「女性は男性より進化した。女性は穴がもう一つあるじゃないか」と発言したという。このとき、出席者の一部は大笑いしたが、女性を含む多くの出席者は沈黙した。

　また、昨年7月、湖南（全羅道）侮辱発言によりハンナラ党を離党したイ・ヒョソン京畿道光明《クァンミョン》市長が、今度は黒人侮辱発言で物議を醸している。民主平和統一諮問会議光明市協議会は（中略）光明市内での昼食会で、イ・ヒョソン市長が「ワシントンDCに行ったら黒いやつがいっぱいいたよ。あんな怖いところでどうやって暮らすんだ。わたしは夜、怖くて外に出られなかった」と話していたと明らかにした。

　パク・ジョンチョル光明市議会長は、「その場にいた15人のワシントン協議会一行のうち、黒人人権運動を行っているイ某氏やチェ某氏＝女性＝らは腹を立てて外に出ていった」と

語った〉（朝鮮日報、二〇〇七年五月十八日）

国連人種差別撤廃委員会（CERD）は〇七年、韓国に対し、「人種差別をなくすよう努力せよ」と勧告している。

❾国際結婚と離婚
韓国人と結婚した半数がDV被害

日本が人口動態調査を行い始めた一九六五年には、日本国内での韓国・朝鮮人との国際結婚は、夫＝八百四十三人、妻＝一千百二十八人だった。〇八年には、ピークは過ぎたものの夫＝四千五百五十八、妻＝二千百七人となっている（ピーク時は夫＝八千人、妻＝二千八百人超）。

だが、韓国国内での国際結婚の離婚の大半は、日本人男性と韓国人女性のカップルだという。

〈２０００年に２９４１件だった韓国女性と日本男性の結婚件数は、増加傾向を続けて、昨年３３７８件となり、４年間でおよそ14・８％増になった。これによって、日本は中国について「韓国女性に好まれる外国人新郎」第2位になった。同じ期間中、韓国男性と日本女性の結婚件数は１１３１件から１２２４件へと、８・２％の増加率に留まった。

しかし、韓国人妻と日本人夫の離婚件数も国際結婚の離婚件数の大半を占めるほど高かった。昨年、日本人夫との離婚は１３５１件で、前年対比９・１％増になった。とりわけ、日本人夫との離婚は毎年約１２００件以上にのぼり、国際結婚の離婚件数全体の約75・５％を占めている〉（中央日報、二〇〇五年八月十六日）

結婚は計画的に。韓国人男性との国際結婚にも大きな問題が。

〈２０１０年1月22日、台湾紙・聯合報によると、韓国人と入籍し、韓国に入国する外国人妻が近年10万人を超えているが、その半数近くがDV（家庭内暴力）被害に遭っているという。

ある調査によると、半数近くの外国人妻が夫に殴られたことがあると答えているという〉（レコードチャイナ、二〇一〇年一月二十四日）

ここ数年、嫁不足に喘《あえ》ぐ韓国農村部へ嫁ぐ外国人妻は急増しており、〈農村地域では韓国男性の35・９％が外国人女性と結婚〉（共同、二〇〇六年四月二日）というニュースもあるが、外国人妻に対するDVは、東南アジアを中心として深刻な国際問題となっている。

〈ベトナム大使館の関係者は、「韓国人男性と結婚したベトナム人女性の被害の事例が伝わり、首相が公文書を発表して国際結婚の審査を強化した」とし、「特に、韓国人男性と結婚する場合には、検証作業をより徹底的にしている」ことを明らかにした。
　国際結婚情報会社の李殷泰《イウンテ》（44）代表は、「外国人花嫁を『家政婦』と勘違いする韓国人男性もいて、家庭内暴力などの問題が絶えない。このため東南アジアでは、韓国人男性に対するイメージがますます悪くなっている」と話した〉（東亜日報、二〇〇五年八月二十五日）
　〈カンボジア政府は2008年3月にも全ての国際結婚を禁止する決定を行っており、同年11月に「自由恋愛」に限り国際結婚を認めた経緯がある。しかし、09年9月にカンボジア女性25人と韓国人男性1人とを集団見合いさせた現地の仲介業者が摘発されるなど、違法とされる「集団見合い」が再び横行。カンボジア国内からは、集団見合いが「人身売買」にあたると問題視されたことから、「人身売買予防のための処置」として今回は韓国に対してだけ適用されることとなった〉（サーチナ、二〇一〇年三月二十一日）
　実在しない慰安婦を「かわいそう」と嘆くより、人身売買の如き扱いを受けている東南アジアの花嫁たちを救うのが先ではないか。

⑩原子力発電
深刻な安全不感症と情報隠蔽

　韓国は、福島原発事故後もエネルギー政策を転換せず、〈2010年に34・2％だった原発の占める割合を、30年までに59％にまで引き上げ、また原子炉の数も現在の21基から40基に増やす〉（朝鮮日報、二〇一一年十二月二十四日）という。

　だが、韓国の原発はかねてより事故が多発しており、二〇一二年に入ってからも続発している。

　〈有り得ないことが起きた。古里《コリ》原発1号機で先月、電源供給が12分間中断された。電源喪失がさらに長びけば冷却水が蒸発し、核燃料棒が溶け、大型事故に繋がりかねなかった。日本の福島原発事故から1年で起きたひやっとした瞬間だった。事故も事故だが、さらに大きな問題は古里原発側の事後措置だ。外部電源が遮断され、非常用ディーゼル発電機も作動しないのに、すぐに取られなければならない非常警報は鳴らなかった。韓国水力原子力は、事態収拾に出てから1カ月が過ぎてようやく事故の事実を原子力安全委員会に報告した。深刻な安全不感症と情報隠蔽《いんぺい》といわざるをえない〉（中央日報、二〇一二年三月十五日）

〈韓国水力原子力は「午後2時57分頃、100万キロワット級の霊光《ヨングァン》原発6号機で原子炉保護信号が発信され、原子炉とタービンが自動停止した」と発表した。韓水原《かんすいげん》による第1次調査の結果、原子炉の制御棒駆動装置に関連する電源系統に問題があることが分かった〉（朝鮮日報、二〇一二年七月三十一日）

〈新月城《シンウォルソン》原発1号機が商業運転開始から1カ月足らずで、故障した。新月城1号機は昨年12月、燃料を取り付け、段階別の試験運転を経て、先月31日、商業運転を開始したが、19日後、出力を統制する制御系等の異常で止まってしまった〉（東亜日報、二〇一二年八月二十日）

〈2日午前、韓国で原発2基が相次いで故障し、運転を停止した。1日に2基が故障で停止するのは、2007年6月以来、約5年ぶりとなる。今回の2件を含め、今年1月以降の故障はすでに7件に上り、昨年の故障件数（7件）と並んだ。10年の2件に比べると5件も多い〉（朝鮮日報、二〇一二年十月三日）

事務室で覚醒剤を使用

なぜ、ここまで事故が続くのか。原因はもちろん、津波でも地震でもない。

どうやら、設備不良や職員の「質」に原因があるのではないかと思われる記事が。

〈古里《コリ》と霊光《ヨングァン》の原発に、正規の製品ではなく、複製部品が設置されていることが明らかになった。原発を運営する韓国水力原子力㈱の購入担当職員が、外国の正規部品を国内の会社に貸し出したあと、同社が複製した類似品の納品を受けて設置したという。

今回の複製部品の摘発に先立ち、古里原発では中古のタービンバルブ作動機の部品が再納品されたことが確認され、霊光原発では発電所タンクの資材をめぐる納品不正が摘発された。

原発の部品調達過程に不正が蔓延《まんえん》しているという疑いを抱くのに十分な事例だ。

事情がこうであるため、まだ表れていない不良部品がどこで原発の安全を脅《おびや》かしているのか分からない〉（中央日報、二〇一二年四月二十七日）

〈勤務時間に事務室で覚醒剤を使用してきた韓国水力原子力㈱古里原子力本部の職員2人が、検察に摘発された。

釜山地検は最近、古里原発災難安全チーム所属のA（35）ら2人を麻薬類管理に関する法律違反の疑いで拘束したと26日、明らかにした。2

人は今月はじめから中旬にかけて、古里原発付近で活動する暴力団関係者から覚醒剤を入手し、計5回使用した容疑。Aは釜山市機張《キジャン》郡古里原発災難安全チームの事務室と釜山市機張郡のマンションで1回ずつ、同じチーム所属のBは3回とも自宅のマンションで覚醒剤を使用した〉(中央日報、二〇一二年九月二十七日)

韓国の原発が事故を起こせば、九州をはじめ日本にも少なからぬ影響が及ぶ。日本国内の「反原発派」「放射能ゼロリスク派」は、韓国の原発に反対したほうがいいかもしれない。

⓫衛生観念ナシ
下水が上水に流れ込む

食品不祥事をはじめとして韓国の衛生観念には疑問を抱かざるを得ず、またそれにまつわる話題もあまりに多いので、トイレ周りの話題に絞ってご紹介する。お食事中の方は注意されたし。

まずは十五年あまり、下水を浄化しないまま上水へ流していたというニュース。

〈(京畿道)南楊州《ナミヤンジュ》市が処理せずに垂れ流した下水は、北漢江《ブクハンガン》を経て八《パル》堂《タン》湖に流入する。つまり首都圏に住む2500万人の住民は、トイレ、食堂、銭湯などの下水から作られた水道水をずっと飲んできたのだ〉

〈河川などに下水を放流する場合、有機物(BOD)濃度は5PPM以下に処理しなければならないが、秘密の放流口を通じて垂れ流されていた下水は、汚染濃度が120~130PPMに達し、その量は1日1万トンから1万5000トンにも上っていた〉(朝鮮日報、二〇一二年八月二十二日)

これに限らず、韓国の不衛生は海外で話題になるほど酷いものである。

〈一部海外ネットユーザーの間で、韓国式トイレが話題になっている。「韓国の人たちはトイレットペーパーを便器ではなく、ゴミ箱に捨てます」

2008年10月、ユーチューブに「コリアントイレットペーパー」(Korean Toilet Paper)と題した映像が登場した。便器のそばの青いプラスチックのゴミ箱が置かれた韓国の公衆トイレ。カメラがゴミ箱のなかのトイレットペーパーを映し出し、「冗談じゃない」という撮影者の説明が続く。あるカナダのネットユーザーが載せたこの映像は現在、再生回数9万3000回を記録中だ〉

〈「使用したトイレットペーパーを露出させておけば美観上よくないうえ、細菌が繁殖したり、臭いがする」

（中略）しかし長い間、身についた韓国式トイレ文化をすぐに変えるのは容易でない。今年4月に楊坪《ヤンピョン》駅などソウル市内の地下鉄駅8カ所は「ゴミ箱のないトイレ」を試験運営した。しかし不便だという苦情が入り、2カ月でゴミ箱をまた置くことになった〉（中央日報、二〇一二年十月四日）

公共トイレをきれいにしておこうという意識が、そもそも欠落している。

〈学校のトイレが「きれいだ」と考える小学生は13・8％で、10人当たり1人程度だった。本紙がトイレ文化市民連帯と今月はじめにソウル市内の小学4〜6年生1244人を対象に質問調査した結果だ。

回答者の64・7％は「学校で最も不便な施設」にトイレを挙げた〉

〈児童らはトイレに対し、「臭いが激しい」（38・2％）、「床と便器が汚い」（31・1％）、「石鹸・紙がない」（12・7％）、「とても暗い」（9・0％）と訴えた。

取材チームが見た学校は、特にトイレが劣悪だった。換気扇が故障して悪臭が漂っており、水が出なかったり、紙がない所が大半だった。児童たちの望みは素朴だった。「悪臭が激しいから芳香剤を設置してほしい」〉（中央日報、二〇一二年六月二十日）

切実な願いである。

人糞を食べた記録？

不思議な記事が、中央日報「噴水台」というコラム欄に掲載された。どういう意図があるのかよくわからないが、韓国人の衛生観念を探るうえで何とも興味深いので、全文を掲載。

〈人間の排泄物、すなわち人糞が無用、無益なものだったわけではない。東西を問わず農耕社会で人糞は貴重な肥やしであり、立派な代替肥料だった。

西洋の記録では、人糞が数千年間、鳩の排泄物に次ぐ最高の肥料に挙がっている。

人糞を治療用として食べた記録も見られる。『東医宝鑑』は、自《おの》ずと死んだ鳥や獣の肉を食べて中毒になったとき、人糞汁を食べさせればよいと書いている。毒キノコ中毒になったとき、人糞を一升食べさせるという記録もある。鞭にひどく打たれて重い病気にかかった人に人糞を食べさせる秘方もあった。

昔の歌うたいが喉を通すために人糞を濾《こ》した糞水を飲んだというのはよく知られている話だ。最近ではパク・ドンジン、イム・バンウルなどの国楽人もそうだという。

それでも、現実で人糞は最も汚い

ものの代名詞であり、不名誉の象徴だ。このため、人に人糞をかける行為は憂憤吐露と叱咤の方便でもあった。万海・韓龍雲《ハンヨンウン》が、監房で怖気《おじけ》づく惰弱《だじゃく》な民族代表に人糞の洗礼を浴びせたのもそのためだ。

受ける側の立場では屈辱の極致だ。1978年に、労組解体のために動員された暴力団が東一《トンイル》紡織の女工たちに人糞をぶっかけ、食わせたりまでした事件は、反人間的で野蛮的な行為そのものだった。

YouTubeで話題になった「コリアントイレットペーパー」

このため、人糞が武器にも使われたというのは驚くことではない。朝鮮民兵の武器だった糞砲と金汁がその例だ。

糞砲は器に溜めておいた糞尿を竹の筒に入れて、城の下の敵に噴射した。金汁は人糞を濾して一年ほど腐らせたもので、毒性が非常に強く、臭いが強烈だったという。

睨まれたという理由で、知的障害がある女子高生をトイレに連れて行き、暴行を加え、人糞を食べさせた10代の少女2人が先日、拘束された。猟奇的で恐ろしい行動にぞっとする。もしかすると、その子たちは自分がこれほどになるまで放置した社会と大人に向かってでも人糞を浴びせたかったのではないか省みなければならない。

金南中《キムナムジュン》論説委員〉（中央日報、二〇一〇年八月二十日）

⑫自殺者多数
原因は社会的な差別慣行

日本も自殺大国であり、年間三万人の自殺者数が十四年あまり続いていたが、実は韓国は、自殺率では日本を上回っている。

〈ＯＥＣＤの統計によると、韓国の人口10万人あたりの自殺者（２００９年基準）は28・4人で加盟国中1位。ＯＥＣＤ平均（11・3人）を大幅に上回っており、このうち女性の自殺者は同19・7人でＯＥＣＤ平均（5・1人）の約4倍に達する〉（聯合ニュース、二〇一二年九月九日）という。

特に問題なのが、高齢者自殺だと〈特に65歳以上の高齢層の自殺予防対策に集中しなければならない。高齢者自殺率は10万人当たり81・9人で全体平均の2・4倍だ。日本の17・9人、米国の14・5人の4〜5倍水準だ。2010年の全自殺者の4人に1人以上に当たる28・1％、4378人が高齢者だ〉（中央日報、二〇一一年九月十一日）

自殺の原因である精神疾患の割合も多い。

〈実際、昨年18歳以上を対象に実施した精神疾患疫学調査の結果、14・4％の成人が精神疾患を抱えていることが分かった。

これは06年（12・6％）より増えている。

（中略）このように精神疾患が放置されるのは、病気に対する社会的な差別慣行のためだ〉（中央日報、二〇一二年六月二十六日）

精神疾患に対する理解のなさが、自殺率の高さに結びついている。

そのため、精神疾患を持つ人間の犯罪も増える。

〈社会への敵愾心《てきがいしん》を抱えている精神疾患者による凶悪犯罪が急増している。昨年は、いままで初めて2000件を超えた〉

〈この10年間に検挙された犯罪者のうち、精神疾患を患っている状態で犯行を起こした犯罪者は、計1万4951人〉

〈特に、精神疾患者による犯罪のうち、殺人と強姦、強制猥褻、強盗、放火の5大凶悪犯罪が急増している〉（東亜日報、二〇一一年十月三日）

おなじみ、「火病《ファビョン》」についても。

〈「胸のなかから熱が込み上げてきて、動悸が激しくなる」「胸がふさがり、言葉も発しにくい」。96年に米国精神科協会が韓国人特有の疾病《しっぺい》として認めた〝火病〟の症状だ。発病の初期には、怒りのため寒い天気も感じられないほど胸のなかが熱くなる〉（中央日報、二〇〇八年十二月十九日）

⑬ハングル表記
韓国語は絶滅の危機

「世界一の言語」と韓国が自負するハングル文字。だが実際には、ハングル人口は韓国・北朝鮮の七千万人ほどしかいない。

日本語と同様、マイナーな一言語にすぎないのだが、普及に躍起となっている。しかし、努力はなかなか報われない。

〈「ハングル輸出第一号」として話題を集めていたインドネシアのチアチア族を対象とした韓国語教育が中断されたことが、今月8日までに分かった。2010年にチアチア族に向けた訓民正音学会のハングル普及計

画が事実上、白紙化されたことに続いて、2回目の失敗となる〉（朝鮮日報、二〇一二年十月九日）
　韓国語に危機感を持っている人もいる。李《イ》相揆《サンギュ》国立国語院長（当時）のインタビュー。
〈韓国語は絶滅の危機にあります。見てください、新聞にはこんな文章がよく出てきます。〝国家発展戦略構成のためタスクフォース結成〟。ここに韓国語（生粋《きっすい》の韓国語）がどれほどあるでしょうか。昔の吏読《りとう》（漢字による朝鮮語の表記）と同じようになってしまいました〉（朝鮮日報、二〇〇八年二月九日）
　だが、「世界の中心でハングルを叫ぶ」韓国人は、世界中の観光地で「ハングルの案内が少ない」と不満タラタラだ。
　特に「アジアの弟」である日本、台湾への要求は強い。日本はお決まりの「おもてなし精神」で、観光庁主導で外国語表記を増やす「言語バリアフリー化調査事業」を進めている。そのため、コリアンタウンに限らず地下鉄の駅で、あるいは観光地で、ハングル表記の看板を見る機会が多い。

ハングル表示を出している京急品川駅
（写真提供／PANA）

〈同事業は外国客が観光地や宿泊施設などへの移動をスムーズに行えるよう整備し、効果を検証するのが目的。道内では昨年度、函館市で実施し、本年度は登別や小樽市、釧路地域の3エリアで行われている。登別分の事業費は約三千万円〉（北海道新聞、二〇一二年一月十三日）
　はたして、三千万円をかけただけの見返りがあるのかどうか。他にも北九州市は「ハングル表記マニュアル」を作成し、観光名所や駅名のみならず病院、公共施設などの表記に細かい配慮をしている。

落書きはほとんどハングル

　一方、台湾は「ハングル化」に易々と応じはしない。そのため、韓国人の不満を買っているようだ。
〈台湾の観光当局が、台湾を訪れた観光客を対象に満足度調査を実施した。その結果、最も満足度が高かったのは中国本土（97％）からの人々。

2位～5位のシンガポール、香港・マカオ、米国、マレーシアも95％を超えていた。日本人の満足度も92％と高かった。ところが、韓国だけはわずか75％という低い結果に。

その理由について、「日本語ばかりで、韓国語での案内表示が少なかった」「韓国語が通じなかった」「もっと英語が通じるようになって欲しい」など言葉の壁を挙げた人が37％を超え、最も多かった〉（サーチナ、二〇一二年十月二日）

実は、世界の観光地では「別の理由」でハングル文字が目立っている。

〈（万里の長城へ行き）ケーブルカーに乗ってみると、窓に落書きが多かった。落書き自体も不快だが、その落書きがほとんど全てハングルで書かれていたので、堪《た》えがたい羞恥心《しゅうちしん》を感じました〉（UKOPIA、二〇〇八年十月二日）

他国に不満を言う前に、マナーを学ぼう。

韓国は「日帝三十六年の植民地支配でハングルを奪われた」と主張してきたが、御存知のとおり、事実は全くの逆だ。識字率が低かった韓国で、日本語とともにハングルを教えたのは日本統治時代のこと。しかも、統治側の日本人も積極的に韓国語を学んだという事実もある。それを受けて、今度はこんな主張を繰り出してきた。

〈朝鮮半島の植民地支配において重要な役割を果たした警察や教員らが、公式に朝鮮語能力を求められていたという研究結果が発表された。

これは「朝鮮人の理解または個人の必要によって個人的に朝鮮語を習得した」とされていたいままでの研究に相反するもので、日本帝国主義が朝鮮語の習得を通じ、朝鮮人の日常生活に対する支配を強化しようとする狙いがあったと解釈できる。

国語学者のオ・セネ博士（江南大学講師）は先日、ソウル市立大学ソウル学研究所主催で開かれた定例発表会で、これらの内容を盛り込んだ報告書を発表した〉

〈当時、日本の管理が朝鮮人の日常に深くまで及んだ時期だった。警察は出生申告、清掃指導、漁業取り締まり、食べ物の衛生取り締まりなど個人の出生から死亡までの全てを管理した。日本人を対象に盛んに行われた朝鮮語教育は、「民族抹殺統治」に入った１９３０年代になって衰退していった〉

〈オ博士は日本側の視点から見ると朝鮮語「奨励政策」だが、植民地統治の手段だったという点から事実上、「抹殺政策」だったと指摘する〉（聯合ニュース、二〇一二年十月十七

日）
　植民地では支配国の言語を押し付けるのが常道だが、日本はそうはしなかった。むしろ、自らも進んで韓国語を学んだのだ。こうして嘘は積み上がっていくのである。

⑭経済が破綻寸前
韓国三十大財閥の負債が七十兆円

　ひところ日経ビジネスは、「韓国経済に学べ」「米韓ＦＴＡに学べ」という特集を組んでいたが、韓国経済の実態を本当に知っていたのだろうか。

　韓国経済は財閥十社が国富の七割以上を保有しており、資産上位百社の資産総額は政府資産にも匹敵するという。富の偏りが指摘されているが、その財閥に関してこんなニュースが報道された。

〈韓国30大財閥グループの負債が、合計１０００兆ウォンに達することが分かった。韓国政府の負債４０３兆ウォンの２・５倍に達する規模だ〉（ＫＲＮＥＷＳ、二〇一二年十月九日）

　一千兆ウォンは日本円で約七十兆円。驚くべき額だ。日経ビジネスの「学べ」は反面教師とせよ、という意味だったのかもしれない。

〈韓国の青年層（15～29歳）の実際の失業者が１１０万人に達するとの調査結果が発表された。この調査結果によると、青年層の「体感失業率」は22・1％で、公式に発表されている失業率の3倍に達する〉（朝鮮日報、二〇一一年十二月十二日）

　韓国では二〇一一年から貯蓄銀行の破綻《はたん》、営業停止が相次いでおり、預金者はわれ先に、と預金の引き出しに殺到。その陰で、破綻した貯蓄銀行のうちの一つ、未来貯蓄銀行の会長は驚くべきことを企んでいた。

〈キム会長は密航のため、ブローカーに数千万ウォンを渡していたという。海洋警察はキム会長らが謀議を始める頃、機密情報を入手し、ブローカー2人を追跡してきた。

　このときまで、キム会長の密航は捜査を避けるための逃避と考えられてきた。しかし3日、ソウル江南《カンナム》のウリィ銀行支店で、キム会長が現金と小切手、合わせて２０３億ウォンを引き出したことが新たに確認された。キム会長個人の通帳ではなく、貯蓄銀行法人の通帳からだ。

　金融当局の関係者は、「会社と顧客のために最後まで最善を尽くすどころか、顧客の金を持って密航を図るのが一部の貯蓄銀行のオーナーのレベル」と述べた〉（中央日報、二〇一一

二年五月七日）

⑮お粗末な軍事
監視カメラの映像を消去

次のニュースは、「韓国の国防体制、韓国軍は大丈夫なのか」との思いを強くさせるものだった。

〈韓国の国会国防委員会の委員長ら7人が12日、韓国東部・江原道《カンウォンド》高城《コソン》郡の陸軍第22師団を訪問し、今月2日に北朝鮮兵士が亡命した際の軍の警戒態勢などについて報告を受けた。

北朝鮮兵が哨所《しょうしょ》の窓をノックするまで韓国軍兵士が誰も侵入に気付いていなかったなど、杜撰な警戒態勢が批判を浴びている。

師団長によると、北朝鮮兵士は上官を暴行し、報復を恐れたため先月29日未明、警戒勤務中に軍隊を脱走したと話しているという〉（聯合ニュース、二〇一二年十月十七日）

北朝鮮兵士の行動は「ノック亡命」と呼ばれている。驚くべき事件に、各紙は色めき立った。

〈北朝鮮軍兵士が亡命のために越えてきたので良かったが、手榴弾《しゆりゅうだん》で挑発したなら、内務班はまるごと吹っ飛んでいただろう〉

〈軍は、「作戦に失敗した者は許せるが、警戒に失敗した者は許すことはできない」という言葉を金科玉条《きんかぎょくじょう》とする。北朝鮮と対峙《たいじ》している状況で、鉄条網で発生した警戒の失敗は、韓国軍が北朝鮮の挑発に事実上、無防備状態であることを意味する。どこよりも堅固《けんご》でなければならない最前線の鉄条網がこのようにお粗末では、他の警戒状態も察しがつく〉（東亜日報、二〇一二年十月十日）

しかも、この事件にはさらなる裏があった。

〈憲兵隊関係者は、哨所の監視カメラを調査した結果、2日午後7時26分から3日午前1時8分まで録画されていなかったと明らかにした。師団長によると、北朝鮮兵士が哨所の窓をノックしたのは2日午後11時15分で、当時の映像が残っていないことになる。

この関係者は、日付を間違って入力したため録画された映像が消去されたものと推定されると説明し、わざと消去したわけではないと強調した〉（東亜日報、二〇一二年十月十日）

最も警戒すべき国境警備がこの有り様。竹島の警備隊を移動させてはどうか。

しかし、韓国軍兵士に思わず同情する報道も。

〈韓国国防部（省に相当）が昨年10月から韓国軍の全部隊に支給しているデジタル迷彩の新型戦闘服につい

て、「汗を排出せず、風通しも悪い」として「サウナ軍服だ」との不満が相次いでいる〉

ゴミで壊れるイージス艦

〈国防部は２０１０年にも新型の戦闘靴を支給したが、これもヒールが落ちやすく、水も染みやすいという問題が表面化し、すぐに製造を中止した。国防部はこの戦闘靴の支給を発表した際、「従来のものに比べて10％も軽く、防水機能は4倍も優れている。(国防)長官も使用している」などとコメントしていたが、ヒールを釘ではなく接着剤で固定していたため、梅雨になるとたちまち問題が生じた。

その後、国防部は「今度こそ本当に優れた戦闘靴を開発した」として、今年1月に最新の戦闘靴を支給したが、これもわずか1カ月で爪先《つまさき》部分がすり減るなど、実用に耐えないことが明らかになった。陸軍は特殊戦司令部所属の将兵が使用するものと同種のベレー帽を新たに開発したが、これも破れやすいうえ、すぐにけば立つ不良品で、実用に耐えないものだった。

戦闘靴の水染み問題が表面化した直後に国防部が監査を行ったところ、メーカーが接着力の規格を緩めるよう求め、これを防衛事業庁の関係者が勝手に認めていた事実が発覚した。

また、品質保証業務を担当する国防技術品質院は新型戦闘靴の規格を検討する際、接着剤の強度試験と防水試験を検査項目から除外しようとしていたことも分かった。さらに監査院の監査によると、２０１０年7月から11年10月に陸海空軍から出された56件の戦闘服購入要求書についても、そのほとんどがすでに破棄された過去の内容がそのまま転用されていたことが明らかになった〉(朝鮮日報、二〇一二年七月二十三日)

手抜き、不正のしわ寄せはすべて現場に出る。いまをときめくイージス艦もこの有り様。

〈韓国海軍にとって3隻目となるイージス駆逐艦「西厓・柳成竜《リユソンリヨン》」(７６００トン)のソナー(音波探知装置)保護装置が水中の浮遊物にぶつかり破損したが、軍はその対策として、海上のごみなどの浮遊物を避けて航行するよう指示していたことが分かった〉

〈ウインドウの破損はソナーの故障に繋がる可能性がある。つまり、敵の潜水艦探知が難しくなるということだ〉(朝鮮日報、二〇一二年十月十一日)

海底のゴミで壊れるようでは戦えない。

⑯日韓関係
主張は全てブーメラン

まずは、この社説をお読みいただきたい。題して、〈他国の領土を自らの領土として新聞広告を出す国〉。

〈日本政府は11日から、国内の全国紙や地方紙など70紙に「竹島（独島）は日本の領土」と主張する広告を順次掲載している。この広告は、表面上は外務省名義で掲載されているが、実質的には首相官邸が指揮を取っているようだ。

両国関係は現在、1965年の国交回復以来、最も悪化しているが、これは日本が組織的かつ執拗《しつよう》に独島問題を紛争化し、性的奴隷（日本軍慰安婦）問題への真摯《しんし》な謝罪をしないだけでなく、性的奴隷そのものを否定しているからだ。

日本という国は本当に本心が計り知れない国だ。世界が見守っていることを知りながら、顔色一つ変えず二重人格者のように振る舞っている。

ところが、その日本が中国に対して低姿勢を貫いているのを見ると、国家間が互いに対して持つべき最低限の敬意さえも失ってしまう〉（朝鮮日報、二〇一二年九月十三日）

韓国の主張はすべてがブーメランとなって、自らに返ってゆくものばかりだ。

〈他人の土地を自国の文書に堂々と載せて土地を差し出せとワンワン吠える隣国日本の無知な騒がしさに、晩夏を待ち焦がれた観照の時間は台無しになった。竹島は日本の土地という。竹島！　自分勝手に名前を付け、自分の土地だと言い張ればそうなると思っているようだ〉（中央日報、二〇一二年八月二十一日）

先の社説では慰安婦問題にも触れているが、これに関して日本側が「証拠はあるのか」と迫ると、こう開き直る。

〈証拠を出せというのは姑息《こそく》な人の話法だ。大人ならば自らしたことを恥じ入る。国際司法裁判所に提訴する？　36年間領土を蹂躙《じゅうりん》したなら、うつ伏せになっているのが大国の正道だ〉

〈すべての墜落するものには翼がある。歴史を冷酷に眺める集団知性が翼ならば、大国から小国に墜落する日本は翼がない。ところで、ところでです、韓国は大国的なのか？〉（中央日報、二〇一二年九月四日）

宋虎根《ソンホグン》ソウル大学社会学教授のコラムだが、「証拠を出せ」が「姑息な話法」であるとなると、全ての裁判は成り立たない。

慰安婦問題では相変わらず。

〈日帝の従軍慰安婦強制動員は20世紀最大の性的奴隷・人身売買事件だ。韓国・台湾など当事国の議会はもちろん、米国・カナダ・欧州連合（EU）議会、国連人権委員会などがなぜ相次いで日本政府を糾弾したのか、再確認してみることを望む。

2007年に日本議員44人がワシントンポスト紙に出した全面広告で、従軍慰安婦に対し、「許可を受けて売春をし、大多数が日本軍将校・将軍より収入が多かった」と主張したのが、なぜ国際的な反発と嘲笑《ちょうしょう》を買ったのか考えてみろという話だ。日本はさらに遅くなる前に措置を取るべきだ。丁重な謝罪、そして賠償だ〉（中央日報、二〇一一年十二月十五日）

こんな年寄りまで利用するな　（写真提供／AP／アフロ）

日本の慢性的3大風土病？

「世界のあちこち」「国際的」と強調するが、世界に散らばった韓国人が騒いでいるだけである。そして、出ました「謝罪と賠償」。さすが、韓国一流紙・中央日報の社説、お手本のような書きっぷりだ。

そして、歴史問題を取り合わない日本に対し、怒りを募らせる。

〈教科書歪曲《わいきょく》、独島（ドクト、日本名・竹島）問題、靖國神社参拝。韓国との関係を悪化させる日本の慢性的な3大風土病だ。教科書と独島問題はまた発病している状態だ。まだ靖國が静かなおかげで最悪にはなっていない〉（中央日報、二〇一一年八月十六日）

風土病は韓国のほうだと思うが、靖國神社についても難癖をつけて笑わせてくれる。

〈靖國の展示館「遊就館《ゆうしゅうかん》」に行ってみれば分かる。侵略戦争を正当化しながら士気を鼓吹《こすい》する展示物でいっぱいだ。世界最強だったゼロ戦、必死必殺の救国兵器という人間魚雷「回天」、帝国海軍の誇りだった戦艦「大和」の模型……。構内食堂の人気メニューもただのカレーではなく、帝国海軍の調理法で作った「海軍カレー」だ。すべて軍国主義の回顧だ〉（同）

靖國神社にお参りして、一度、食べてみては。

「事実」という武器を取れ！

『WiLL』（花田紀凱責任編集）二〇一六年三月号より転載

櫻井よしこ
ジャーナリスト

本音は実に悔しい

昨年末の十二月二十八日、岸田文雄外務大臣がソウルで韓国の尹炳世《ユンビョンセ》外相と会談し、共同声明で「慰安婦問題に関する最終的かつ不可逆的な合意を導き出すことができた」と明らかにした。

その日本側声明の内容は以下のとおりだ。

〈(1)慰安婦問題は、当時の軍の関与の下に、多数の女性の名誉と尊厳を深く傷つけた問題であり、かかる観点から、日本政府は責任を痛感している。

安倍内閣総理大臣は、日本国の内閣総理大臣として改めて、慰安婦として数多《あまた》の苦痛を経験され、心身にわたり癒しがたい傷を負われた全ての方々に対し、心からおわびと反省の気持ちを表明する。

(2)日本政府は、これまでも本問題に真摯《しんし》に取り組んできたところ、その経験に立って、今般、日本政府の予算により、全ての元慰安婦の方々の心の傷を癒やす措置を講じる。具体的には、韓国政府が、元慰安婦の方々の支援を目的とした財団を設立し、これに日本政府の予算で資金を一括で拠出し、日韓両政府が協力し、全ての元慰安婦の方々の名誉と尊厳の回復、心の傷の癒やしのための事業を行うこととする。

(3)日本政府は上記を表明するとともに、上記(2)の措置を着実に実施するとの前提で、今回の発表により、この問題が最終的かつ不可逆的に解決されることを確認する。
あわせて、日本政府は、韓国政府と共に、今後、国連等国際社会において、本問題について互いに非難・批判することは控える〉

会談を前に握手する岸田文雄外相と尹炳世外相　（写真提供／AFP＝時事）

これを受けて韓国側も、〈日本政府と共に、この問題が最終的かつ不可逆的に解決されることを確認する。韓国政府は、日本政府の実施する措置に協力する〉〈韓国政府としても、可能な対応方向について関連団体との協議を行う等を通じて、適切に解決されるよう努力する〉〈今後、国連等国際社会において、本問題について互いに非難・批判することは控える〉と発表した。

さらにソウル大使館前の「慰安婦少女像」についても、尹外相が「適切に解決されるよう努力する」と述べるなど、韓国政府自らが韓国国内の慰安婦問題の解決に積極的に取り組む姿勢を見せた。

今回の合意は声明のみで文書を作成せず、どちらの政府もそれぞれの立場の解釈を国民に報告できる内容になっている。戦略的に曖昧《あいまい》にしているのであり、「しばらくはこの合意で進めていくしかない」という両国の思いと計算が滲《にじ》んでいる。

日韓合意が報じられると、両国民の間には合意を評価する声と不満の声の両方が上がった。割れた評価は、慰安婦問題に関する二つの異なる視点の反映であろう。一つは歴史を学ぶ研究者、学者、民間の物書きやジャーナリストの視点。もう一つは政治・外交的な視点だ。

私の思いを端的に述べれば、実に悔しいというのが本音である。このままの内容では将来、後悔することになると懸念もしている。谷内《やち》正太郎氏らの外務省流交渉術の罠に落ちてしまったのかと思いさえした。

しかし同時に、この日韓合意は、政治・外交的に見れば大いに評価すべきであるとも考える。「政治・外交的勝利」の意味はのちに詳しく論ずるが、その「勝利」を真の勝利にするために、日本は官民ともに全力をあげて、いますぐ取り組まなければならないことがある。

それは、中韓両国に負けない充実した「歴史的事実の発信」である。十分な情報発信に成功したとき、初めてここで言う政治・外交的勝利は本物になると考える。

米国からの圧力

まず、なぜ失望したかである。過去の言動から判断すれば、安倍首相の慰安婦問題についての思いは今回の声明とは全く異なるものだ。一九九七年に、首相ら自民党若手議員は「日本の前途と歴史教育を考える若手議員の会」を結成、代表は中川昭一氏、事務局長が首相という布陣だった。「議員の会」の目標は慰安婦問題をはじめ、歴史教科書における記述を正すことだった。

二〇〇六年、第一次安倍内閣発足後の十月三日、首相は国会で河野談話の踏襲を表明したが、その一方で「議員の会」は十二月には河野談話の見直しを目指す活動を開始した。首相も二〇〇七年三月一日には、河野談話に関して「強制性を裏づける証拠はなかった」と発言している。

首相の思いが河野談話の否定にあることは明らかで、こうした動きに対して韓国だけではなく、米国から厳しい批判が続出した。「ニューヨーク・タイムズ」(NYT)や「ロサンゼルス・タイムズ」の社説は、私たちから見れば到底受け入れられない一方的安倍批判を展開。駐日米大使のJ・シーファー氏も「日本が河野談話から後退していると米国内で受け止められると破壊的な影響がある」と首相を批判した。

米国の圧力の下、安倍首相は「河野談話の踏襲」を繰り返し表明することになる。しかしそれでも米国議会は〇七年七月三十日、下院本会議で慰安婦問題に関して対日謝罪要求決議を可決した。

第一次安倍内閣当時に見られたこのようなアメリカの強い圧力は、二〇一二年十二月に発足した第二次安倍内閣においても変わらない。首相は第二次内閣では、河野談話は閣議決定を経ていないことから、新たな内閣の考え方を官房長官談話として示す考えだった。だが、またもやアメリカから深刻な批判と懸念の声が発せられたのだ。

NYTは一三年の新年早々の社説で、首相を「右翼の民族主義者」と断じ、三十五行の社説のなかで「恥知らず」「右翼」「性奴隷」「民族主義者」「修正主義」などと、感情剝き出しで非難した。

同年五月には、米議会調査局も日米関係の報告書を発表し、河野談話の見直しは日韓関係を悪化させると書いて日本を牽制した。

こうしたなか、自民党では一五年十二月に、稲田朋美政調会長らが谷垣禎一幹事長を本部長とする「歴史を学び未来を考える本部」を立ち上げた。衛藤晟一《えとうせいいち》首相補佐官を軸とする情報発信の試みも続行中だ。

歴史の真実の確認が河野談話や村山談話の否定に繋がることを、こうした試みがやがて証明すると私は思う。安倍首相がこの一連の動きを承認していること自体、首相の思いを表しているのではないか。

今回の声明は、その意味でも驚きであり、残念だった。ではなぜ、こうなったのか。政治は論評では終わらず、結果を出さなければならないということだ。

政治・外交的には成功

外交において、これまで日韓関係の悪化の原因は日本、とりわけ安倍首相にある、と国内外で報じられてきた。NYTのあまりに酷い報道については前述したが、米国ではメディアのみならず、議会も有力者も河野談話の見直しを目指した安倍首相が日韓関係を悪化させている、日本は歴史修正主義を諦めて譲歩せよ、という論調が支配的だった。

だが合意が発表されると、安倍総理の決断に対して称賛が寄せられた一方で、「これからは韓国・朴大統領が動く番だ」と論調が変化している。

普段、日韓関係などほとんど扱わないヨーロッパでも、日本の決断を評価する論調が多い。まるでオセロゲームのように、白と黒が入れ替わったのである。

ジョン・ケリー米国務長官は、「日韓の指導者が合意に達した勇気と先見を称賛する。安全保障と経済を含む地域と地球規模の問題で、両国と協力し続ける」と絶賛した。安全保障担当のスーザン・ライス大統領補佐官も、「合意と完全な履行を支持する」と期待を滲ませた。

米国の国務長官と大統領補佐官の二人が同時に表明した高い評価は、東アジアの安全保障環境の厳しさ、帝国主義的な中国の膨張と北朝鮮情勢に対処しなければならない米国が日韓双方に発した悲鳴でもあろう。ようやく両国が協力してくれる状況が整った、どうかこの状況を維持してほしいという安堵と期待の言葉と考えてもよいだろう。

事実、国際情勢は、日韓が慰安婦問題で膠着《こうちゃく》し続けることを許容できる状況ではない。近年、日韓は両国間で行われるべき協力、連携も行われず、軍事情報の共有すらままならなかった。中国の脅威、北朝鮮の暴走を前に、日韓の足並みが揃わないことは安全保障上の大きなリスクになっていた。

「ウォールストリート・ジャーナル」(WSJ)は昨年十二月三十日の社説で日韓合意を取り上げ、こう書いた。

「合意は中国および北朝鮮の安全保障に関する挑戦という視点から、日韓両国にとってとりわけ重要だった。米国の軍事予算が地域の脅威の増大に追いつけていないなか、(米国の)同盟諸国は自らの力を強化し、より緊密に連携しなければならない。慰安婦問題の解決はそのことを容易にしてくれるだろう」

米国世論に強い影響を及ぼすWSJも、日米韓の連携もしくは日韓の連携がこれでスムーズに行われるという安全保障上のメリットを、評価すべき側面として社説に書いているのである。

慰安婦支援の財団設立のために政府が供出する十億円という金額は、慰安婦問題だけを見れば法外な額である。だが、ここに安全保障の要素を加味すれば別の見方もできる。日韓の連携が取れないことで払わされている目に見えないコストは、それ以上に高いものであるからだ。

このように日本の国益を国際情勢のパワーバランス、力関係の視点で捉《とら》え直せば、今回の合意は評価できるものと言ってよいだろう。

中国にとっては痛手

日韓合意後の中国の態度が何よりもそのことを物語っている。中国外務省の陸慷《りくこう》報道局長は十二月二十八日、「両国関係の改善がこの地域の安定と発展に寄与することを希望する」と述べ、日韓合意を歓迎する意向を示した。だが、発表された公式コメントが中国の本音ではないことはすぐに明らかになった。

日韓合意から一週間あまりがすぎた一月六日、北朝鮮が突如、核実験を行い、「水爆実験に成功」と発表した。韓国政府は対応策協議のために中国に二国間会談を申し入れたが、中国はこれを断っている。一月十三日時点で、電話会談すら行われていない状況だ。日本政府筋は、この静かなる拒否は日韓合意に対する中国の不快感と焦りを表していると見る。

日本に対する歴史戦で中国と共闘してきた韓国が日本と劇的に関係改善を行ったことは、当然、日米韓の安全保障上の連携が強まることを意味するが、このこと自体、中国の戦略にとっては大きな痛手である。

　中国はまず、朝鮮半島から米国の影響を排除し、次に日米間に楔《くさび》を打ち込むべくあらゆる手段を講じてきた。その最も突出した戦術が、対日歴史戦だった。政治的に創られたこの障害を日韓が何とか乗り越えようとすること自体、中国にとってはこのうえなく苦々しいことであろう。

　韓国側も、中国の思いを見通していると思われる。朴槿恵《パククネ》大統領は十三日、年頭会見で慰安婦についての合意に関して「誠意をもって最上のものにしようとした努力は認めてほしい」と語り、国民の支持を求めた。

　大統領の会見に先立つ十一日には、韓国女性家族省が慰安婦問題の関連資料を国連教育科学文化機関（ユネスコ）の記憶遺産に登録する手続きについて「民間団体が進めている」と表明し、登録事業を同省の「業務」としてきたそれまでの姿勢を転換したことを明らかにした。

　日韓間に生じた前向きの変化は、十三日に「韓国の要望で公表を控えていた」という年末の海上自衛隊・韓国海軍の合同訓練の実施を菅義偉《すがよしひで》官房長官が発表したことや、韓国が非公式に日韓通貨スワップ協定の再開を求めてきていることが明らかにされ、韓国政府から正式の要請があれば再締結に応じる方針を日本政府が固めたことなどにも見てとれる。

　韓国が日本に少しばかり接近し始めたのとは対照的に、中国に対しては少し距離を取るかのような大統領発言もあった。朴大統領は年頭の談話で中国に対して異例ともいえる強い姿勢を示し、対中政策の転換かと見られている。

　米軍が十日にB52戦略爆撃機を韓国上空に飛行させ、北朝鮮への警告としたことを「米国による韓国防衛の決然たる意志」と朴大統領は評価し、米軍の高高度防衛ミサイル（THAAD）の導入も明らかにした。THAADミサイルの韓国への導入は、かねてより中国が「中国の国家利益を侵害する」として強く反対してきたものである。

　朴大統領は米国の再三の要請にもかかわらず、中国に配慮して導入の決断ができずにいたが、日韓合意と北朝鮮の核実験を経て、遂に導入を決断したのである。朴大統領は決断の理由を、韓国にしては異例の中国への批判のなかで述べている。

　彼女の発言は以下のとおりである。

「（中国は）北朝鮮の核を容認しないと言ってきたが、必要な措置に繋がらなければ平和と安定を担保できないとわかっているはずだ」

「（中国が）安保理常任理事国として必要な役割を果たすと信じる」

戦後七十年の昨年、中国で行われた「抗日勝利七十周年式典」の軍事パレードにまで参加し、中国接近を強く印象づけた朴政権の方針転換を明示する発言ではないだろうか。

日韓連携が安定に資する

韓国の姿勢の変化は韓国の国益に適《かな》うだけでなく、日本にとっても非常に大きな意味を持つ。北朝鮮の核はすでに小型化されているという見方と現在、小型化に成功しつつあるという見方がある。いずれにしても一月六日の核実験は、彼らが小型化に向けてさらなる改善を加えることに繋がると見られている。

彼らはすでに、日本全土を射程に入れたミサイルを持っている。とすれば、日本は北朝鮮の核攻撃という現実の脅威に直面しているのである。

加えて中国は、いよいよ武装船を尖閣沖の海に送り込み始めた。日本は海上警備行動発令を検討せざるを得ない状況が生まれており、日本の危機レベルは格段に上がっているのである。

このような東アジアの安全保障環境において、日韓間の連携がいかに大事か、日韓合意に一面で失望しながらも安倍首相の決断を評価する理由である。

一方、同合意は韓国に彼らの国益についても否応なく考えさせるだろうか。

これまで日韓関係について、日本と安倍総理を批判していれば事は済んでいた韓国政府やマスコミ、韓国世論は、これからはそうはいかないことを認識せざるを得ない。いまやボールは韓国側に投げられているのであり、「今後、韓国はどうすべきか」が問われている。日本批判だけではもはや解決できず、建設的な議論を通して、彼らが道を切り開かなければならない番である。

北朝鮮の核攻撃をはじめとする脅威にどう立ち向かうのか、安全保障や経済の改善に欠かせない日韓関係の再構築を朴大統領が実施しようという時、反撥し、邪魔をし、韓国の国益を損ねるのは誰なのかが鮮明に炙《あぶ》り出されることになろう。

慰安婦問題で最も強硬な主張を叫び続ける挺対協（韓国挺身隊問題対策協議会）は、どんな案を提示しても日本との和解は承知しないだろう。韓国大統領府は、昨年春までに元慰安婦や支援団体との話し合いを終えていたが、韓国側は、彼女らの「要求が高すぎ、どんな合意にも満足しないことがわかった」と語っている（読売新聞、十二月三十一日）。

挺対協をはじめとする運動団体は、仮に合意内容がどれだけ韓国側に譲歩したものであろうとも必ず蒸し返し、反日運動を展開するということだ。理由は、反日運動そのものが彼らの目的だからだ。

彼らはまた、「韓国は生まれる価値のない国」「北朝鮮のほうがいい国」などと、小中学生に教える反韓・親北勢力とも重なっていると見てよいだろう。韓国人ではあっても、この人々は日本の国益のみならず、韓国の国益を害してきた。端から見ていても気の毒なほど、反韓国的運動を展開する勢力は、韓国社会に広く深く根を張っている。朴政権が、国内の反韓勢力をコントロールできるか否かが問われている。

朝日は責任を痛感せよ

日韓合意に関する日本国内の評価も分かれたが、その分かれ方自体が合意のもたらす影響の複雑さを表している。朝日、毎日、日経、東京の各紙が合意を歓迎し、読売、産経は疑念を示している。また冒頭で記したように、保守の側には、それをどう表現するかについては違いはあるが、強い批判がある。

合意を単体で見るのか、外交・政治的要素を含めて考えるのかの違いであろう。

いま問われているのは、この合意の欠陥を認識しながら、それを再スタート地点として、日本の国益を守るための闘いを今後、いかに戦略的に展開するのかという点であろう。

合意後にソウルを取材した東京基督教大学教授の西岡力氏が、ソウルの日本大使館前で慰安婦集会を行っている若い女性たちに「なぜ集会に参加するのか」と尋ねた。

彼女らはこう答えたという。「日本人は朝鮮人女性二十万人を強制連行し、十八万人を殺して埋めてしまった。だから私はここへきて抗議している」。彼女らは、このような捏造《ねつぞう》の歴史を心から信じ切っているのだ。

合意翌日の朝日新聞の社説は、河野談話発表やその後のアジア女性基金など慰安婦問題に関する動きがあった九〇年代を振り返り、〈両政府とともに、元慰安婦たちの支援者ら市民団体、メディアも含めて、当時の教訓を考えたい〉と書いた。

しかし韓国の女性たち、あるいは国際社会に対して誤解を生じせしめたのは他ならぬ朝日新聞ではないのか。朝日新聞は未だに物事の真実に目を向けず、自らの責任も感じていないのだろうか。

「日本悪者論」を撥ね返せ

朝日新聞が反省していないかのような社説を掲げる一方で、米国の有力紙も慰安婦問題での立場については変えてはいない。先述のWSJの社説は日韓合意を安全保障面で評価したが、歴史問題については相変わらずの日本悪者論を展開していた。

社説は次のように書いている。「日本帝国の軍隊は、幾千幾万の戦時性奴隷を軍の売春宿（brothels）に送り込んだ。大半が朝鮮人女性だった」として、「性奴隷としての慰安婦問題の恥ずべき歴史」「日本は女性たちが売春を強制されたことを否定し続けた」などと感情的な筆致で書いている。

日韓合意を評価しながらも慰安婦問題の日本の濡れ衣については、彼らは濡れ衣などとは露ほども考えていないのである。

この点をこそ、日本は変えていかなければならない。歴史問題の真実を明らかにし続けることによって国際世論を変えていく困難な仕事に、日韓合意を果たした安倍政権はいままで以上に取り組む責任がある。

幸いにも、国際社会にはいくつか新しい現象が起きている。

著書『帝国の慰安婦』で「慰安婦は気の毒な女性たちだったが、身を売った女性であり、日本による組織的な強制連行の被害者だとは言い切れない」と問題提起した朴裕河《パクユハ》世宗《セジョン》大学教授は、「元慰安婦の名誉を傷つけた」として韓国で訴えられて有罪となるなど、一部から苛烈《かれつ》な批判を受けている。だが彼女は屈することなく、学者として「事実」を訴えている。

氏は一月十一日、ワシントンのシンクタンクが開いた日韓関係に関するシンポジウムに参加して、慰安婦問題について語った。

日本を厳しく非難してきたアレクシス・ダデン米コネティカット大学教授が「慰安婦は日本による国家的性奴隷制度」であると述べると、朴教授は「米国でこの問題に関心を持っている方は元慰安婦支援の運動側に関心を持ってきたので、私の議論には批判的なのだろう」と冷静に反論した。

朴教授が「学問の自由」の下に歴史の真実を見据えた発言をし、またアメリカで講演の機会を与えられたという点を取っても、日本に対する歴史の誤解を解くための知的扉は世界に対して大きく開かれ始めている、と言えるだろう。

事実は自ら語り始める

国際社会も、そして国連も、日本がきちんと情報を発信すれば耳を傾けるだろう。はじめは感情の壁に遮《さえぎ》られて拒否されても、事実は必ず自ら語り始める。だからこそ、日本は歴史問題で勝利するために、官民合わせて情報発信を強化しなければならない。決して諦めてはならないのである。

自民党はすでに「歴史を学び未来を考える本部」を党総裁直轄で組織し、年末に初会合を開いた。慰安婦問題だけでなく、南京事件や東京裁判についても検討するという同本部に託された課題は大きい。

しかし、これだけでは不十分だ。歴史家や研究者、ジャーナリストが発掘、収集した資料やデータを示しながら、国内外に事実を発信する作業をいままで以上に進めていく必要がある。

今回の合意で、安全保障環境を整えるという短期的国益は達成できた。日本にとって唯一の同盟国である米国の対日姿勢も改善された。安倍首相は歴史問題に搦《から》め取《と》られることなく、外交を展開することもできる。中国に対して、民主主義や法治などまともな価値観に従うよう、余裕を持って注文をつけることもできる状態が作られた。その成果を日本の名誉を回復し、守り続けるという長期的国益に繋げなければならない。そのためには、政府直轄の情報発信の仕組みがどうしても不可欠だ。

日韓両政府は「互いを非難・批判しないこと」を決めたが、事実の発信は韓国政府への非難には当たらず、合意によって妨げられるものではない。

日本には、「事実」という最大の武器があることを忘れてはならない。キリストの言葉に、「暗闇を部屋から掻き出そうとしてもキリがない。それよりも一つの灯をつけなさい。部屋が明るくなれば、暗闇は自《おの》ずと消えるだろう」というものがある。この灯こそ、真実、事実の力であろう。

今回の合意を「政治・外交的には」といった留保なしで評価できるものにするために、合意を行った安倍首相は「情報発信」と「名誉の回復」という大きな責任を負ったのである。その課題を成し遂げるとき、初めて日韓合意は本当の「合格点」に達するのではないだろうか。

さくらい よしこ
ベトナム生まれ。ハワイ大学歴史学部卒業後、「クリスチャン・サイエンス・モニター」紙東京支局勤務、日本テレビ・ニューススキャスター等を経て、現在はフリージャーナリストとして活躍。『エイズ犯罪 血友病患者の悲劇』（中央公論社）で大宅壮一ノンフィクション賞受賞、『日本の危機』（新潮社）など一連の言論活動で菊池寛賞受賞。近著に『日本の敵』（新潮社）、『戦後七〇年 国家の岐路——論戦2015』（ダイヤモンド社）など。

ソウル大学教授が「慰安婦性奴隷説」を全否定

緊急特別寄稿

西岡　力
東京基督教大学教授

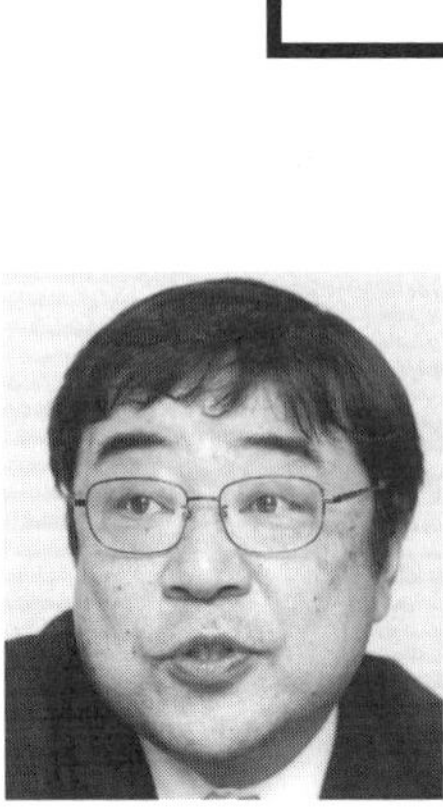

「日本軍が朝鮮人女性を慰安婦にするため、強制連行しただって。何をバカなことを言っているのだ。当時の朝鮮は貧しかった。貧乏のため、娘を女衒《ぜげん》に売らざるを得ない親が多くいた。貧しい農村に日本人は入っていけない。朝鮮人の女衒が女を買っていった。日本の軍隊の連行など必要なかった」

一九九二年、私は朝日新聞の悪質な誤報で突如浮上した慰安婦問題を取材するためにソウルに行った。そのとき、面会した多くの韓国人年長者が、口を揃えて語っていた。

皆、日本統治時代を直接経験した世代。元野党国会議員、元大新聞の編集局長、大学教授らだった。

私は一九七七年から七八年にかけて韓国に留学したが、そのとき、親しくなった韓国人学生らは徴兵に行く直前、売春宿に行って経験を済ませる、と躊躇《ためら》いなく語っていた。

七〇年代でも、貧困のために前借金をして私娼窟《ししょうくつ》で働く女性たちが多く存在した。そのような女性を主人公にした映画も多かった。これが、私にとっての慰安婦問題を考える原点だった。

だから私は一貫して、「慰安婦」は歴史上に存在したが、解決しなければならないことが残っているという意味での「慰安婦問題」は、朝日新聞が誤報キャンペーンをする以前は存在しなかった、と主張してきた。

「慰安婦問題」とは、国際社会に広まった事実無根の誹謗中傷をいかに解消するかという問題である。

ソウル大学経済学部の李栄薫《イヨンフン》教授が二〇一六年八月、インターネットの連続講義のなかで実証的に語った内容は、まさに私があのとき、ソウルで聞いたのと同じものだった。

「慰安婦制度は軍の統制下にあった公娼制度だ」

「慰安婦は性奴隷ではない」

「朝鮮人慰安婦は前借金や詐欺によって女衒が集めた」

「朝鮮人慰安婦二十万人説は根拠がない、五千人くらいだ」

李栄勲ソウル大学教授

このネット講義を視聴しながら、やっと当たり前の議論が韓国の学界に出てきたな、と感慨深かった。以下、李教授の講義内容を詳しく紹介しよう。

なお、本稿は李教授の韓国語でのネット講義を西岡の責任で紹介したもので、翻訳や要約などについての全責任は西岡にある。

学問的良心に従った発信

李教授は韓国経済史が専門で、日本の統治時代に韓国経済は成長したとする植民地近代化論の旗手で、韓国の歴史教科書が左傾偏向しているとして、教科書改善運動の先頭に立ってきた学者の一人でもある。

たとえば、李教授は二〇〇七年に韓国で出版した『大韓民国の物語』（日本語版は二〇〇九年、文藝春秋から出版された）で次のように書いている。

〈教科書には「日本は世界史において比類ないほど徹底的で悪辣《あくらつ》な方法で我が民族を抑圧し収奪した」と書いてあります。

敢えて私は言います。これは事実ではありません。たとえば、米の半分が日本に輸出されたのは総督府が強制したからではなく、日本内地の米価が三十％程度高かったからです〉

しかし、同書でも慰安婦については、李教授の主張は歯切れが悪かった。同書出版の二年半ほど前に当たる二〇〇四年九月、李教授はあるテレビ討論番組で、野党議員から「慰安婦を公娼という日本の右翼の主張と同じだ」と批判され、それをインターネット新聞が「李栄薫が慰安婦を公娼と呼んだ」と報じて、凄《すさ》まじい抗議を受けたことがある。

そのせいか、李教授は同書でも自分は慰安婦を公娼だなどとは発言していないと弁明しながら、慰安婦は性奴隷だったと書いていた。

　しかし同書出版から九年経って、二〇一五年十二月に日韓両国政府が慰安婦問題に関する合意を結び、過半数以上の元慰安婦がそれを支持しているという状況の変化のなかで、李教授はついに勇気を持って学問的良心に従った発信を行ったのだ。

　李教授は二〇一六年、保守言論人の鄭奎載《チョンギュジェ》氏（韓国経済新聞主筆）が主宰するインターネットテレビで、韓国近現代史の連続講義を行った。十二回にわたってなされた「李栄薫教授の幻想の国」という講義の最終回が、「慰安所の女性たち」だった。

　二時間を超える講義が、八月二十二日と二十三日に三回に分割されてアップされた。本稿執筆現在（十一月十日）、同講義は妨害を受けることなくユーチューブで自由に視聴できる。視聴回数は一万九千七百四十回だ（三分割のうち最初の回）。

　アップから二カ月以上経過しても、左派メディアや運動団体などから抗議を受けているというニュースはない。また、つけられているコメント六十四のうち、激しく李教授を非難罵倒するものは十一しかない。韓国社会の変化の一つと見てよいだろう。

一次資料を多数引用

　李教授は、講義をやや緊張した顔つきで次のように始めた。

〈今日の講義題目は「慰安所の女性たち」になります。日本軍慰安所の女性たち、いわゆる慰安婦と私たちが呼んでいるその女性たちに関してです。ご承知のとおり、一九九一年に世間に熱いイッシューとして提起されました。これまで二十五年間、この問題は韓国と日本の関係を規定するもっとも熱く激しい問題として持続してきました。

　両国間の外交関係だけでなく経済、社会、文化すべての交流で深刻な影響を及ぼしてきた主題でした。それだけでなく、この主題をめぐりこの間、韓国の反日民族主義は大変強力に燃え上がり、それは日本との関係だけでなく、韓国内において韓国人の知性、文化、歴史意識にまで深刻な影響を及ぼしました。

　したがって、私がこの「幻想の国」を扱う講義でこの問題を避けていくことはできないだろうと考えました〉（以下、〈　〉内は講義内容の直訳、「　」内は西岡による要約を含む）

　この前置きのあと、いよいよ慰安婦に関する講義が始まるのだが、李教授は日本軍慰安婦について触れる前に、その歴史的脈絡を長い射程で見るべきだとして、まず韓国軍にも慰安婦がいたという話を始めた。

　李教授の講義の特徴は第一次資料を多数、引用紹介しながら、実証的に議論を進めることだ。李教授は韓国軍が編纂《へんさん》した『6・25軍事後方戦史（人事編）』のなかから、「国軍特殊慰安隊実績（一九五二年）」という統計資料を紹介する。それによると、ソウルに第一から第三まで三カ所、江原道江陵《カンウォンドカンヌン》に一カ所の慰安隊があった。そこに合計八十九人の慰安婦がいて、一九五二年に延べ二十万四千五百六十人を慰安したとされている。そこから李教授は、慰安婦一人が一日に平均六・四人を相手にしたと計算する。

慰安婦とともに育った世代

次に、韓国に駐留する米軍のための慰安婦について論じる。一九六一年、朴正煕《パクチョンヒ》政権は米軍慰安婦を登録させ、衛生検査を強化した。当時の保健社会部統計によると、一九六一年には全国に合計一万四千九百十二人の米軍慰安婦（ダンサー、慰安婦、接待婦に分けて登録されていた）がいた。

　六二年に急増して三万六千三百五十五人、六三年に二万四百三十六人などと、地域別、登録別の米軍慰安婦数を紹介し、「六〇年代中盤まで、三万程度の米軍慰安婦が存在した。韓国政府の公式統計にも慰安婦という用語があった」と語る。

　そして李教授は、「慰安婦問題は日本軍慰安婦だけでなく、わが国の現実のなかに存在してきた、大変現在的な歴史だ。われわれの世代は慰安婦とともに育ったといえる」と重い言葉を続けた。

　その後、李教授は韓国軍慰安婦と米軍慰安婦の生活実態について論を進める。ここで、ソウル大学の保健大学院に一九六四年に提出された貴重な博士論文「慰安婦たちに対する社会医学的研究――群山《クンサン》地区を中心に」が紹介される。

　同論文は、群山市保健所に登録されている韓国人を相手にする慰安婦百八十八人と、米軍を相手にする慰安婦百三十二人に関する調査報告だ。平均年齢は米軍慰安婦が少し高い、学歴は韓国軍慰安婦は無学が大多数、従事期間は米軍慰安婦が長い、平均収入も貯蓄も米軍慰安婦が多いなどが、具体的数字とともに紹介された。

　そして特異な調査項目として一日平均性交回数があり、韓国軍慰安婦は五・五回、米軍慰安婦は一・七回などという数字も出される。

ここで李教授は、最初に紹介した韓国軍資料から計算した韓国軍慰安婦の一日平均相手人数が六人だったことをもう一度、確認したうえで、一九四五年の日本の遊郭では平均五人だったと紹介する。実は、この数字を李教授はあとで、慰安婦総数を推計するときに活用するのだ。

　ここまで来て李教授は、日本の統治時代の前、朝鮮王朝時代の十七世紀まで話を遡《さかのぼ》らせる。一九九六年に発表された禹仁秀《ウインスウ》（慶北大学歴史教育科教授）の「『赴北日記』を通じて見る十七世紀の出身軍官の赴北生活」という論文をもとに、十七世紀に朝廷から北方防衛のために派遣された武官、朴チムンの日記に、移動中の旅で同衾《どうきん》した女性についての記述があったとして、それを表にして紹介する。

　それによると、一六四四年十二月十一日から一六四五年十月二十五日の十一カ月の間に官妓、婢、酒場の女ら二十三人と同衾し、赴任地到着後は、現地妻として官妓がつけられた。

　日記を書いた朴チムンの父も過去に同じ地域に派遣されていて、朴は父が現地妻にしていた官妓の娘とも関係を持っている。李教授は、当時は支配者だった両班《ヤンバン》（文官、武官）による官妓や奴婢《ぬひ》などに対する性の略取が繰り返し行われていた、と文献を引用しながら具体的に紹介していく。

四割の家庭関係は破綻

　その次に、現存する江原道《カンウオンド》原州権氏の一六七八年から一八八五年までの戸籍をもとにして、両班家の奴婢の夫婦関係に関する研究結果を紹介している。

　それによると、妻一人、夫一人という正常な家族が百七組（五八％）だが、妻一人、夫二人以上が十五組（八％）、妻一人で夫が誰か分からずに子供と暮らすのが三十七組（二〇％）、夫一人で妻が不明で子供がいるのが二十五組（一四％）、つまり全体の四〇％は家族関係が破綻《はたん》している。

　李教授はこの背景に、「奴婢に対する両班の暴力的支配と貧困が生んだ奴婢の家族倫理生活の破壊がある」と論じ、「中産層に安定的に家族制度が定着するのも近代に入ってからだ。常民たちが娘を売って娼妓《しょうぎ》になったケースが多い。慶尚道《キョンサンド》の安東には娼妓書堂があり、平壌には妓生書堂があった。両班が多いところで常民が娘を多く売っていた」と論じる。

　そして、韓国政府に名乗り出た百七十人の日本軍慰安婦が連行された場所の表を示して、慶尚道が五七％を占めていることを指摘し、「釜山が近いからではなく、両班が多い地域で朝鮮時代から人身売買が多かったことの延長だ。両班が多い地域で、常民、奴婢に対する両班の暴力的支配と貧困が最も激しかった。その結果、奴婢の家族倫理が成立できず、娘を売ることが多くあった」と論じる。

そして、日本統治時代に議論を進める。慰安婦制度ができる前に、朝鮮では親が娘を売ることが多くあったとして、著名な作家・李光洙《イグアンス》のエッセイ『売られていく娘たち』（一九三四年）の次の一節を紹介する。

〈大邱《テグ》で三十九歳の父が十五歳の娘を百六十円で売ったのを娘の同窓生らが買い戻そうと身売り金（モムカプ）を集めるという。娘を売ることくらいは東洋の全地でそれほどめずらしいことではない。（中略）

あるいは他人の娘と妻をだまして売ってしまうこと、あるいは自分の妻を売ってしまうこともある。（中略）売ってもうける奴もいる一方で、買ってもうける奴もいる。いわゆる芸妓、娼妓、酌婦《しゃくふ》、妾《めかけ》のようなものだ〉

初となる娼妓への規制を

それから当時、朝鮮で発行されていた「毎日新報」の一九三七年三月二十八日付の次の記事を取り上げた。

〈カネに目がくらんだ父母、死ぬよりもいやだという娘を売ろうとして、娘は警察に泣きながら訴える。

満州国圖們《ともん》にある遊郭を経営する申ハンボムから一千三百円を受け取った父母がキーセンをしていた娘を売ろうとしたが、娘はキーセンはよいが「肉まで売る娼妓生活はできない」と警察にかけこんだ。警察は父母を召喚して調査中だ〉

ここで李教授は、朝鮮時代と日本統治時代の違いを次のように論じた。

「十九世紀までは親が娘を売ることは珍しかった。身分制的抑圧のほうが強かった。産業化時代に入り、人身売買が頻発した。その法的根拠が公娼制だった」

李教授は日本軍慰安婦制度を議論する前提として、日本が朝鮮に持ち込んだ公娼制度を理解しなければならないと主張し、それについて以下のごとく具体的に説明する。

「一九一六年、総督府は貸座敷娼妓取り締まり規則を制定した。酌婦、芸妓は以前から規制があったが、娼妓への規制は初めてだった。これが、父母が娘を売る法的根拠となった。

前貸し金を父母が受け取る。娘が同行を拒めば、遊郭主人が強制的に連行していった。朝鮮内の三十四カ所に遊郭を置いた。そして同規則は、次のように厳しく遊郭を規制した。

・客室の入り口に番号または符合を表示すること。
・娼妓の意思に反して契約の変更または抱え主（置屋主人）を変えることを強要することはできない。
・みだりに娼妓の契約、廃業、通信、面接を妨害することはできない。
・貸座敷営業者は付録の様式により遊客名簿を調製して、使用前に警察署長の検印を受け遊客がいるときごとに記載すること。
・貸座敷営業者は娼妓ごとに貸借計算簿二冊を調製して、その一冊を娼妓に交付し、毎月三日までに前月分の貸借に関する計算を詳細に記載し、娼妓とともに捺印《なついん》すること。
・娼妓業をしようとする者は本籍、住所、氏名、妓名、生年月日、及び営業場所を記載し貸座敷営業者が連署した願書に次の書類を添付して自分で出頭し警察署長に提出し許可を得なければならない。
(1)父、母、戸主の承諾書(2)承諾者の印鑑証明書(3)戸籍謄本《とうほん》(4)娼妓営業及び前貸し金に関する契約書(5)娼妓業をする事由書(6)指定医師の健康診断書。
・貸座敷内でなければ娼妓業をすることはできない。
・娼妓は警察署長の許可した場合を除いては指定された地域の外にでかけることはできない。
・娼妓は定期または臨時に健康診断を受けなければならない。
・娼妓許可を受け最初に営業をするときは先に警察署長に申告しなければならない。
・娼妓を廃業するときは直接、許可証を添付して警察署長に申告しなければならない。
・貸座敷営業者は娼妓を外から見える場所で化粧をさせたり店頭で列を作ったり徘徊させることはできない。
遊客名簿の作成が義務付けられた。それには、到着月日時、出発月日時、人相又は着衣の特徴、招聘《しょうへい》せし娼妓の妓名、遊興費、住所、職業、氏名、年齢を記載する。

性病の検診も厳格に実施された。朝鮮人娼妓は年四十五回、日本人娼妓は五十四回実施した。その結果、性病発病率は朝鮮人娼妓六％、日本人娼妓三・八％だった。」

吉田清治を名指しで批判

このような公娼制度の下で、朝鮮にいた娼妓は二十万人、利用者は月三千万人、娼妓一人あたり月百五十人、一日五人となるという計算を示す。

以上のような具体的な説明を行ったあと、李教授は公娼制度について全面的に否定せず、こう語った。

「公娼はいまもヨーロッパでは合法

であり、娼妓は組合を作って社会福祉を受けている。日本社会は天皇を頂点とする職能の社会で、娼妓も組合があった。彼女らもそれなりの権益が認められていた」

李教授は「この程度の前史と後史を知ってから日本軍慰安婦問題を考えるべきだ」と語り、いよいよ日本軍慰安婦問題を論じる。日本軍は性病防止、民間婦女への性暴行犯罪防止、民間業者利用による情報漏洩《ろうえい》防止などの理由で軍慰安所を設置した。

慰安婦の募集のありかたについては、尹明淑《ユンミョンスク》『朝鮮人軍慰安婦と日本軍慰安婦制度』（二〇一五）が参考になるとして、こう語る。

「軍が陸軍省と朝鮮総督府、朝鮮軍、台湾総督府、台湾軍に徴募の依頼をし、この四者が募集業者を選定、許可する。業者が下請け人を使って公娼制度下で確立した人身売買の方法で慰安婦を募集した。前貸し金を親に渡すやり方だ」

名乗り出た元慰安婦の証言を分類すると、慰安婦の連行方式は「就業詐欺八十二、脅迫・暴力六十二、人身売買四、誘拐・拉致《らち》五など」となるという既存の研究を紹介したあと、「この四つは同じもの」と語る。

公娼制度下の業者による娼妓募集方法と同じく、親が前貸し金を受け取った場合は就業詐欺で、娘が業者に抵抗して逃げようとすれば暴力が使われたという意味だ。

そして李教授は、軍や官憲による強制連行を明確に否定する。

「道ばたで女性を襲ってトラックに積んでいったということは事実でない。いわゆる奴隷狩りのような女性の略取は事実ではない」

そして、韓国でそのようなことが信じられている原因を作ったのが日本人だと語る。

「こんな話をでっち上げたのは日本人だ。吉田清治という日本人が本を書いてベストセラーになった。韓国にも伝わり、それから韓国人はそのように連れて行かれたと思い始めた。済州新聞は、吉田の話は事実でないと報道している」

李教授は、日本の大新聞が三十年経ってから吉田証言報道を取り消したことを紹介する。なお、取り消し報道をした新聞を朝日新聞ではなく毎日新聞だと語っているが、これは明らかな記憶違いだと思われる。

ここで李教授は、元慰安婦らの証言について論じる。口述記録は聞くときごとに話が変わるし、聞く人が聞きたがる方向に変わる。あるときは、自分を売った父母への恨みを隠すために変わる。

口述記録は、歴史学的資料として

使うのは大変慎重でなければならない。歴史学が口述資料を使い始めるのは一九二〇年代、米国の元奴隷の口述からだった。参考資料としては有用だが、一次資料として事実断定に使うことは大変慎重にというのが歴史学界の立場だとして、元慰安婦の証言だけを使って事実断定をすることの困難さを指摘する。

そして、韓国政府の強制動員真相究明委員会に慰安婦の遺族が届け出た内容の一部を表にして紹介し、「就業詐欺」「人身売買」だと遺族は認識していることを確認する。それから、韓国人女性学者が当時のインドネシア朝鮮人名簿に出ていた慰安婦の故郷住所などをもとに遺族を調査した研究を紹介し、やはり遺族のほとんどが「就業詐欺によって慰安婦になった」と証言していると語った。

次に、朝鮮総督府北京出張所が一九四一年に作成した「在北支朝鮮人概況」という文書から次のような部分を抜き出してくる。

「（朝鮮人男性らは）特に得意な語学と強靱な生活力によって軍の進撃と合わせて軍を追いかけてまたは軍よりはやく進出し、…特殊婦女子の一団を引っぱっていって軍の慰安所を開業し…、治安の不安定な地方で巨大な利益を得て、前線へ進出する」

同文書によると、北支地域に朝鮮人の娼妓と酌婦七百三十二人がいたとされており、李教授は同地域の朝鮮人慰安婦は多くても一千人だと推計する。この数字も、講義最後の慰安婦総数推計に使われる。

ある慰安婦管理人の日記

次に「在支半島人名録一九四二」という名士の人名録に、朝鮮人慰安所経営者の名前が堂々と出ていることを指摘する。特に、朝日館という慰安所では朝鮮人の経営者だけでなく、九人の慰安婦の名前と本籍までが人名録に載せられていることを、写真を見せながら紹介する。

そして李教授は、その時代的感覚では慰安所経営や慰安婦として働いていることは恥ずかしいものではなかった、だから人名録に名前を出せた、と説明する。

日本軍慰安婦に関する最後の議論として、李教授は慰安所での生活を論じる。その点に関する資料が少なかったが、ビルマとシンガポールの慰安所の帳場で勤務した朝鮮人男性の日記が二〇一二年、発見された。

李教授は、何人かの研究者らとその日記を詳しく分析した。日記は『日本軍慰安所管理人の日記』という題で韓国で出版され、その内容を李教授は詳しく説明している。

一九四三年から四四年にかけての日記に、慰安所管理人としての生活が記載されていた。日記の筆者は一九〇五年生まれで代書屋としてかなりの金を稼ぎ、妾に旅館で売春業をさせていた。

ところが一九四〇年に入り、代書業がうまくいかなくなったうえ、ある朝鮮人人身売買業者に四千円を貸して逃げられてしまい、経済的に困難になって、四二年七月に慰安所を経営するという妾の息子とともにビルマに行った。

残念ながら、慰安婦募集を行った四二年の日記は紛失している。彼は慰安所の帳場で勤め、中間管理職だった。日記を読み込むと、次のようなことが明らかになった。

慰安所は軍管理の公娼制度

慰安所は、実際は軍が管理していた。月末には慰安婦別の報告書を軍に提出しなければならなかった。そのため、慰安婦別の売り上げ帳簿をつけていた。利用規則と料金も軍が決めていた。軍が事実上直営する厳格な公営だった。

朝鮮で施行されていた公娼制度が、その姿のまま軍部隊のなかやその近くにそのまま移転している状況である。廃業するときに許可証を持って軍部隊に行き、廃業申告をすると廃業許可が下りた。

軍の管理について倫理的非難もありうるが、一方で衛生管理が徹底し、慰安婦が暴力・略奪から守られるという面もあった。彼の勤めていた慰安所では二年間、暴力事件は一件もなかった。彼は慰安婦の依頼で、彼女らが稼いだ金を故郷に送金する仕事もしていた。横浜銀行のヤンゴンやシンガポールの支店でそれをした。彼女らは前貸し金を返還し、本家に送金できた。

日記の筆者も、二年間で四万三千円稼いだ。当時の労働者の平均月給が四十円だから莫大な稼ぎだ。帰国後、筆者は果樹園を経営し、私立中学の理事もしていた。

李教授はここで、慰安所は「軍部隊に移ってきた公娼制度」だったと主張する。

「女性らを就業詐欺や詐欺や人身売買の形態で連れてきて、日本軍の強力な統制の下で事実上、公娼制的な運営をした」

「公娼制としての特質があって、女性たちを監禁、暴力するような状況は見られず、女性たちは法によって営業許可をもらわなければならず、父母の承諾書や印鑑証明、戸籍謄本などがなければならなかった。そのような書類が全部あった。

それで営業許可をもらって、契約期間が満了になれば廃業申告をして帰った。一九四四年一年で筆者の勤めていた慰安所の朝鮮人慰安婦二十人の内、なんと十四人が帰った。帰ると代わりが来た。監禁がなかった証拠だ」

先に見たとおり、李教授は二〇〇四年のテレビ討論会で、米軍慰安婦について言及したことなどから慰安婦公娼説を唱えたと言われて激しい非難に晒《さら》された経験を持つ。

そのとき、李教授は慰安婦性奴隷説支持者だったから、発言が正しく伝わらずに起きた災難だった。しかし、今回は堂々と軍管理の公娼制度と断言した。その学者としての勇気に心からの敬意を表したい。

吉見義明の本は根拠不十分

議論の締めくくりに李教授は、「このような状態の慰安所の女性たちをどのように規定すればよいのか」と問題提起し、次のように語る。この部分は重要なので逐語訳を行った。

〈大変難しく、論争的で、政治的な問題です。日本のこの問題に最も知られている研究者である吉見義明という人は性奴隷だと言いました。韓国の多くの学者たちも性奴隷説に従っています。私も『大韓民国の物語』という本で二〇〇七年に性奴隷だとする、吉見義明という人の論文や本を読んでそうだなと思い、性奴隷説を支持したことがあります。

彼女たちは移動の自由がなく監禁されていた、日常的な殴打、暴力の下にいた、ほとんど報酬を受けることができなかった、これが奴隷の根拠になります。吉見義明氏が奴隷説を主張するときにもっとも重視したのが移動、身体の自由がなかった、思うままに行き来ができなかったとして、いくつかの事例を話しました。

しかし、私がいろいろな資料を検討してみた結果、［慰安婦に関する・西岡補］そのような程度の身体的な拘束は公娼制度下では日常的にあるものではなかったのか。

先ほど私が申し上げたように、娼妓たちは貸座敷の外に出て生活することができない、その地域を離脱することはできないとされている、その程度の、ある職業による特殊な制約を超えるものだっただろうかという疑問を持ちます。

文玉珠《ムンオクジュ》氏の手記を読んでも月に二回、私が紹介した慰安所管理人の日記でも月に二回は休日です。休日は自由に外出をしました。文玉珠氏は、私はいまでも目をつぶってもラングーン市内の路地裏を思い出す程度だと言いました。異国の都市で多様なショッピングを楽しみもした。勤務中には離脱は不可能だったが、休日はあったということです。

契約期間満了の前には自由に離脱することはできなかった。この程度の人身的拘束だった。そして契約期間が満了したり、一定の条件が整えば、廃業申告をすると多くの人たちが受け入れられたという状況でした。

吉見氏はこれを知らなかったようです。今回、再度吉見氏の本を見たのですが、根拠がとても断片的で不十分です。そのような意味で、私は人身の監禁による性奴隷説は根拠が大変不十分だ、と申し上げたいです〉

性奴隷説の再検討を

〈次に報酬を受けられなかったということですが、これは公娼制の基本趣旨と合致していません。

軍の士気と関連する問題であるので、慰安所内で私的暴力が使われることを軍は許すことができませんでした。戦争という状況のなかで、私的暴力が容易に容認される雰囲気ではない、ということを私は申し上げたい。慰安所日記のどこを見ても私的な暴力の行使はない。文玉珠氏の自叙伝でも、雇い主に殴られたとか前借り金のためにいじめられたとかという話はありません。

極度の高労働、高収益産業だったので、二百円、三百円、千円程度の前貸し金は、人身を拘束する軛《くびき》にはなりがたかった。容易に返すことができた。先ほどの日記の送金の記録でも、ある人は一万二千円をも実家に送金し、文玉珠氏は五千円を実家に送金して二万五千円を軍事貯金で持っていた。

このような高労働高収益産業で、債務奴隷的な状況は発生しなかった。もちろん、個人によってはそのような状況があったかもしれないが、一般化することはできない。

それから、私はある意味では奴隷専門家です。朝鮮の奴婢について研究したからです。奴隷に関する本もたくさん読みました。奴隷の本質は何かといえば、法能力の欠如です。法的人格の否定、人間ではないのです。殴られても訴えるところもないし、父親や母親が殴り殺されても告訴する能力もない。

米国の奴隷時代には、奴隷が殺人現場を目撃しても法廷で証言することができなかった。人間ではないからです。あの白人が犯罪を犯すところを見たと言っても、その証言が法廷で採択されることはありませんでした。このように、奴隷とは法能力が欠如した状態、法能力を認定する社会的な人格が否定されている状態、それを奴隷というのです。

　慰安婦たちをそのように言うのは難しい。置かれた立場が大変弱かったことはたしかだが、法能力が剥奪された無権利状態だったとは言えません。

　たとえば文玉珠氏の場合は、私は今回読んで驚きましたが、慰安所にきた日本人兵士が乱暴を働いた。酷い人で、日本刀を抜いて脅したので立ち向かった。文玉珠氏は凄い人物です。立ち向かってその日本刀を奪い、逆に兵士を刺した。胸に刺さり兵士は死んでしまった。そうしたら軍属裁判が開かれました。

　私は軍属だと主張したので、軍属の資格で裁判が開かれた。文玉珠氏は、あの人が最初に乱暴してきた、慰安所に来て日本刀を振り回すことは良いことなのか、私は正当防衛だと主張したので無罪になった。

　私が言いたいのは、本当の意味の奴隷であれば裁判を受ける権利もないのです。ところが裁判を受けて正当防衛が認められ、軍法会議で無罪の判決が下された。ですから、私は性奴隷説についていろいろな点でもう一回、再検討しなければならない。奴隷という言葉は大変誤解を受けやすい。だから私は、朝鮮時代の奴婢について米国の学者たちが奴隷という言葉を使うことに対して相当なる留保をしなければならないと主張している。

　性奴隷とはとても扇情的な表現ですが、厳格な意味で、学術的な要件を備えているかということについて私は懐疑的です〉

慰安婦総数の自説を開陳

　そして次に、朝鮮人慰安婦の総数について論じる。韓国で教科書や学者らが主張する二十万説を次のように否定する。

「朝鮮人慰安婦二十万なら、日本人、中国人まで合わせると数十万になる。日本軍二百五十万が慰安婦五十万を連れていたとは話にならない」

　そして次の三つの推計で、朝鮮人慰安婦は五千人程度と主張した。第一の推計は、慰安所の数をもとにした推計。金原節三《きんばらせつぞう》軍医大佐日記にある慰安所の地域別分布と、先に見た総督府出張所の文書から見た北支の朝鮮人慰安婦の推計を使う。

　慰安所総計五百ヵ所、慰安所が百ヵ所あった北支で朝鮮人慰安婦が一千人いたので、ここから全体で五千人、これに日本と朝鮮の慰安婦数を加えても五千五百人程度。

　第二は、サック数を基準にした推計。一九四二年に日本軍人に支給されたサックの総数は三千二百十万個、一日八万八千個だった。先述のとおり、慰安婦が接触する兵士の数を一日五人とすれば慰安婦の総数は一万七千六百人で、朝鮮人はそのうち二割とすると三千五百二十人、三割ならば五千二百八十人。

第三は、兵士対慰安婦の数を基準とした推計。慰安婦一名に対する兵士数に関する一般的な報告は百五十名で、日本軍総二百五十万人に相応する慰安婦数は一万六千名となる。交代比率は満州と中国では一・五、南方ではゼロと仮定した場合、慰安婦総数は二万人。朝鮮人慰安婦はその二割で四千人、三割で六千人。

以上のような推計をしたあと、朝鮮人慰安婦は四千人くらい、多くても六千人だという自説を開陳して、「数十万人、数万人という数字はまったく正しくない数字だ」と明言する。

NGO活動の問題点を指摘

一番末尾で、李教授は講義をこう要約した。

「一九九一年以降、いままで二十五年間、この問題がどのように進行してきたかについて話せば切りがありません。私の話はここで終わりにします。現実的に、韓国挺身隊問題対策協議会を中心にしたNGOの活動がどのような成果を得て、どのような問題点を抱いているのかについて、話をしません」

「歴史的背景と制度的環境のなかでこのことが展開したのかということと、それに対して過激な性奴隷規定だとか数字推定について客観的に多くの問題があることを話しました」

NGOの活動に問題点もあった、と李教授は主張した。

李教授が講義で批判した、過激な主張を政治的に利用して日韓関係を悪化させたのが日韓の活動家たちだ。私はずっとそう主張してきた。できれば李教授からもその部分の見解を聞きたかった。

講義を通して聴いて、李教授の知的誠実さと学問的勇気に強き心を打たれた。早くこの講義が一冊の本にまとめられ、それが日本語でも読めるようになってほしいと強く願っている。

にしおか つとむ
一九五六年、東京生まれ。国際基督教大学卒業。筑波大学大学院地域研究科修了（国際学修士）。韓国・延世大学国際学科留学。八二～八四年、外務省専門調査員として在韓日本大使館勤務。九〇～〇二年、月刊『現代コリア』編集長。現在、東京基督教大学教授。「北朝鮮に拉致された日本人を救出するための全国協議会（救う会）」会長。著書に『よくわかる慰安婦問題 増補新版』（草思社）など多数。

編集部から

●キム・ギドク、ソン・ガンホら芸術・文化人の「ブラックリスト」を韓国政府機関が作成していたとのこと。セウォル号事件の真相究明を求めたり、野党候補を支持したことなどが理由で、支援の制限、検閲などの目的で用いられてきたとか。堤堯さんの「言論の自由のない組織はいずれは滅びる」という言葉を思い出しました。（川島）

●十数年前、韓国へ旅行に行った際、現地の女性ガイドがこんな話を。「知ってます？　雅子妃が懐妊したのは韓国の高麗人参を飲んだおかげなんですよ」。漢方薬のセールスか？　と思いきや、続けて「だから日本人は韓国に感謝してください！」。どうやら日本に対する〝マウンティング〟だったようです。実に韓国らしい体験でした。（梶原）

●朴・崔ゲートで再び注目を集めるセウォル号沈没事故。その全記録をはじめ、サムスン内部告発、日韓慰安婦合意の行方など、本書は新聞やテレビではわからない韓国の本質を知るために最適な一冊です。また月刊『Hanada』にて大好評連載中の室谷克実さん「隣国のかたち」も韓国問題の決定版です。併せてご一読下さい。（沼尻）

●MERS、セウォル号沈没事故、M5・8の大地震……大統領に就任してから、数々の問題が朴槿恵を襲いました。そして追い打ちをかけるように今回の機密情報の漏洩が発覚。「運も実力のうち」といいますが、朴槿恵には実力だけでなく運も備わっていなかったということが、本誌を編集してよくわかりました。（佐藤）

●野球界でも何かと日本をライバル視している韓国。個々の実力ではMLBで結果も出している韓国のほうが上かもしれないが、国際試合での結果が物語るように、団体競技としての実力では日本のほうが勝っているのは歴然。その理由は本誌を読めば分かる気がします。来春のWBCでも、その差を見せつけてくれることを願っています。（小島）

編集長から

もう三十年以上前のことです。石原萌記さん主催の視察団に加わって韓国に行ったことがありました。

その時、韓国軍の軍用ヘリに乗って三十八度線の近くの小高い丘の上に着陸。

北朝鮮と韓国を一望し、この静かな風景のなかで、両国の熾烈な闘いが今も続いているのだなぁと感慨深いものがありました。

季節は秋夕の頃。その丘にコスモスの花が咲き乱れ、風に揺れていたのです。

それが、今の品種改良されて花が大きくなったコスモスではなく、昔のままの小さな花のコスモス。夢中で写真を撮りました。

その写真を亡くなった上坂冬子さんに見せると、今度の本の表紙にちょうどいいわ、と使って下さった。

あのコスモス、今も咲いているでしょうか。

月刊Hanadaセレクション

絶望の韓国、悲劇の朴槿恵

2016年12月17日　第1刷発行
2017年 1 月 9 日　第3刷発行

発行人：
編集長：　花田紀凱
編集部：　川島龍太／梶原麻衣子
沼尻裕兵／佐藤佑樹
ＤＴＰ：　小島将輝
デザイン：DOT・STUDIO
発行所：　株式会社飛鳥新社
〒101-0003
東京都千代田区一ツ橋2-4-3
光文恒産ビル
印刷人：　北島義俊
印刷所：　大日本印刷株式会社

978-4-86410-538-5
http://www.asukashinsha.co.jp